建筑工程技术资料管理

Jianzhu Gongcheng Jishu Ziliao Guanli

主　编: 严　凌
副主编: 刘志宏 韩国平 常保光 喻任平
主　审: 朱　繁
参　编: (按姓氏笔画排序)
陈银根 佟爱玲 胡　洋 寇　力

江西科学技术出版社

图书在版编目(CIP)数据

建筑工程技术资料管理/严凌主编.—南昌:江西科学技术出版社,2009.8
ISBN 978－7－5390－3553－6
Ⅰ.建…　Ⅱ.严…　Ⅲ.建筑工程—技术档案—档案管理　Ⅳ.G275.3
中国版本图书馆CIP数据核字(2009)第144772号

国际互联网(Internet)地址:
http://www.jxkjcbs.com
选题序号:**ZK**2009196
图书代码:**X**09024－103

建筑工程技术资料管理　　严凌主编

出版发行	江西科学技术出版社
社址	南昌市蓼洲街2号附1号 邮编:330009　电话:(0791)86623491　86639342(传真)
印刷	南昌市光华印刷有限责任公司
经销	各地新华书店
开本	787mm×1092mm　1/16
字数	480千字
印张	19.75
版次	2009年8月第1版　2014年1月第3次印刷
书号	ISBN 978－7－5390－3553－6
定价	33.00元

(赣科版图书凡属印装错误,可向承印厂调换)

前　言

对于建筑工程产品，需要编制一些文件来证实它生产的合法性和质量合格，这就是我们通常所说的建筑工程技术资料。鉴于建筑工程的特点，对一幢新建成的建筑物，其工程资料可能是数千或数万页各种材料合格证、试验报告、验收单据或检查记录等。因此，为了保证建筑工程的安全和使用功能，必须重视工程资料的真实性、可靠性。国家对建设工程技术资料管理的相关规范、条例、法规陆续出台，各地方也制定了相应建筑工程技术资料管理的地方标准。所以，我们应当重视和规范工程资料的管理，将工程资料视为工程质量验收的重要依据，甚至是工程质量的组成部分。

为了更好地贯彻执行《建设工程文件归档整理规范》(GB/T 50328 －2001)，使建筑工程技术资料编写达到填报规范化、编排系统化、封装统一化的要求，按照“结合实际、强化管理、过程控制、合理分类、科学组卷”的原则，以国家现行的法律、法规和《建筑工程施工质量验收统一标准》(GB50300—2001)及各专业工程施工质量验收规范、《建设工程监理规范》GB50319 －2000等标准、规范为依据，以工程建设的基本程序和建筑工程质量形成的过程为主线，我们编写了这本《建筑工程技术资料管理》教材，用于指导相关人员正确填写工程建设用表，加强工程建设的过程控制，使工程技术资料的编写、整理更为规范化、标准化，从而提高工程技术水平和管理水平，保证工程实体质量，体现工程技术资料为工程质量验收的重要组成部分。

本书从资料员的工作实际需要出发，对规范要求的理解和贯彻执行的做法进行了讲述，对资料员的基本知识进行了系统整理，对工程验收的资料的内容、收集范围、表格填写、整理、立卷、装订等进行了详细说明，并附实例和样表。

本书共包括七个部分，由江西建设职业技术学院严凌担任主编，刘志宏、韩国平和常保光担任副主编。江西建设职业技术学院陈银根、胡洋、佟爱玲、江西省第二建筑工程公司寇力、华东交大理工学院何太胜等参与编写。其中，第一章由何太胜编写，第二章由胡洋编写，第三章由陈银根编写，第四章第一节至第六节由严凌编写，第四章第七节至第十四节由佟爱玲编写，第五章由刘志宏编写，第六章由韩国平编写，第七章及附录由寇力编写。

本书由江西建设职业技术学院朱繁担任主审。

本书在编写过程中，参考了书后所附参考文献的部分内容，对此我们表示衷心的感谢。同时也感谢支持和参与本书出版工作的所有朋友。

由于编者水平有限，时间仓促，本书难免有疏漏和错误之处，恳请读者批评指正，希望共同交流，以便改进。

编　者

2009.6

目　录

1 建筑工程资料管理概论

学习要求：

1. 了解建筑工程技术资料管理的作用
2. 熟悉建筑工程技术资料管理的相关术语和依据
3. 掌握参建单位工程技术资料管理职责
4. 掌握建筑工程资料的分类
5. 掌握建筑工程资料的质量要求

1.1 工程资料管理基本概念

1.1.1 工程资料定义

工程资料是建筑工程合法身份与合格质量的证明文件，是在整个工程建设过程中，包括从立项、审批、施工到竣工验收等一系列活动中形成的文字、图表、声像等各种形式的资料。

1.1.2 工程资料管理

工程资料管理是工程建设人员按一定原则收集、填写、分类、组卷、并将整个建设工程的历史记录移交城建档案部门的活动。

1.1.3 工程资料管理的意义和作用

1.1.3.1 工程资料管理的意义

1. 搜集和整理好建筑工程资料是建筑施工中的一项重要工作，是工程质量管理的组成部分。每个建筑工程竣工验收前必须具备两个条件：一是建筑物体达到验收条件；二是施工过程中质量技术管理资料达到验收条件，两者缺一不可。

2. 一个建筑物体竣工后是看得见摸得着的有形物体，验收时只能在外观上加以评价，但内在的施工质量及质量管理实施情况，只能通过验收整个施工过程的有关质量技术资料，看其是否清楚齐全，是否符合有关规范、规程的要求来检验。同时它又是将来对该建筑物检查，维修、管理、使用、改建的最原始依据。

3. 对于一份排列有序、内容齐全、清楚明了的单位工程施工质量技术资料，必须在施工中根据工程实际物体，按照有关规范，规程去检测、评定，做到物体实际质量等级与资料内所记载的质量数据相符，这是物体质量实质反映。任何一个工程质量技术资料如不符合有关标准规定，对该工程质量具有否决权。所以，做好施工质量技术资料管理工作很重要。

1.1.3.2 工程资料作用

1. 体现了工程实体质量状况、项目过程管理与全面控制情况，工程资料对工程质量具有否决权。

2. 体现了项目对建设工程法律、法规、标准、规范，特别是强制性标准的执行情况。

3. 充分体现建筑企业自身的综合管理水平。

4. 规范管理、操作人员的工作意识与行为。

5. 为建设管理者决策提供准确、直接的工程信息。

6. 为明确建设工程质量责任提供真实、有效的法律凭证。

7. 为城市基础设施建设以及现有工程新建、扩建、改建、维修、管理提供翔实依据。

8. 通过资料或数据的统计、计算、分析等，及时发现、解决并处理问题。

1.1.4 工程资料管理相关规范的术语

1.1.4.1 《建设工程文件归档整理规范》(GB/T50328－2001)

1.1.4.1.1 建设工程项目 construction project

经批准按照一个总体设计进行施工，经济上实行统一核算，行政上具有独立组织形式，实行统一管理的工程基本建设单位。它由一个或若干个具有内在联系的工程所组成。

1.1.4.1.2 单位工程 single project

具有独立的设计文件，竣工后可以独立发挥生产能力或工程效益的工程，并构成建设工程项目的组成部分。

1.1.4.1.3 分部工程 subproject

单位工程中可以独立组织施工的工程。

1.1.4.1.4 建设工程文件 construction project document

在工程建设过程中形成的各种形式的信息记录，包括工程准备阶段文件、监理文件、施工文件、竣工图和竣工验收文件，也可简称为工程文件。

1.1.4.1.5 工程准备阶段文件 seedtime document of a construction project

工程开工以前，在立项、审批、征地、勘察、设计、招投标等工程准备阶段形成的文件。

1.1.4.1.6 监理文件 project management document

监理单位在工程设计、施工等监理过程中形成的文件。

1.1.4.1.7 施工文件 constructing document

施工单位在工程设计、施工等监理过程中形成的文件。

1.1.4.1.8 竣工图 as－build drawing

工程竣工验收后，真实反映建设工程项目施工结果的图样。

1.1.4.1.9 竣工验收文件 handing over document

建设工程项目竣工验收活动中形成的文件。

1.1.4.1.10 建设工程档案 project archive

在工程建设活动中直接形成的具有归档保存价值的文字、图表、声像等各种形式的历史记录，也可简称工程档案。

1.1.4.1.11 **案卷** file

由互有联系的若干文件组成的档案保管单位。

1.1.4.1.12 **立卷** filing

按照一定的原则和方法，将有保存价值的文件分门别类的整理成案卷，亦称组卷。

1.1.4.1.13 **归档** putting into record

文件形成单位完成其工作任务后，将形成的文件整理立卷后，按规定移交档案管理机构。

对一个建设工程而言，归档有两方面含义：一是建设、勘察、设计、施工、监理等单位将本单位在工程建设过程中形成的文件向本单位档案管理机构移交；二是勘察、设计、施工、监理等单位将本单位在工程建设过程中形成的文件向建设单位档案管理机构移交。

1.1.4.2 **《建设工程监理规范》**(GB50319－2000)

1.1.4.2.1 **项目监理机构**

监理单位派驻工程项目负责履行委托监理合同的组织机构。

1.1.4.2.2 **监理工程师**

取得国家监理工程师执业资格证书并经注册的监理人员。

1.1.4.2.3 **总监理工程师**

由监理单位法定代表人书面授权，全面负责委托监理合同的履行、主持项目监理机构工作的监理工程师。

1.1.4.2.4 **总监理工程师代表**

经监理单位法定代表人同意，由总监理工程师书面授权，代表总监理工程师行使其部分职责和权力的项目监理机构中的监理工程师。

1.1.4.2.5 **专业监理工程师**

根据项目监理岗位职责分工和总监理工程师的指令，负责实施某一专业或某一方面的监理工作，具有相应监理文件签发权的监理工程师。

1.1.4.2.6 **监理员**

经过监理业务培训，具有同类工程相关专业知识，从事具体监理工作的监理人员。

1.1.4.2.7 **监理规划**

在总监理工程师的主持下编制、经监理单位技术负责人批准，用来指导项目监理机构全面开展监理工作的指导性文件。

1.1.4.2.8 **监理实施细则**

根据监理规划，由专业监理工程师编写，并经总监理工程师批准，针对工程项目中某一专业或某一方面监理工作的操作性文件。

1.1.4.2.9 **工地例会**

由项目监理机构主持的，在实施过程中针对工程质量、造价、进度、合同管理等事宜定期召开的,由有关单位参加的会议。

1.1.4.2.10 **工地变更**

在工程项目实施过程中,按照合同约定的程序对部分或全部工程在材料、工艺、功能、构造、尺寸、技术指标、工程数量及施工方法等方面做出的改变。

1.1.4.2.11 **工程计量**

根据设计文件及承包合同中关于工程量计算的规定,项目监理机构对承包单位申报的已完成工程的工程量进行的核验。

1.1.4.2.12 **见证**

由监理人员现场监督某工序全过程完成情况的活动。

1.1.4.2.13 **旁站**

在关键部位或关键工序施工过程中,由监理人员在现场进行的监督活动。

1.1.4.2.14 **巡视**

监理人员对正在施工的部位或工序在现场进行的定期或不定期的监督活动。

1.1.4.2.15 **平行检验**

项目监理机构利用一定的检查或检测手段,在承包单位自检的基础上,按照一定的比例独立进行检查或检测的活动。

1.1.4.2.16 **设备监造**

监理单位依据委托监理合同和设备订货合同对设备制造过程进行的监督活动。

1.1.4.2.17 **费用索赔**

根据承包合同的约定,合同一方因另一方原因造成本方经济损失,通过监理工程师向对方索取费用的活动。

1.1.4.2.18 **临时延期批准**

当发生非承包单位原因造成的持续性影响工期的事件,总监理工程师所做出暂时延长合同工期的批准。

1.1.4.2.19 **延期批准**

当发生非承包单位原因造成的持续性影响工期事件,总监理工程师所做出的最终延长合同工期的批准。

1.1.4.3 **《建筑工程施工质量验收统一标准》**(GB50300 -2001)

1.1.4.3.1 **建筑工程** building engineering

为新建、改建或扩建房屋建筑物和附属构筑物设施所进行的规划、勘察、设计和施工、竣工等各项技术工作和完成的工程实体。

1.1.4.3.2 **建筑工程质量** quality of building engineering

反映建筑工程满足相关标准规定或合同约定的要求,包括其在安全、使用功能及其在耐久性能、环境保护等方面所有明显的隐含能力的特性总和。

1.1.4.3.3 **验收** acceptance

建筑工程在施工单位自行质量检查评定的基础上，参与建设活动的有关单位共同对检验批、分项、分部、单位工程的质量进行抽样复验，根据相关标准以书面形式对工程质量达到合格与否做出确认。

1.1.4.3.4 **进场验收** site acceptance

对进入施工现场的材料、构配件、设备等按相关标准规定要求进行检验，对产品达到合格与否做出确认。

1.1.4.3.5 **检验批** inspection lot

按同一的生产条件或按规定的方式汇总起来供检验用的，由一定数量样本组成的检验体。

1.1.4.3.6 **检验** inspection

对检验项目中的性能进行量测、检查、试验等，并将结果与标准规定要求进行比较，以确定每项性能是否合格所进行的活动。

1.1.4.3.7 **见证取样检测** evidential testing

在监理单位或建设单位监督下，由施工单位有关人员现场取样，并送至具备相应资质的检测单位所进行的检测。

1.1.4.3.8 **交接检验** handing over inspection

由施工的承接方与完成方经双方检查并对可否继续施工做出确认的活动。

1.1.4.3.9 **主控项目** dominant item

建筑工程中的对安全、卫生、环境保护和公众利益起决定性作用的检验项目。

1.1.4.3.10 **一般项目** general item

除主控项目以外的检验项目。

1.1.4.3.11 **抽样检验** sampling inspection

按照规定的抽样方案，随机地从进场的材料、构配件、设备或建筑工程检验项目中，按检验批抽取一定数量的样本所进行的检验。

1.1.4.3.12 **抽样方案** sampling scheme

根据检验项目的特性所确定的抽样数量和方法。

1.1.4.3.13 **计数检验** counting inspection

在抽样的样本中，记录每一个体有某种属性或计算每一个体中的缺陷数目的检查方法。

1.1.4.3.14 **计量检验** quantitative inspection

在抽样检验的样本中，对每一个体测量其某个定量特性的检查方法。

1.1.4.3.15 **观感质量** quality of appearance

通过观察和必要的量测所反映的工程外在质量。

1.1.4.3.16 **返修** repair

对工程不符合标准规定的部位采取整修等措施。

1.1.4.3.17 **返工** rework

对不合格的工程部位采取的重新制作、重新施工等措施。

1.1.4.4 **《建筑地基基础工程施工质量验收规范》**(GB50202－2002)

1.1.4.4.1 **土工合成材料地基** geosynthetics foundation

在土工合成材料上填以土(砂土料)构成建筑物的地基,土工合成材料可以是单层,也可以是多层。一般为浅层地基。

1.1.4.4.2 **重锤夯实地基** heavy tamping foundation

利用重锤自由下落时的冲击能来夯实浅层填土地基,使表面形成一层较为均匀的硬层来承受上部载荷。强夯的锤击与落距要远大于重锤夯实地基。

1.1.4.4.3 **强夯地基** dynamic consolidation foundation

工艺与重锤夯实地基类同,但锤重与落距要远大于重锤夯实地基。

1.1.4.4.4 **注浆地基** grouting foundation

将配置好的化学浆液或水泥浆液,通过导管注入土体孔隙中,与土体结合,发生物化反应,从而提高土体强度,减小其压缩性和渗透性。

1.1.4.4.5 **预压地基** preloading foundation

在原状土上加载,使土中水排出,以实现土的预先固结,减少建筑物地基后期沉降和提高地基承载力。按加载方法的不同,分为堆载预压、真空预压、降水预压三种不同方法的预压地基。

1.1.4.4.6 **高压喷射注浆地基** jet grouting foundation

利用钻机把带有喷嘴的注浆管钻至土层的预定位置或先钻孔后将注浆管放至预定位置,以高压使浆液或水从喷嘴中射出,边旋转边喷射的浆液,使土体与浆液搅拌混合形成一固结体。施工采用单独喷出水泥浆的工艺,称为单管法;施工采用同时喷出高压空气与水泥浆的工艺,称为二管法;施工采用同时喷出高压水、高压空气及水泥浆的工艺,称为三管法。

1.1.4.4.7 **水泥土搅拌桩地基** soil－cement mixed pile foundation

利用水泥作为固体剂,通过搅拌机械将其与地基土强制搅拌,硬化后构成的地基。

1.1.4.4.8 **土与灰土挤密桩地基** soil－lime compacted column

在原土中成孔后分层填以素土或灰土,并夯实,使填土压密,同时挤密周围土体,构成坚实的地基。

1.1.4.4.9 **水泥粉煤灰、碎石桩** cement flyash gravel pile

用长螺旋钻机钻孔或沉管桩机成孔后,将水泥、粉煤灰及碎石混合搅拌后,泵压或经下料斗投入孔内,构成密实的桩体。

1.1.4.4.10 **锚杆静压桩** pressed pile by anchor rod

利用锚杆将桩分节压入土层中的沉桩工艺。锚杆可用垂直土锚或临时锚在混凝土底板、承台中的地锚。

1.1.4.5 **《砌体工程施工质量验收规范》**(GB50203－2001)

1.1.4.5.1 **施工质量控制等级** control grade of construction quality

按质量控制和质量保证若干要素对施工技术水平所作的分级。

1.1.4.5.2 **型式检验** type inspection

确认产品或过程应用结果适用性所进行的检验。

1.1.4.5.3 **通缝** continuous seam

砌体中,上下皮块材搭接长度小于规定数值的竖向灰缝。

1.1.4.5.4 **假缝** supposititious seam

为掩盖砌体竖向灰缝内在质量缺陷,砌筑砌体时仅在表面作灰缝处理的灰缝。

1.1.4.5.5 **配筋砌体** reinforced masonry

网状配筋砌体柱、水平配筋砌体墙、砖砌体和钢筋混凝土面层或钢筋砂浆面层组合砌体柱(墙)、砖砌体和钢筋混凝土构造柱组合墙以及配筋块砌体剪力墙的统称。

1.1.4.5.6 **芯柱** core column

在砌块内部空腔中插入竖向钢筋并浇灌混凝土后形成的砌体内部的钢筋混凝土小柱。

1.1.4.5.7 **原位检测** inspection at original space

采用标准的检验方法,在现场砌体中选样进行非破损或微破损检测,以判定砌筑砂浆和砌体实体强度的检测。

1.1.4.6 **《混凝土结构工程施工质量验收规范》**(GB50204 -2001)

1.1.4.6.1 **混凝土结构** concrete structure

以混凝土为主制成的结构,包括素混凝土结构、钢筋混凝土结构和预应力混凝土结构等。

1.1.4.6.2 **现浇结构** cast - in - situ concrete structure

系现浇混凝土结构的简称,是在现场支模并整体浇筑而成的混凝土结构。

1.1.4.6.3 **装配式结构** prefabricated concrete structure

系装配式混凝土结构的简称,是以预制构件为主要受力构件经装配、连接而成的混凝土结构。

1.1.4.6.4 **缺陷** defect

建筑工程施工质量中不符合规定要求的检验项或检验点,按其程度可分为严重缺陷和一般缺陷。

1.1.4.6.5 **严重缺陷** serious defect

对结构构件的受力性能或安装使用性能有决定性影响的缺陷。

1.1.4.6.6 **一般缺陷** common defect

对结构构件的受力性能或安装使用性能无决定性影响的缺陷。

1.1.4.6.7 **施工缝** construction joint

在混凝土浇筑过程中,因设计要求或施工需要分段浇筑而在先、后浇筑的混凝土之间所形成的接缝。

1.1.4.6.8 **结构性能检验** inspection of structural petformance

针对结构构件的承载力、挠度、裂缝、控制性能等各项指标所进行的检验。

1.1.4.7 **《钢结构工程施工质量验收规范》**(GB50205－2001)

1.1.4.7.1 **零件** part

组成部件或构件的最小单元,如节点板、翼缘板等。

1.1.4.7.2 **部件** component

由若干零件组成的单元,如焊接H型钢、牛腿等。

1.1.4.7.3 **构件** element

由零件或由零件和部件组成的钢结构基本单元,如梁、柱、支撑等。

1.1.4.7.4 **小拼单元** the smallest assembled rigid unit

钢网架结构安装工程中,除散件之外的最小安装单元,一般分平面桁架和锥体两种类型。

1.1.4.7.5 **中拼单元** intermediate assembled structure

钢网架结构安装工程中,由散件之外的最小安装单元组成的安装单元,一般分条状和块状两种类型。

1.1.4.7.6 **高强度螺栓连接副** set of high strength bolt

高强度螺栓和与之配套的螺母、垫圈的总称。

1.1.4.7.7 **抗滑移系数** slip coefficent of faying surface

高强度螺栓连接中,使连接件摩擦面产生滑动时的外力与垂直于摩擦面的高强度螺栓预拉力之和的比值。

1.1.4.7.8 **预拼装** test assembling

为检验构件是否满足安装质量要求而进行的拼装。

1.1.4.7.9 **空间刚度单元** space rigid unit

由构件构成的基本的稳定空间的体系。

1.1.4.7.10 **焊钉(栓钉)焊接** stud welding

将焊钉(栓钉)一端与板件(或管件)表面接触通电引弧,待接触面熔化后,给焊钉(栓钉)一定压力完成焊接的方法。

1.1.4.7.11 **环境温度** ambient temperature

制作或安装时现场的温度。

1.1.4.8 **《地下防水工程质量验收规范》**(GB50208－2001)

1.1.4.8.1 **地下防水工程** underground waterproof engineering

指对工业与民用建筑地下工程、防护工程、隧道及地下铁道等建(构)筑物,进行防水设计、防水施工和维护管理等各项技术工件的工程实体。

1.1.4.8.2 **防水等级** grade of waterproof

根据地下工程的重要性和使用中对防水要求，所确定结构允许渗漏水量的等级标准。

1.1.4.8.3 **刚性防水层** rigid waterproof layer

采用较高强度和无延伸防水材料，如防水砂浆、防水混凝土所构成的防水层。

1.1.4.8.4 **柔性防水层** flexible waterproof layer

采用具有一定柔韧性和较大延伸率的防水材料，如防水卷材、有机防水涂料构成的防水层。

1.1.4.8.5 **初期支护** primary linning

采用矿山法进行暗挖施工后，在岩体上喷射或浇筑防水混凝土所构成的第一次衬砌。

1.1.4.8.6 **盾构法隧道** shield tunnelling method

采用盾构掘进机进行开挖，钢筋混凝土管片作为衬砌支护的隧道暗挖施工法。

1.1.4.8.7 **土工合成材料** geosynthetics

指工程建设中应用的土工织物、土工膜、土工复合材料、土工特种材料的总称。

1.1.4.9 **《木结构工程施工质量验收规范》**(GB－50206－2002)

1.1.4.9.1 **方木和原木结构** sawn and tound timber structures

方木(含板材)或原木组成的结构。

1.1.4.9.2 **齿连接** step joints

方木和原木桁架木压杆抵承在弦杆齿槽上传力的节点连接。

1.1.4.9.3 **胶合木结构** structural glued－laminated timber

层板胶合木组成的结构

1.1.4.9.4 **层板胶合木** glued－laminated timber (Glulam)

将木纹平行于长度方向且厚度不大于45mm的木板层叠胶合的木制品。

1.1.4.9.5 **指形接头** Finger joints

将两块木板端头用铣刀削成能相互啮合的指形序列，涂胶加压接长成为层板(lamination).

1.1.4.9.6 **规格材** ddimension lumber

宽度和高度按规定尺寸加工的木材。

1.1.4.9.7 **轻型木结构**

轻型木结构板材与间距不大于600mm侧立的规格材用钉连接成墙体、楼盖和屋盖，并组成框架式结构，用于1～3层房屋。

1.1.4.9.8 **墙骨** studs

轻型木结构墙体框架的主要受压构件，采用宽度为40mm，高度为90～140mm的规格材。

1.1.4.9.9 **搁栅** joists

轻型木结构楼盖或屋盖的侧立受弯构件，采用高度等于或大于115mm的规格材。

1.1.4.9.10　**木基结构板材** structural wood－based panel

用于承重结构的木基复合板材(wood－based panel),包括结构胶合板和定向木片板,可用于轻型木结构的墙面板、楼面板和屋面板。

1.1.4.9.11　**结构胶合板** structural plywood

采用耐水胶粘结专用于受力构件的胶合板。

1.1.4.9.12　**定向木片板** oriented strand board(OSB)

将长度不小于30mm的薄木片的定向与板材的长度方向一致。

1.1.4.9.13　**结构复合木材** structural compost/ite lumber (SCL)

可用于轻型木结构的楼盖主梁、屋脊梁,包括旋切胶合木和旋切片胶合木。

1.1.4.9.14　**旋切板胶合木** laminated veneer lumber(LVL)

将旋切的厚单板(厚度2.5～6.4mm)顺木纹层叠胶合热压而成。

1.1.4.9.15　**旋切片胶合木**

由旋切木片胶合热压而成,有以下两种性能相同的产品:
平行木片胶合木 parallel strand lumber(PSL)
层叠木片胶合木 laminted strand lumber(LSL)

1.1.4.9.16　**预制工字形木搁栅** prefabricated wood I－Joist

结构复合木材作翼缘,定向木片板或结构胶合板作腹板,用耐用水胶粘结的工字形搁栅。

1.1.4.9.17　**齿板** truss plate

用镀锌钢板冲压成多齿的连接板,用于连接受力的木构件。

1.1.4.9.18　**木材防护剂** wood preservatieve

一种药剂,能毒杀木腐菌、昆虫、凿船虫以及其他侵害木材的有机物。

1.1.4.9.19　**保持量** retention

木构件经防腐剂加压处理后,能长期保持在木材内部的防腐剂量,按每立方米的千克数计算。

1.1.4.9.20　**透入度**

木构件经防护剂加压处理后,防腐剂透入木构件的深度按毫米或占边材的百分率计算。

1.1.4.10　**《屋面工程质量验收规范》**(GB50207－2002)

1.1.4.10.1　**防水层合理使用年限** life of waterproof layer

屋面防水层能满足正常使用要求的年限。

1.1.4.10.2　**一道防水设防** a separate wateproof barroer

具有单独防水能力的一道防水层。

1.1.4.10.3　**分格缝** diving joint

屋面找平层、刚性防水层、刚性保护层上预先留设的缝。

1.1.4.10.4 **满粘法** full adhibiting method

铺贴防水卷材时,卷材与基层采用全部粘结的施工方法。

1.1.4.10.5 **空铺法** border adhibiting method

铺贴防水卷材时,卷材与基层在周边一定宽度内粘结,其余部分不粘结的施工方法。

1.1.4.10.6 **点粘法** spot adhibiting method

铺贴防水卷材时,卷材或打孔卷材与基层采用点状粘结的施工方法。

1.1.4.10.7 **条粘法** strip adhibiting method

铺贴防水卷材时,卷材与基层采用条状粘结的施工方法。

1.1.4.10.8 **冷粘法** cold adhibiting method

在常温下采用胶粘剂等材料进行卷材与基层、卷材与卷材间粘结的施工方法。

1.1.4.10.9 **热熔法** heat fusion method

采用火焰加热熔化热熔型防水卷材底层的热溶胶进行粘结的施工方法。

1.1.4.10.10 **自粘法** self - adhibiting method

采用带有自粘性胶的防水卷材进行粘结的施工方法。

1.1.4.10.11 **热风焊接法** hot air welding method

采用热空气焊枪进行防水卷材搭接粘合的施工方法。

1.1.4.10.12 **倒置式层面** inversion type roof

将保温层设置在防水层上的屋面。

1.1.4.10.13 **架空屋面** elevated overhead roof

在屋面防水层上采用薄型制品架设一定高度的空间,起到隔热作用的屋面。

1.1.4.10.14 **蓄水屋面** impouded roof

在屋面防水层蓄一定高度的水,起到隔热作用的屋面。

1.1.4.10.15 **种植屋面** plantied roof

在屋面防水层上铺以种植介质,并种植植物的屋面。

1.1.4.11 **《建筑地面工程施工质量验收规范》**(CB50209 - 2002)

1.1.4.11.1 **建筑地面** building ground

建筑物底层地面(地面)和楼层地面(楼面)的总称。

1.1.4.11.2 **面层** surface course

直接承受各种物理和化学作用的建筑地面表面层。

1.1.4.11.3 **结合层** combined course

面层与下一构造层相联结的中间层。

1.1.4.11.4 **基层** base course

面层下的构造层,包括填充层、隔离层、找平层、垫层和基土等。

1.1.4.11.5 **填充层** filler course

在建筑地面上起隔声、保温、找坡和暗敷管线等作用的构造层。

1.1.4.11.6 **隔离层** isolating course

防止建筑地面上各种液体或地下水、潮气渗透地面等作用的构造层；仅防止地下潮气透过地面时，可称作防潮层。

1.1.4.11.7 **找平层** troweling corese

在垫层、楼板上或填充层（轻质、松散材料）上起整平、找坡或加强作用的构造层。

1.1.4.11.8 **垫层** under layer

承受并传递地面荷载于基土上的构造层。

1.1.4.11.9 **基土** foundation earth layer

底层地面的地基土层。

1.1.4.11.10 **缩缝** shrinkage crack

防止水泥混凝土垫层在气温降低时产生不规则裂缝而设置的收缩缝。

1.1.4.11.11 **伸缝** stretching crack

防止水泥混凝土垫层在气温升高时在缩缝边缘产生挤碎或拱起而设置的伸胀缝。

1.1.4.11.12 **纵向缩缝** lengthwise shrinkage crack

平行于混凝土施工流水作业方向的缩缝。

1.1.4.11.13 **横向缩缝** crosswise stretching crack

垂直于混凝土施工流水作业方向的缩缝。

1.1.4.12 **《建筑装饰装修工程质量验收规范》**(GB50210 -2001)

1.1.4.12.1 **建筑装饰装修** building decoration

为保护建筑物的主体结构、完善建筑物的使用功能和美化建筑物，采用装饰装修材料或饰物，对建筑物的内外表面及空间进行的各种处理过程。

关于建筑装饰装修，目前还有几种习惯性说法，如建筑装饰、建筑装修、建筑装潢等。从三个名词在正规文件中的使用情况来看，《建筑装饰工程施工及验收规范》(JGJ73 -91)和《建筑工程质量检验评定标准》(GBJ301 -88)沿用了建筑装饰一词，《建设工程质量管理条例》和《建筑内部装修设计防火规范》(GB5022 -1995)沿用了“建筑装修”一词。从三个名词的含义来看，“建筑装饰”反映面层处理比较贴切，“装修”一词与基层处理，龙骨设置等工程内容更为符合。而装潢一词的本意是指裱画。另外，装饰装修一词在实际使用中越来越广泛。由于上述原因，本规范决定采用“装饰装修”一词并对“建筑装饰装修”加以定义。本条所列“建筑装饰装修”术语的含义包括了目前使用的“建筑装饰”、“建筑装修”和“建筑装潢”。

1.1.4.12.2 **基体** primary structure

建筑物的主体结构或围护结构。

1.1.4.12.3 **基层** base course

直接承受装饰装修施工的面层。

1.1.4.12.4 **细部** detail

建筑装饰装修工程中局部采用的部件或饰物。

1.1.4.13 **《建筑给水排水及采暖工程施工质量验收规范》**(GB50242－2002)

1.1.4.13.1 **给水系统** water supply system

通过管道及辅助设备,按照建筑物和用户的生产、生活和消防的需要,有组织的输送到用水地点的网络。

1.1.4.13.2 **排水系统** drainage system

通过管道及辅助设备,把屋面雨水及生活和生产过程所产生的污水、废水及时排放出去的网络。

1.1.4.13.3 **热水供应系统** hot water supply system

为了满足人们生活和生产过程中对水温的某些特定要求而由管道及辅助设备组成的输送热水的网络。

1.1.4.13.4 **卫生器具** sanitay fixtures

用来满足人们日常生活中各种卫生要求,收集和排放生活及生产中的污水、废水的设备。

1.1.4.13.5 **给水配件** water supply fittings

在给水和热水供应系统中,用于调节、分配水量和水压,关断和改变水流方向的各种管件、阀门和水嘴的统称。

1.1.4.13.6 **建筑中水系统** intermediate water system lf building

以建筑物的冷却水、沐浴排水、盥洗排水、洗衣排水等为水源,经过物理、化学方法的工艺处理,用于厕所冲洗便器、绿化、洗车、道路浇洒、空调冷却及水景等的供水系统为建筑中水系统。

1.1.4.13.7 **辅助设备** auxiliaries

建筑给水、排水及采暖系统中,为满足用户的各种使用功能和提高运行质量而设置的种种设备。

1.1.4.13.8 **试验压力** test pressure

管道、容器或设备进行耐压强度和气密性试验规定所要达到的压力。

1.1.4.13.9 **额定工作压力** rated wording pressure

指锅炉及压力容器出厂时所标定的最高允许工作压力。

1.1.4.13.10 **管道配件** pipc fittings

管道与管道或管道与设备连接用的各种零、配件的统称。

1.1.4.13.11 **固定支架** fixed trestle

限制管道在支撑点处发生径向和轴向位移的管道支架。

1.1.4.13.12 **活动支架** movable testle

允许管道在支撑点处发生轴向位移的管道支架。

1.1.4.13.13 **整装锅炉** integrative boilng

整装运输条件所允许的范围,在制造厂内完成总装整台发运的锅炉,也称快装锅炉。

1.1.4.13.14 **非承压锅炉** boiler without bearing

以水为介质,锅炉本体有规定水位且运行中直接与大气相通,使用中始终与大气压强相等的固定式锅炉。

1.1.4.13.15 **安全附件** asfety accessory

保证锅炉及压力容器安全运行而必须设置的附属仪表、阀门及控制装置。

1.1.4.13.16 **静置设备** still epuipment

在系统运行时,自身不做任何运动的设备,如水箱及各种罐类。

1.1.4.13.17 **分户热计量** household－based heat metering

住宅的户(套)为单位,分别计量向户内供给的热量的计量方式。

1.1.4.13.18 **热量装置** heat metering device

用于测量热媒和丝扣管件组成的专用接头而进行管道连接的一种连接形式。

1.1.4.13.19 **卡套式连接** comression joint

由带锁紧螺帽和丝扣管件组成的专用接头而进行管道连接的一种连接形式。

1.1.4.13.20 **防火套管** fire－resisting sleeves

由耐火材料和阻燃剂制成的,套在硬塑料排水管外壁可阻止火势沿管道贯穿部位蔓延的短管。

1.1.4.13.21 **阻火圈** firestops collar

由阻燃膨胀剂制成的,套在硬塑料排水管外壁可在发生火灾时将管道封堵,防止火势蔓延的套圈。

1.1.4.14 **《通风与空调工程施工质量验收规范》**(GB50234－2002)

1.1.4.14.1 **风管** air duct

采用金属、非金属薄板或其他材料制作而成,用于空气流通的管道。

1.1.4.14.2 **风道** air channel

采用混凝土、砖等建筑材料砌筑而成,用于空气流通的通道。

1.1.4.14.3 **通风工程** ventilation works

送风、排风、除尘、气力输送以及防、排烟系统工程的统称。

1.1.4.14.4 **空调工程** air conditioning works

空气调节、空气净化与洁净室空调系统的总称。

1.1.4.14.5　风管配件 duct fittings

风管系统中的弯管、三通、四通、各类变径及异形管、导流叶片和法兰等。

1.1.4.14.6　风管部件 duct accessory

通风、空调风管系统中的各类风口、阀门、排气罩、风帽、检查门和测定孔等。

1.1.4.14.7　咬口 seam

金属薄板边缘弯曲成一定形状,用于相互固定连接的构造。

1.1.4.14.8　漏风量 air leakage rate

风管系统中,在某一静压下通过风管本体结构及其接口,单位时间内泄出或渗入的空气体积量。

1.1.4.14.9　系统风管允许漏风量 air system permissible leakage rate

按风管系统类别所规定平均单位面积、单位时间内的最大允许漏风量。

1.1.4.14.10　测风率 air system leakage ratio

空调设备、除尘器等,在工作压力下空气渗入或泄漏量与其额定风量的比值。

1.1.4.14.11　净化空调系统 air leaning system

用于洁净空间的空气调节、空气净化系统。

1.1.4.14.12　漏光检测 air leak check with lighting

用强光源对风管的咬口、接缝、法兰及其他连接处进行透光检查,确定孔洞、缝隙等渗漏部位及数量的方法。

1.1.4.14.13　整体式制冷设备 packaged refrigerating unit

制冷机、冷凝器、蒸发器及系统辅助部件组装在同一机座上,而构成整体形式的制冷设备。

1.1.4.14.14　组装式制冷设备 assembling refrigerating unit

制冷机、冷凝器、蒸发器及辅助设备采用部分集中、部分分开安装形式的制冷设备。

1.1.4.14.15　风管系统的工作压力 design working pressure

指系统风管总风管处设计的最大的工作压力。

1.1.4.14.16　空气洁净度等级 air cleanliness class

洁净空间单位体积空气中,以大于或等于被考虑粒径的粒子最大浓度限值进行划分的等级标准。

1.1.4.14.17　角件 corner pieces

用于金属薄钢板法兰风管四角连接的直角型专用构件。

1.1.4.14.18　风机过滤器单元(FFU、FMU) fan filter(module)unit

由风机箱和高效过滤器等组成的用于洁净空间的单元式送风机组。

1.1.4.14.19　空态 as－built

洁净室的设施已经建成,所有动力接通并运行,但无生产设备、材料及人员在场。

1.1.4.14.20 **静态** at - rest

洁净室的设施已经建成,生产设备已经安装,并按业主及供应商同意的方式运行,但无生产人员。

1.1.4.14.21 **动态** operational

洁净室的设施以规定的方式运行及规定的人员数量在场,生产设备按业主及供应商双方商定的状态下进行工作。

1.1.4.14.22 **非金属材料风管** nonmetallic duct

采用硬聚氯乙烯、有机玻璃钢、无机玻璃钢等非金属无机材料制成的风管。

1.1.4.14.23 **复合材料风管** foil - insulant composite duct

采用不燃材料面层复合绝热材料板制成的风管。

1.1.4.14.24 **防火风管** rdfractory duct

采用不燃、耐火材料制成,能满足一定耐火极限的风管。

1.1.4.15 **《建筑电气工程施工质量验收规范》**(GB50303 - 2002)

1.1.4.15.1 **布线系统** wiring system

一根电缆(电线)、多根电缆(电线)或母线以及固定它们的部件的组合。如果需要,布线系统还包括封装电缆(电线)或母线的部件。

1.1.4.15.2 **电气设备** electrical equipment

发电、变电、输电、配电或用电的任何物件,诸如电机、变压器、电器、测量仪表、保护装置、布线系统的设备、电气用具。

1.1.4.15.3 **用电设备** current - using equipment

将电能转换成其他形式能量(例如光能、热能、机械能)的设备。

1.1.4.15.4 **电气装置** electrical installation

为实现一个或几个具体目的且特性相配合的电气设备的组合。

1.1.4.15.5 **建筑电气工程(装置)** electrical installation in building

为实现一个或几个具体目的且特性相配合的,由电气装置、布线系统和用电设备电气部分的组合。这种组合能满足建筑物预期的使用功能和安全要求,也能满足使用建筑物的人的安全需要。

1.1.4.15.6 **导管** conduit

在电气安装中用来保护电线或电缆的圆型或非圆型的布线系统的一部分,导管有足够的密封性,使电线电缆只能从纵向引入,而不能从横向引入。

1.1.4.15.7 **金属导管** metal conduit

由金属材料制成的导管。

1.1.4.15.8 **绝缘导管** insulating conduit

没有任何导电部分(不管是内部金属衬套或是外部金属网,金属涂层等均不存在),由绝缘材料制成的导管。

1.1.4.15.9　**保护导体**(PE) protective conductor

为防止发生电击危险而与下列部件进行电气连接的一种导体：

————裸露导电部件；

————外部导电部件；

————主接地端子；

————接地电极(接地装置)；

————电源的接地点或人为的中性接点。

1.1.4.15.10　**中性保护导体**(PEN) PEN conductor

一种同时具有中性导体和保护导体功能的接地导体。

1.1.4.15.11　**可接近的** accessible

(用于配线方式)在不损坏建筑物结构或装修的情况下就能移出或暴露的,或者不是永久性地封装在建筑物的结构或装修中的。

(用于设备)因为没有锁住的门、抬高或其他有效方法用来防护,而许可十分靠近者。

1.1.4.15.12　**景观照明** landscape lighting

为表现建筑物造型特色、艺术特点、功能特征和周围环境布置的照明工程,这种工程通常在夜间使用。

1.1.4.16　**《电梯工程施工质量验收规范》**(GB50310－2002)

1.1.4.16.1　**电梯安装工程** installation of lifts,escalators and passenger conveyors

电梯生产单位出厂后的产品,在施工现场装配成整机至交付使用的过程。

注:本规范中的"电梯"是指电力驱动的曳引式或强制式电梯、液压电梯、自动扶梯和自动人行道。

1.1.4.16.2　**电梯安装工程质量验收** acceptance of installation quality of lifts,escalators and passenger conveyous

电梯安装的各项工程在履行质量检验的基础上,由监理单位(或建设单位)、土建施工单位、安装单位等几方共同对安装工程的质量控制资料、隐蔽工程和施工检查记录等档案材料进行审查,对安装工程进行普查和整机运行考核,并对主控项目全验和一般项目抽验,根据本规范以书面形式对电梯安装工程质量的检验结果做出确认。

1.1.4.16.3　**土建交接检验** handing over inspection of machine rooms and wells

电梯安装前,应由监理单位(或建设单位)、土建施工单位、安装单位共同对电梯井道和机房(如果有)按本规范的要求进行检查,对电梯安装条件做出确认。

1.1.4.17　**《建筑节能工程施工质量验收规范》**(GB50411－2007)

1.1.4.17.1　**保温浆料** insulating mortar

由胶粉料与聚苯颗粒或其他保温轻骨料组配,使用时按比例加水搅拌混合而成的浆料。

1.1.4.17.2 **凸窗** bay window

位置凸出外墙外侧的窗。

1.1.4.17.3 **外门窗** outside doors and windows

建筑围护结构上有一个面与室外空气接触的门或窗。

1.1.4.17.4 **玻璃遮阳系数** shading coefficient

透过窗玻璃的太阳辐射得热与透过标准3mm透明窗玻璃的太阳辐射得热的比值。

1.1.4.17.5 **透明幕墙** transparent curtain waii

可见光能直接透射入室内的幕墙。

1.1.4.17.6 **灯具效率** luminaire efficiency

在相同的使用条件下,灯具发出的总通光量与灯具内所有光源发出的总通光量之比。

1.1.4.17.7 **总谐波畸变率(THD)** total harmonic distortion

周期性交流量中的谐波含量的方均根值与其基波分量的方均根值之比(用百分数表示)。

1.1.4.17.8 **不平衡度(ε)** unbalance factor ε

指三相电力系统中三相不平衡的程度,用电压或电流负序分量与正序分量的方均根值百分比表示。

1.1.4.17.9 **进场验收** site acceptance

对进入施工现场的材料、设备等进行外观质量检查和规格、型号、技术参数及质量证明文件核查并形成相应验收记录的活动。

1.1.4.17.10 **进场复验** site reinspection

进入施工现场的材料、设备等在进场验收合格的基础上,按照有关规定从施工现场抽取试样送至试验室进行部分或全部性能参数检验的活动。

1.1.4.17.11 **见证取样送检** evidential test

施工单位在监理工程师或建设单位代表见证下,按照有关规定从施工现场随即抽取试样,送至有见证检测资质的检测机构进行检测的活动。

1.1.4.17.12 **现场实体检验** in – situ inspection

在监理工程师或建设单位代表见证下,对已经完成施工作业的分项或分部工程,按照有关规定再工程实体上抽取试样,在现场进行检验或送至有见证检测资质的检测机构进行检验的活动。简称实体检验或现场检验。

1.1.4.17.13 **质量证明文件** quality proof document

随同进场材料、设备等一同提供的能够证明其质量状况的文件。通常包括出厂合格证、中文说明书、型式检验报告及相关性能检测报告等。进口产品应包括出入境商品检验合格证明。适用时,也可包括进场验收、进场复验、见证取样检验和现场实体检验等资料。

1.1.4.17.14 **核查** check

对技术资料的检查及资料与实物的核对。包括:对技术资料的完整性、内容的正确性、与其他相关资料的一致性及整理归档情况的检查,以及将技术资料中的技术参数等与相应的材料、构件、设备或产品实物进行核对、确认。

1.1.4.17.15 **型式检验** type inspection

由生产厂家委托有资质的检测机构,对定型产品或成套技术的全部性能及其适用性所作的检验。其报告称型式检验报告。通常在工艺参数改变、达到预定生产周期或产品生产数量时进行。

1.1.4.18 **《建筑智能工程施工质量验收规范》**(GB50339 -2003)

1.1.4.18.1 **建筑设备自动化系统**(BAS) building automation system

将建筑物或建筑群内的空调与通风、变配电,照明、给排水、热源与热交换、冷冻和冷却及电梯和自动扶梯等系统,以集中监视、控制和管理为目的构成的综合系统。本规范所用建筑设备监控系统与此条通用。

1.1.4.18.2 **通信网络系统**(CNS) communication network system

通信网络系统是建筑物内语音、数据、图像传输的基础设施。通过通信网络系统,可实现与外部通信网络(如公用电话网、综合业务数字网、互联网、数据通信网及卫星通信网等)相联,确保信息畅通和实现信息共享。

1.1.4.18.3 **信息网络系统**(INS) information network system

信息网络系统是应用计算机技术、通信技术、多媒体技术、信息安全技术和行为科学等先进技术和设备构成的信息网络平台。借助于这一平台实现信息共享、资源共享和信息的传递与处理,并在此基础上开展各种应用业务。

1.1.4.18.4 **智能化系统集成**(ISI) intelligent system integrated

智能化系统集成应在建筑设备监控系统、安全防范系统、火灾自动报警及消防联动系统等各子分部工程的基础上,实现建筑物管理系统(BMS)集成。BMS 可进一步与信息网络系统(INS)、通信网络系统(CNS)进行系统集成,实现智能建筑管理集成系统(IBMS),以满足建筑物的监控功能、管理功能和信息共享的需求,便于通过对建筑物和建筑设备的自动检测与优化控制,实现信息资源的优化管理和对使用者提供最佳的信息服务,使智能建筑达到投资合理、适应信息社会需要的目标,并具有安全、舒适、高效和环保的特点。

1.1.4.18.5 **火灾报警系统**(FAS) fire alarm system

由火灾探测系统、火灾自动报警及消防联动系统和自动灭火系统等部分组成,实现建筑物的火灾自动报警及消防联动。

1.1.4.18.6 **安全防范系统**(SAS) security protection & alarm system

根据建筑安全防范管理的需要,综合运用电子信息技术、计算机网络技术、视频安防监控技术和各种现代安全防范技术构成的用于维护公共安全、预防刑事犯罪及灾害事故为目的的,具有报警、视频安防监控、出入口控制、安全检查、停车场(库)管理的安全技术防范体系。

1.1.4.18.7 **住宅(小区)智能化**(CI) community intelligent

它是以住宅小区为平台,兼备安全防范系统、火灾自动报警及消防联动系统、信息网络系统和物业管理系统等功能系统以及这些系统集成的智能化系统，具有集建筑系统、服务和管理于一体，向用户提供节能、高效、舒适、便利、安全的人居环境等特点的智能化系统。

1.1.4.18.8 **家庭控制器**(HC) home controller

完成家庭内各种数据采集、控制、管理及通信的控制器或网络系统，一般应具备家庭安全防范、家庭消防、家用电器监控及信息服务等功能。

1.1.4.18.9 **控制网络系统**(CNS) control network system

用控制总线将控制设备、传感器及执行机构等装置联结在一起进行实时的信息交互，并完成管理和设备监控的网络系统。

1.2 工程资料管理职责

1.2.1 参建单位工程资料管理通用职责

1. 建设、勘察、设计、施工、监理等各参建单位应将工程资料编制工作纳入合同管理、施工管理等工程管理的各个环节以及有关人员的职责范围。

2. 工程各参建单位编制的工程资料应以审批文件、规范和标准、承包合同、设计文件等为依据。工程各参建单位应向有关单位提供与工程有关的资料，提供的资料应真实、准确、及时。

3. 工程资料应随工程进度及时填写、收集、整理，并按要求分类组卷。不得随意抽撤、损毁、丢失。

4. 工程资料应真实可靠、准确、齐全、书写字迹清楚，有关责任方按规定签字盖章，不得涂改、伪造。

5. 工程资料的申报和审批应有时限要求，申报和审批的时间不得影响工程的正常施工。

6. 工程资料的验收应与工程验收同步进行，工程资料不符合要求的，不得进行工程竣工验收。

1.2.2 建设单位工程资料管理职责

1. 建设单位对工程资料负总责，实行项目负责人制，应指定专人负责工程准备阶段和竣工验收文件等工程资料的收集、整理、保管和归档工作。

2. 建设单位在与监理单位、施工单位签订监理、施工合同时，应对监理资料、工程资料和工程档案资料的编制责任、编制套数和移交期限等做出明确要求。

3. 建设单位应对工程建设过程中各单位提供的工程资料进行审核、签收，及时办理应由建设单位签认的工程资料，收集和汇总各参建单位归档的工程资料。

4. 建设单位在组织工程竣工验收之前，应会同监理单位组织相关技术人员对工程资料进行预审验收，并提请当地城建档案馆(室)对工程资料归档进行预验收，未取得预验收意见的，不得组织工程竣工验收。要求整改和完善的，整改和完善后应重新提请预验收，直至符合要求。

5. 列入城建档案馆(室)接收范围的工程资料，工程竣工验收后三个月内，建设单位向当地城建档案馆(室)移交一套符合要求的工程档案。

6. 建设单位编制的工程资料不得少于两套，一套由建设单位保管，一套原件移交当地城建档案馆（室）。

1.2.3　监理单位工程资料管理职责

1. 监理单位编制工程资料实行项目总监理工程师负责制，应指定专人负责工程资料的收集、整理、保管和归档工作。

2. 监理单位应协助建设单位监督检查工程资料的收集、整理、保管和归档工作。

3. 监理单位应监督检查工程资料的真实性、完整性和准确性，及时办理应由监理单位签认的工程资料并签署意见。

4. 工程竣工验收前，项目总监理工程师应对工程资料进行审核并签字，方可向建设单位移交。

5. 监理单位编制的工程资料除移交建设单位二套外（其中一套为原件），自行保存一套。

1.2.4　施工单位工程资料管理职责

1. 施工总承包单位、分包单位编制工程资料实行技术负责人负责制，应指定专人负责工程资料的收集、整理、保管和归档工作。

2. 施工总承包单位与分包单位签订的分包合同时，应对分包工程的工程资料的编制责任、编制套数和移交期限等做出明确要求。

3. 施工总承包单位、分包单位分别负责所承包工程的工程资料的编制。施工总承包单位应按要求对分包单位的工程资料进行检查和验收，分包单位的分包工程竣工后应按合同约定移交工程资料。

4. 实行施工总承包的工程，应由施工总承包单位负责汇总各分包单位的工程资料。由建设单位分别分包的工程，应由建设单位或由建设单位委托一个施工单位汇总各分包单位的工程资料。

5. 施工过程中形成的工程资料应及时通过报验、报审程序，通过施工单位有关部门或施工总包单位审核后，方可报监理（建设）单位。主要的分部（子分部）工程、单位（子单位）工程竣工验收前，工程质量控制资料核查记录应先通过本单位技术、质量部门审核后才能报监理（建设）单位核验、审批并办理签章验收手续。

6. 施工单位编制的工程资料除移交建设单位两套外（其中一套为原件），自行保存一套。

1.2.5　勘察、设计单位工程资料职责

1. 勘察、设计单位应按合同和规范要求提供勘察、设计文件，协助建设或监理单位对勘察设计文件的收集、整理和归档工作。

2. 勘察、设计单位应及时对施工过程中需要签认的工程资料签署意见。

3. 勘察、设计单位在工程竣工验收时，应出具勘察、设计文件质量检查报告。

4. 勘察、设计单位编制变更文件应按单位工程编写文件号，并按专业出具规范正式的设计变更文件。

1.2.6 城建档案馆(室)工程资料管理职责

1. 城建档案馆(室)负责接收和保管应当永久和长期保存的工程档案资料。

2. 城建档案馆(室)应加强对工程资料的立卷、归档工程的监督、检查和指导。

3. 城建档案馆(室)负责在工程竣工验收前应对移交的工程档案进行专项验收,并提出预验收意见。

4. 城建档案馆(室)就与移交工程档案单位办理移交手续。

1.3 工程资料的分类及编号

1.3.1 工程资料的分类及编号

1. 记录工程建设有关重要活动、主要施工过程和形状,在工程建设全过程中直接形成的具有保存价值的文字、图表、声像和电子等各种形式的文件,均应收集齐全,整理立卷后归档。

2. 工程资料按照不同收集单位、不同资料类别进行分类。分类时,还应兼顾资料的专业划分。

3. 工程资料分为三大部分:基建文件(A类)、监理资料(B类)、施工资料(C类)

1.3.2 基建资料(A类)分类及编号

基建资料(A类)应划分为:决策立项阶段文件(A1);建设用地、征地、拆迁文件(A2);勘察、测绘、设计文件(A3);招投标文件(A4);开工审批文件(A5);工程质量监督文件(A6);财务文件(A7);工程竣工验收文件(A8);其他文件(A9)九个类别。基建资料应由建设单位负责收集、整理、立卷。

1.3.3 监理资料(B类)分类及编号

监理资料(B类)应划分为:监理管理资料(B1);进度控制资料(B2);质量控制资料(B3);造价控制资料(B4);分包、检测单位资质资料(B5);合同管理资料(B6)六个类别。监理资料应由监理单位负责收集、整理、立卷。

1.3.4 施工资料(C类)分类及编号

1. 施工资料划分为:地基与基础工程、主体结构工程、建筑装饰装修工程、建筑屋面工程、建筑节能工程、建筑给排水及采暖工程、建筑电气工程、通风与空调工程、电梯工程、智能建筑工程等分部工程以及专业工程。

2. 每个分部工程以及其专业的工程资料应划分为:工程技术管理资料(C1);工程质量控制资料(C2);工程安全和功能检验资料(C3);工程竣工图(C4)四个类别。

3. 施工资料中的质量控制资料(C2)应划分为:图纸会审、设计变更、洽商记录(C2-1);原材料质量证明文件和进场复试报告(C2-2);施工试验记录(C2-3);隐蔽工程验收记录(C2-4);施工记录(C2-5)五个类别。

1.3.5 工程资料分类、归档单位表

工程资料分类编目、归档保存单位

分类编目	资料名称	文件（表式编号）	归档保存单位				
			建设单位	设计单位	监理单位	施工单位	档案馆
A	基建资料						
	工程概况表	A0.1	●	●	●	●	●
	工程项目管理机构及管理人员名单	A0.2	●				●
A1	决策立项阶段文件						
	项目建议书及审批文件	A1.1	●				●
	可行性研究报告和附件及审批意见	A1.2	●				●
	工程立项的会议纪要及批示	A1.3	●				●
	工程立项的专家建议资料	A1.4	●				●
	工程项目评估研究资料	A1.5	●				●
	设计任务书	A1.6	●	●			●
	设计任务书审批文件	A1.7	●	●			●
A2	建设用地、征地、拆迁文件						
	选址申请及选址规划意见通知书	A2.1	●				●
	用地申请批准书	A2.2	●				●
	拆迁安置意见、协议、方案等	A2.3	●				●
	建设用地规划许可证及附件	A2.4	●				●
	划拨建设用地文件	A2.5	●				●
	国有土地使用证	A2.6	●				●
A3	勘察、测绘、设计文件						
	水文、地质勘察报告	A3.1	●	●			●
	建设用地钉桩通知单	A3.2	●	●			●
	地形测量和拨地测量成果报告	A3.3	●	●			●
	规划设计条件通知书	A3.4	●	●			●
	初步设计图纸和说明	A3.5	●	●			
	审定设计方案通知书及审查意见	A3.6	●	●			●

续表

分类编目	资料名称	文件（表式编号）	归档保存单位				
			建设单位	设计单位	监理单位	施工单位	档案馆
	有关行政主管部门的批准文件或协议文件	A3.7	●	●			●
	施工图设计及其说明	A3.8	●	●			
	设计计算书	A3.9		●			
	施工图设计审查、审批文件	A3.10	●	●			●
A4	承发包文件						
	勘察设计招投标文件	A4.1	●	●			
	勘察设计承包合同	A4.2	●	●			●
	施工招投标文件	A4.3	●			●	
	施工承包合同	A4.4	●			●	●
	监理招投标文件	A4.5	●		●		
	监理委托合同	A4.6	●		●		●
	检测委托合同	A4.7	●		●		●
A5	开工审批文件						
	建设项目年度计划申报文件	A5.1	●				●
	建设项目年度计划批复文件或年度计划项目表	A5.2	●				●
	规划审批申请表和规划许可证及图纸	A5.3	●				●
	建筑工程施工许可申请表	A5.4	●				●
	建筑工程施工许可证	A5.5	●			●	●
	投资许可证、审计证明、交纳各种建设费证明	A5.6	●				●
A6	工程质量监督文件						
	工程质量监督注册登记表	A6.1	●		●	●	●
	工程质量监督书	A6.2	●		●	●	●
	工程质量整改通知单	A6.3	●		●	●	●
	工程质量整改情况报告书	A6.4	●		●	●	●
A7	财务文件						
	工程投资估算文件	A7.1	●				
	工程设计概算文件	A7.2	●	●			
	工程施工图预算文件	A7.3	●			●	
	工程施工决算文件	A7.4	●			●	●

续表

分类编目	资 料 名 称	文件（表式编号）	归档保存单位				
			建设单位	设计单位	监理单位	施工单位	档案馆
	交付使用财产总表和财产明细表	A7.5	●			●	●
A8	工程竣工验收文件						
	工程竣工总结	A8.1	●				●
	工程竣工验收报告	A8.2	●				●
	工程勘察文件质量检查报告	A8.3	●	●			●
	工程设计文件质量检查报告	A8.4	●	●			●
	工程竣工专项验收认可文件或准许使用文件	A8.5	●				●
	工程竣工验收备案表	A8.6	●			●	●
A9	其他文件						
	工程质量保修书、住宅使用说明	A9.1	●			●	●
	工程开工、施工、竣工录音、录像、照片资料	A9.2	●		●	●	●
B类	监理资料						
B1	监理管理资料						
	项目监理部及监理人员名单	B1.1	●		●		●
	检测取样送检见证人授权书	B1.2	●		●		●
	监理规划	B1.3	●		●		●
	监理实施细则	B1.4	●		●		●
	旁站监理方案	B1.5	●		●		●
	监理月报	B1.6	●		●		●
	监理会议纪要	B1.7	●		●	●	●
	监理专题报告	B1.8	●		●	●	●
	监理工作联系单	B1.9	●		●	●	●
	监理工作总结	B1.10	●		●		●
	监理日记	B1.11			●		
B2	分包、检测单位资质资料						
	分包单位资格报审表	B2.1	●		●	●	●
	检测机构资格报审表	B2.2	●		●	●	●
B3	质量控制资料						
	施工组织设计、施工(调试)方案报审表	B3.1	●		●	●	●

续表

分类编目	资料名称	文件（表式编号）	归档保存单位				
			建设单位	设计单位	监理单位	施工单位	档案馆
	主要施工机械设备报审表	B3.2			●	●	
	工程材料/构配件/设备报验表	B3.3	●		●	●	●
	施工测量放线报验表	B3.4	●		●	●	●
	工程报验表	B3.5	●		●	●	●
	检测见证取样送检记录表	B3.6	●		●	●	●
	旁站监理记录	B3.7	●		●	●	●
	监理通知	B3.8	●		●		●
	监理通知回复单	B3.9	●		●	●	●
	工程质量事故处理方案报审表	B3.10	●		●	●	●
	工程竣工预验收报验表	B3.11	●		●	●	●
	工程质量监理评估报告	B3.12	●		●	●	●
B4	进度控制资料						
	工程开工/复工报审表	B4.1	●		●	●	●
	工程暂停令	B4.2	●		●	●	●
	施工进度计划报审表	B4.3	●		●	●	●
	工程临时延期报审表	B4.4	●		●	●	●
	工程最终延期审批表	B4.5	●		●	●	●
B5	造价控制资料						
	工程款支付申请表	B5.1	●		●	●	●
	工程款支付证书	B5.2	●		●	●	●
	费用索赔报审表	B5.3	●		●	●	●
	工程竣工结算审核意见书	B5.4	●		●	●	●
B6	合同管理资料						
	合同变更单	B6.1	●		●	●	●
	合同争议、违约报告及处理意见	B6.2	●		●	●	●
C类	施工资料						
C1	工程技术管理资料						
	开工报告	C1.1	●		●	●	●
	施工单位资质证书	C1.2				●	

续表

分类编目	资料名称	文件（表式编号）	归档保存单位				
			建设单位	设计单位	监理单位	施工单位	档案馆
	施工项目经理部及管理人员名单	C1.3	●		●	●	●
	特种作业人员名单	C1.4				●	
	施工技术标准	C1.5			●	●	
	施工现场质量管理检查记录	C1.6			●	●	
	施工组织设计、施工(调试)方案	C1.7	●		●	●	●
	新材料、新产品、新工艺、新技术施工记录	C1.8	●		●	●	●
	工程质量事故报告	C1.9	●		●	●	●
	工程质量事故处理记录	C1.10	●		●	●	●
	施工技术交底记录	C1.11				●	
	施工日志	C1.12				●	
C2	工程质量控制资料						
C2-1	图纸会审、设计变更、洽商记录						
	图纸会审记录	C2.1.1	●	●	●	●	●
	洽商记录	C2.1.2	●	●	●	●	●
	设计变更通知单	C2.1.3	●	●	●	●	●
C2-2	原材料质量证明文件和进场复验报告						
	质量证明文件和复验报告汇总表(通用)	C2.2.0.1	●		●	●	●
	质量证明文件粘贴表(通用)	C2.2.0.2	●		●	●	●
	复验(试验)报告	C2.2.0.3	●		●	●	●
C2-2-1	地基与基础						
	1. 地基工程						
	灰土地基材料出厂质量证明和进场复验报告	C2.2.1.1	●		●	●	●
	砂和砂石地基材料进场复验报告	C2.2.1.2	●		●	●	●
	土工合成地基材料进场复验报告	C2.2.1.3	●		●	●	●
	粉煤灰地基材料进场复验报告	C2.2.1.4	●		●	●	●
	注浆地基材料出厂质量证明和进场复验报告	C2.2.1.5	●		●	●	●
	振冲地基材料进场复验报告	C2.2.1.6	●		●	●	●
	高压喷射注浆地基材料出厂质量证明和进场复验报告	C2.2.1.7	●		●	●	●

续表

分类编目	资料名称	文件（表式编号）	归档保存单位				
			建设单位	设计单位	监理单位	施工单位	档案馆
	水泥土搅拌桩地基材料出厂质量证明和进场复验报告	C2.2.1.8	●		●	●	●
	土和灰土挤密桩复合地基材料进场复验报告	C2.2.1.9	●		●	●	●
	水泥粉煤灰碎石桩复合地基材料出厂质量证明和进场复验报告	C2.2.1.10	●		●	●	●
	夯实水泥土桩复合地基材料出厂质量证明和进场复验报告	C2.2.1.11	●		●	●	●
	砂桩地基材料进场复验报告	C2.2.1.12	●		●	●	●
	2. 桩基础工程						
	静力压桩成品桩出厂合格证	C2.2.1.13	●		●	●	●
	预应力管桩出厂合格证	C2.2.1.14	●		●	●	●
	混凝土预制桩出厂合格证	C2.2.1.15	●		●	●	●
	钢桩出厂合格证	C2.2.1.16	●		●	●	●
	混凝土灌注桩材料合格证、出厂检验报告和进场复验报告	C2.2.1.17	●		●	●	●
	3. 地下防水工程						
	防水混凝土材料出厂合格证、质量检验报告和进场复验报告	C2.2.1.18	●		●	●	●
	水泥砂浆防水层材料出厂合格证、质量检验报告和进场复验报告	C2.2.1.19	●		●	●	●
	卷材防水层出厂合格证、质量检验报告和进场复验报告	C2.2.1.20	●		●	●	●
	涂料防水层出厂合格证、质量检验报告和进场复验报告	C2.2.1.21	●		●	●	●
	塑料板防水层出厂合格证、质量检验报告	C2.2.1.22	●		●	●	●
	金属板防水层出厂合格证、质量检验报告	C2.2.1.23	●		●	●	●
	细部构造材料出厂合格证、质量检验报告和进场复验报告	C2.2.1.24	●		●	●	●
C2-2-2	主体结构						
	1. 钢筋工程						
	钢筋产品合格证、出厂检验报告和进场复验报告	C2.2.2.1	●		●	●	●

续表

分类编目	资 料 名 称	文件（表式编号）	归档保存单位				
			建设单位	设计单位	监理单位	施工单位	档案馆
	机械连接套筒产品合格证、出厂检验报告	C2.2.2.2	●		●	●	●
	焊条、焊剂产品合格证、出厂检验报告	C2.2.2.3	●		●	●	●
	半成品钢筋出厂合格证	C2.2.2.4	●		●	●	●
	2. 混凝土工程		●		●	●	●
	水泥合格证书、出厂检验报告和进场复试报告	C2.2.2.5	●		●	●	●
	外加剂产品合格证书、出厂检验报告和进场复试报告	C2.2.2.6	●		●	●	●
	氯化物和碱总含量计算书	C2.2.2.7	●		●	●	●
	矿物掺合料出厂合格证和进场复验报告	C2.2.2.8	●		●	●	●
	粗、细骨料进场复验报告	C2.2.2.9	●		●	●	●
	拌制水水质试验报告	C2.2.2.10	●		●	●	●
	预拌商品混凝土发货单	C2.2.2.11	●		●	●	●
	预拌商品混凝土出厂合格证	C2.2.2.12	●		●	●	●
	3. 预应力工程						
	预应力筋产品合格证、出厂检验报告和进场复验报告	C2.2.2.13	●		●	●	●
	锚具、夹具和连接器产品合格证、出厂检验报告和进场复验报告	C2.2.2.14	●		●	●	●
	孔道灌浆用水泥产品合格证、出厂检验报告和进场复验报告	C2.2.2.15	●		●	●	●
	金属螺旋管产品合格证、出厂检验报告和进场复验报告	C2.2.2.16	●		●	●	●
	4. 装配式结构工程						
	预制混凝土构件出厂合格证	C2.2.2.17	●		●	●	●
	预制构件结构性能试验报告	C2.2.2.18	●		●	●	●
	5. 砌体结构工程						
	块材合格证、出厂检测报告和进场复验报告	C2.2.2.19	●		●	●	●
	水泥合格证、出厂检测报告和进场复验报告	C2.2.2.20	●		●	●	●
	砂浆用砂进场复验报告	C2.2.2.21	●		●	●	●
	砂浆掺合料合格证和进场复验报告	C2.2.2.22	●		●	●	●

续表

分类编目	资料名称	文件（表式编号）	归档保存单位				
			建设单位	设计单位	监理单位	施工单位	档案馆
	砂浆外加剂合格证、出厂检测报告和进场复验报告	C2.2.2.23	●		●	●	●
	拌制砂浆用水水质试验报告	C2.2.2.24	●		●	●	●
	配筋砌体钢筋合格证书、出厂检测报告和进场复验报告	C2.2.2.25	●		●	●	●
	6. 钢结构工程						
	钢材合格证明文件、出厂检验报告和进场复验报告	C2.2.2.26	●		●	●	●
	焊接材料合格证明文件、出厂检验报告和进场复验报告	C2.2.2.27	●		●	●	●
	连接用紧固标准件合格证明文件、出厂检验报告和进场复验报告	C2.2.2.28	●		●	●	●
	焊接球合格证明文件和出厂检验报告	C2.2.2.29	●		●	●	●
	螺栓球合格证明文件和出厂检验报告	C2.2.2.30	●		●	●	●
	封板、锥头和套筒合格证明文件和出厂检验报告	C2.2.2.31	●		●	●	●
	金属压型板合格证明文件和出厂检验报告	C2.2.2.32	●		●	●	●
	涂装材料合格证明文件和出厂检验报告	C2.2.2.33	●		●	●	●
	钢结构用橡胶垫合格证明文件和出厂检验报告	C2.2.2.34	●		●	●	●
	钢构件出厂合格证	C2.2.2.35	●		●	●	●
	7. 木结构工程						
	木结构材料合格证和检测报告	C2.2.2.36	●		●	●	●
	木构件出厂合格证	C2.2.2.37	●		●	●	●
	木材、木构件含水率试验报告	C2.2.2.38	●		●	●	●
	钢构件、连接件合格证书和检测报告	C2.2.2.39	●		●	●	●
C2-2-3	建筑装饰装修						
	1. 地面工程						
	1)基层材质合格证明文件、检测报告和复验报告						
	基土土质检查记录	C2.2.3.1	●		●	●	●
	灰土垫层的材质检查记录	C2.2.3.2	●		●	●	●
	砂垫层和砂石垫层的材质合格证明文件及检测报告	C2.2.3.3	●		●	●	●

续表

分类编目	资料名称	文件（表式编号）	归档保存单位				
			建设单位	设计单位	监理单位	施工单位	档案馆
	碎石垫层和碎砖垫层的材质合格证明文件及检测报告	C2.2.3.4	●		●	●	●
	三合土垫付层的材质合格证明文件及检测报告	C2.2.3.5	●		●	●	●
	炉渣垫层的材质合格证明文件及检测报告	C2.2.3.6	●		●	●	●
	水泥混凝土垫层的材质合格证明文件、检测报告和复验报告	C2.2.3.7	●		●	●	●
	找平层的材质合格证明文件、检测报告和复验报告	C2.2.3.8	●		●	●	●
	隔离层材质合格证明文件、检测报告和复验报告	C2.2.3.9	●		●	●	●
	填充层的材质合格证明文件及检测报告	C2.2.3.10	●		●	●	●
	2）整体面层材质合格证明文件、检测报告和复验报告						
	水泥混凝土面层材质合格证明文件、检测报告和复检报告	C2.2.3.11	●		●	●	●
	水磨石面层材质合格证明文件、检测报告和复验报告	C2.2.3.12	●		●	●	●
	水泥钢（铁）悄面层材质合格证明文件、检测报告和复验报告	C2.2.3.13	●		●	●	●
	防油渗面层材质合格证明文件、检测报告和复验报告	C2.2.3.14	●		●	●	●
	不发火（防爆的）面层材质合格证明文件、检测报告和复验报告	C2.2.3.15	●		●	●	●
	3）板块面层材质合格证明文件、检测报告和复验报告						
	砖面层材质合格证明文件及检测报告	C2.2.3.16	●		●	●	●
	大理石、花岗石面层材质合格证明文件及检测报告	C2.2.3.17	●		●	●	●
	预制水泥混凝土板、水磨石板块材质合格证明有检测报告	C2.2.3.18	●		●	●	●
	料石面层材质合格证明文件及检测报告	C2.2.3.19	●		●	●	●
	塑料面层材质合格证明文件及检测报告	C2.2.3.20	●		●	●	●
	活动地板面层材质合格证明文件及检测报告	C2.2.3.21	●		●	●	●
	地毯面层材质合格证明文件	C2.2.3.22	●		●	●	●

续表

分类编目	资 料 名 称	文件（表式编号）	归档保存单位				
			建设单位	设计单位	监理单位	施工单位	档案馆
	4）木、竹面层材质合格证明文件和检测报告						
	木搁栅、垫木、毛地板材质检查记录	C2.2.3.23	●		●	●	●
	实木地板材质合格证明文件夹及检测报告	C2.2.3.24	●		●	●	●
	实木复合地板材质合格证明文件及检测报告	C2.2.3.25	●		●	●	●
	中密度（强化）复合地板材质合格证明文件及检测报告	C2.2.3.26	●		●	●	●
	竹地板 材质合格证明文件及检测报告	C2.2.3.27	●		●	●	●
	胶粘剂和涂料质量合格证明文件及检测报告	C2.2.3.28	●		●	●	●
	2. 抹灰工程						
	一般抹灰材料产品合格证书和复验报告	C2.2.3.29	●		●	●	●
	装饰抹灰材料产品合格证书和复验报告	C2.2.3.30	●		●	●	●
	清水砌体勾缝所用水泥复验报告	C2.2.3.31	●		●	●	●
	3. 门窗工程						
	木门窗产品合格证书和复验报告	C2.2.3.32	●		●	●	●
	金属门窗产品合格证书、性能检测报告和复验报告	C2.2.3.33	●		●	●	●
	塑料门窗产品合格证书、性能检测报告和复验报告	C2.2.3.34	●		●	●	●
	特种门窗生产许可证、产品合格证书和性能检测报告	C2.2.3.35	●		●	●	●
	玻璃产品合格证书、性能检测报告	C2.2.3.36	●		●	●	●
	4. 吊顶工程						
	暗龙骨吊顶材料产品合格证书、性能检测报告和复验报告	C2.2.3.37	●		●	●	●
	明龙骨吊顶材料产品合格证书、性能检测报告和复验报告	C2.2.3.38	●		●	●	●
	5. 轻质隔墙工程						
	板材隔墙产品合格证书和性能检测报告	C2.2.3.39	●		●	●	●
	骨架隔墙产品合格证书、性能检测报告和复验报告	C2.2.3.40	●		●	●	●
	活动隔墙产品合格证书、性能检测报告和复验报告	C2.2.3.41	●		●	●	●
	玻璃隔墙产品合格证书、性能检测报告和复验报告	C2.2.3.42	●		●	●	●
	6. 饰面板（砖）工程						

续表

分类编目	资料名称	文件（表式编号）	归档保存单位				
			建设单位	设计单位	监理单位	施工单位	档案馆
	饰面板产品合格证书、性能检测报告和复验报告	C2.2.3.43	●		●	●	●
	饰面砖产合格证书、性能检测报告和复验报告	C2.2.3.44	●		●	●	●
	7. 涂饰工程						
	水性涂料产品合格证书和性能检测报告	C2.2.3.45	●		●	●	●
	浴剂型涂料产品合格证书和性能检测报告	C2.2.3.46	●		●	●	●
	8. 裱糊材料产品合格证书和性能检测报告		●		●	●	●
	裱糊材料产品合格证书和性能检测报告	C2.2.3.47	●		●	●	●
	软包材料产品合格证书和性能检测报告	C2.2.3.48	●		●	●	●
	9. 细部工程						
	橱柜材料产品合格证书、性能检测报告和复验报告	C2.2.3.49	●		●	●	●
	窗帘盒、窗台板和散热器罩材料产品合格证书、性能检测报告和复验报告	C2.2.3.50	●		●	●	●
	门窗套材料产品合格证书和性能检测报告	C2.2.3.51	●		●	●	●
	护栏和扶手材料产品合格证书和性能报告	C2.2.3.52	●		●	●	●
	花饰产品合格证书	C2.2.3.53	●		●	●	●
	10、幕墙工程						
	钢材、铝合金型材产品合格证书、性能检测报告和复验报告	C2.2.3.54	●		●	●	●
	硅酮结构胶产品合格证书、性能检测报告和复验报告	C2.2.3.55	●		●	●	●
	密封材料及衬垫材料产品合格证书、性能检测报告和复验报告	C2.2.3.56	●		●	●	●
	连接件、吊夹具、配件产品合格证和性能检测报告	C2.2.3.57	●		●	●	●
	防火材料产品合格证书和性能检测报告	C2.2.3.58	●		●	●	●
	玻璃产品合格证书和性能检测报告	C2.2.3.59	●		●	●	●
	金属幕墙金属板产品合格证书、性能检测报告和复验报告	C2.2.3.60	●		●	●	●
	石材幕墙石材产品合格证书、性能检测报告和复验报告	C2.2.3.61	●		●	●	●
C2－2－4	建筑屋面						

续表

分类编目	资料名称	文件（表式编号）	归档保存单位				
			建设单位	设计单位	监理单位	施工单位	档案馆
	屋面找平层材料出厂合格证、质量检验报告和现场抽样复验报告	C2.2.4.1	●		●	●	●
	屋面保温材料出厂合格证、质量检验报告和现场抽样复验报告	C2.2.4.2	●		●	●	●
	防水卷材出厂合格证、质量检验报告和现场抽样复验报告	C2.2.4.3	●		●	●	●
	防水涂料、胎体增强材料出厂合格证、质量检验报告和现场抽样复验报告	C2.2.4.4	●		●	●	●
	刚性防水屋面材料出厂合格证、质量检验报告和现场抽样复验报告	C2.2.4.5	●		●	●	●
	瓦屋面材料出厂合格证或质量检验报告	C2.2.4.6	●		●	●	●
	隔热屋面材料出厂合格证、质量检验报告	C2.2.4.7	●		●	●	●
C2－2－5	建筑节能						
	墙体材料质量证明文件、性能检测报告或型式检验报告和复验报告	C2.2.5.1	●		●	●	●
	幕墙材料、构件质量证明文件及性能检测报告和复验报告	C2.2.5.2	●		●	●	●
	门窗产品质量证明文件、性能检测报告和进场复验报告	C2.2.5.3	●		●	●	●
	屋面保温隔热材料的合格证、技术性能报告和复验报告	C2.2.5.4	●		●	●	●
	屋面保温隔热材料的合格证、技术性能报告和复验报告	C2.2.5.5	●		●	●	●
	地面保温隔热材料的合格证、技术性能报告和复验报告	C2.2.5.6	●		●	●	●
	采暖设备、材料等质量证明文件、性能检测报告和复验报告	C2.2.5.7	●		●	●	●
	通风与空调设备、材料质量证明文件、性能检测报告和复验报告	C2.2.5.8	●		●	●	●
	照明光源、灯具等质量证明文件及性能检测报告和复验报告	C2.2.5.9	●		●	●	●
C2－2－6	建筑给水排水及采暖						

续表

分类编目	资料名称	文件（表式编号）	归档保存单位				
			建设单位	设计单位	监理单位	施工单位	档案馆
	1. 材料、配件进场检查验收记录	C2.2.6.1	●		●	●	●
	2. 主要材料质量证明文件及性能检测报告						
	管材、管件、板材合格证及性能检测报告	C2.2.6.2	●		●	●	●
	管道系统附件、安全附件合格证及性能检测报告	C2.2.6.3	●		●	●	●
	阀门、安全阀、减压阀合格证及调试报告	C2.2.6.4	●		●	●	●
	防腐、保温材料合格证及性能检测报告	C2.2.6.5	●		●	●	●
	燃气管道、管件、设备、燃具合格证	C2.2.6.6	●		●	●	●
	3. 设备开箱检查验收记录	C2.2.6.7	●		●	●	●
	4. 主要设备质量证明文件及性能检测报告						
	给水设备、排水设备、热水设备、采暖设备、消防设备质量证明文件	C2.2.6.8	●		●	●	●
	中水设备、游泳池系统设备质量证明文件	C2.2.6.9	●		●	●	●
	成套开(闭)式水箱(罐)、分(集)水器、压力容器、锅炉及附属设备证明文件	C2.2.6.10	●		●	●	●
	卫生洁具质量证明文件	C2.2.6.11	●		●	●	●
	散热器质量证明文件	C2.2.6.12	●		●	●	●
	5. 安装、使用维护说明书	C2.2.6.13	●		●	●	●
C2-2-7	建筑电气						
	1. 材料、配件进场检查验收记录	C2.2.7.1	●		●	●	●
	2. 主要材料、配件质量证明文件及性能检测报告						
	电线、电缆、照明灯具、插座、风扇及附件质量证明文件及性能检测报告	C2.2.7.2	●		●	●	●
	导管、线槽、电缆桥架、钢制灯柱、混凝土电杆出厂合格证和材质证明书	C2.2.7.3	●		●	●	●
	裸母线、裸导线、电缆头部件及接线端子出厂合格证	C2.2.7.4	●		●	●	●
	镀锌制品(支架、横担、接地极、避雷用型钢等)和外线金具出厂合格证	C2.2.7.5	●		●	●	●
	封闭母线、查接母线出厂合格证、性能检测报告等	C2.2.7.6	●		●	●	●
	电度表记录	C2.2.7.7	●		●	●	●

续表

分类编目	资料名称	文件（表式编号）	归档保存单位				
			建设单位	设计单位	监理单位	施工单位	档案馆
	3. 设备开箱检查验收记录	C2.2.7.8	●		●	●	●
	4. 主要材料质量证明文件及性能检测报告						
	电力变压器、柴油发电机组、高压成套配电柜、蓄电池柜、控制柜（屏、台）质量证明文件及检测报告	C2.2.7.9	●		●	●	●
	低压成套配电柜、动力、照明配电箱（盘、柜）质量证明文件及检测报告	C2.2.7.10	●		●	●	●
	电动机、电加热器质量证明文件及检测报告	C2.2.7.11	●		●	●	●
	5. 安装、使用维护说明书	C2.2.7.12	●		●	●	●
C2－2－8	通风与空调						
	1. 材料、配件进场检查验收记录	C2.2.8.1	●		●	●	●
	2. 主要材料质量证明文件及性能检测报告						
	风管、风道质量证明文件及性能检测报告	C2.2.8.2	●		●	●	●
	风口、风阀、排风罩、消声器产品合格证	C2.2.8.3	●		●	●	●
	管道、管件、阀门质量证明文件	C2.2.8.4	●		●	●	●
	油漆、防腐材料、绝热材料质量证明文件	C2.2.8.5	●		●	●	●
	金属支架材料质量证明文件	C2.2.8.6	●		●	●	●
	3. 设备开箱检查验收记录	C2.2.8.7	●		●	●	●
	4. 主要材料质量证明文件及性能检测报告						
	通风机、空调机组、装配式、洁净室产品质量合格证明	C2.2.8.8	●		●	●	●
	制冷机组、热泵机组、冰蓄冷设备产品质量合格证明	C2.2.8.9	●		●	●	●
	空调水处理设备、水泵、冷却塔出厂质量合格证明	C2.2.8.10	●		●	●	●
	5. 安装、使用维护说明书	C2.2.8.11	●		●	●	●
C2－2－9	电梯						
	1. 材料、配件进场检查验收记录	C2.2.9.1	●		●	●	●
	2. 主要材料、配件质量证明文件	C2.2.9.2	●		●	●	●
	3. 设备开箱检查验收记录	C2.2.9.3	●		●	●	●
	4. 主要材料质量证明文件及性能检测报告						
	电梯产品出厂合格证	C2.2.9.4	●		●	●	●

续表

分类编目	资料名称	文件（表式编号）	归档保存单位				
			建设单位	设计单位	监理单位	施工单位	档案馆
	门锁装置、限速器、的型式试验合格证书	C2.2.9.5	●		●	●	●
	自动扶梯、自动人行道梯级的断裂强度证明文件	C2.2.9.6	●		●	●	●
	自动扶梯、自动人行道扶手带的断裂强度证明文件	C2.2.9.7	●		●	●	●
	5. 安装、使用维护说明书	C2.2.9.8	●		●	●	●
C2-2-10	智能建筑						
	材料、配件进场检查验收记录	C2.2.10.1	●		●	●	●
	材料、配件质量证明文件及性能检测报告	C2.2.10.2	●		●	●	●
	设备开箱检查验收记录	C2.2.10.3	●		●	●	●
	主要设备质量证明文件及性能检测报告	C2.2.10.4	●		●	●	●
	操作维护手册、培训记录	C2.2.10.5	●		●	●	●
C2-3	施工试验记录						
	施工试验报告汇总表	C2.3.0.1	●		●	●	●
	施工试验报告(通用)	C2.3.0.2	●		●	●	●
C2-3-1	地基与基础						
	1. 地基工程						
	配合比试验报告	C2.3.1.1	●		●	●	●
	压实系数试验报告	C2.3.1.2	●		●	●	●
	地基承载力检测报告	C2.3.1.3	●		●	●	●
	地基强度检测报告	C2.3.1.4	●		●	●	●
	桩体强度检测报告	C2.3.1.5	●		●	●	●
	干密度试验报告	C2.3.1.6	●		●	●	●
	2. 桩基础工程						
	桩身质量检测报告	C2.3.1.7	●		●	●	●
	桩承载力检测报告	C2.3.1.8	●		●	●	●
	桩基检测报告技术审查认定书	C2.3.1.9	●		●	●	●
	桩端持力层岩性检测报告	C2.3.1.10	●		●	●	●
	3. 地下防水工程						
	混凝土试件抗渗试验报告	C2.3.1.11	●		●	●	●
	金属防水层金属板拼接焊缝无损检验报告	C2.3.1.12	●		●	●	●

续表

分类编目	资料名称	文件（表式编号）	归档保存单位				
			建设单位	设计单位	监理单位	施工单位	档案馆
C2－3－2	主体结构						
	1. 钢筋工程						
	钢筋接头力学性能试验报告	C2.3.2.1	●		●	●	●
	进口钢筋焊接工艺试验报告	C2.3.2.2	●		●	●	●
	2. 混凝土工程						
	混凝土配合比报告	C2.3.2.3	●		●	●	●
	混凝土试件强度试验报告（标准养护）	C2.3.2.4	●		●	●	●
	混凝土试件强度试验报告（同条件养护）	C2.3.2.5	●		●	●	●
	混凝土强度平定表	C2.3.2.6	●		●	●	●
	混凝土抗冻性能试验报告	C2.3.2.7	●		●	●	●
	混凝土非破损或破损试验报告	C2.3.2.8	●		●	●	●
	3. 预应力工程						
	预应力筋镦头强度试验报告	C2.3.2.9	●		●	●	●
	混凝土同条件养护试件试验报告	C2.3.2.10	●		●	●	●
	灌孔水泥浆性能试验报告	C2.3.2.11	●		●	●	●
	灌孔水泥浆试件强度试验报告	C2.3.2.12	●		●	●	●
	4. 装配式结构工程						
	钢筋接头力学性能试验报告	C2.3.2.13	●		●	●	●
	接头和拼缝试件强度试验报告	C2.3.2.14	●		●	●	●
	5. 重要部位结构实体检测						
	结构实体混凝土强度检测报告	C2.3.2.15	●		●	●	●
	回弹法混凝土抗压强度检测报告	C2.3.2.16	●		●	●	●
	钢筋保护层厚度检测报告	C2.3.2.17	●		●	●	●
	6. 砌体结构工程						
	砌筑砂浆配合比报告	C2.3.2.18	●		●	●	●
	砌筑砂浆试块强度试验报告	C2.3.2.19	●		●	●	●
	砂浆和砌体强度现场检测报告	C2.3.2.20	●		●	●	●
	7. 钢结构工程						
	焊缝超声波探伤报告	C2.3.2.21	●		●	●	●

续表

分类编目	资 料 名 称	文件（表式编号）	归档保存单位				
			建设单位	设计单位	监理单位	施工单位	档案馆
	焊缝射线探伤报告	C2.3.2.22	●		●	●	●
	焊缝渗透或磁粉探伤报告	C2.3.2.23	●		●	●	●
	高强度螺栓连接摩擦面抗滑移系数试验报告	C2.3.2.24	●		●	●	●
C2-3-3	建筑装饰装修						
	1. 地面工程						
	土壤试验报告	C2.3.3.1	●		●	●	●
	土壤击实试验报告	C2.3.3.2	●		●	●	●
	2. 门窗工程						
	外窗气密性、水密性、耐风压试验报告	C2.3.3.3	●		●	●	●
	平面内变形性能试验报告	C2.3.3.4	●		●	●	●
	3. 饰面板（砖）工程						
	后置埋件拉拔试验报告	C2.3.3.5	●		●	●	●
	外墙饰面砖样板件的粘结强度试验报告	C2.3.3.6	●		●	●	●
	4. 幕墙工程						
	幕窗气密性、水密性、耐风压试验报告	C2.3.3.7	●		●	●	●
	锚栓拉拔强度试验报告	C2.3.3.8	●		●	●	●
	防雷装置连接测试记录	C2.3.3.9	●		●	●	●
	5. 室内环境检测报告	C2.3.3.10	●		●	●	●
C2-3-4	建筑屋面						
	细石混凝土强度试验报告	C2.3.4.1	●		●	●	●
	保温层含水率检验报告	C2.3.4.2	●		●	●	●
C2-3-5	建筑节能						
	1. 墙体节能工程						
	粘结强度试验报告	C2.3.5.1	●		●	●	●
	预埋或后置锚固件拉拔力试验报告	C2.3.5.2	●		●	●	●
	保温浆料同条件试件试验报告	C2.3.5.3	●		●	●	●
	2. 幕墙气密性能检测报告	C2.3.5.4	●		●	●	●
	3. 门窗气密性能检测报告	C2.3.5.5	●		●	●	●
	4. 采暖系统试运转和调试报告	C2.3.5.6	●		●	●	●

续表

分类编目	资料名称	文件（表式编号）	归档保存单位				
			建设单位	设计单位	监理单位	施工单位	档案馆
	5. 通风与空调系统试运转和调试报告	C2.3.5.7	●		●	●	●
	6. 空调与采暖系统冷热源及管网系统试运转和调试报告	C2.3.5.8	●		●	●	●
	7. 配电与照明系统试运转和调试报告	C2.3.5.9	●		●	●	●
	8. 建筑节能现场检测						
	围护结构现场实体检测报告	C2.3.5.10	●		●	●	●
	系统节能性能检测报告	C2.3.5.11	●		●	●	●
C2－3－6	建筑给水排水及采暖						
	管道、设备强度及严密性试验记录	C2.3.6.1	●		●	●	●
	管道（设备）灌满水试验记录	C2.3.6.2	●		●	●	●
	给排水管道通水试验记录	C2.3.6.3	●		●	●	●
	室内排水管道试验记录	C2.3.6.4	●		●	●	●
	管道系统冲（吹）洗（脱脂）检验记录	C2.3.6.5	●		●	●	●
	生活给水系统冲洗（消毒）检验记录	C2.3.6.6	●		●	●	●
	卫生器具通（满）水试验记录	C2.3.6.7	●		●	●	●
	消火栓试射试验记录	C2.3.6.8	●		●	●	●
	设备单机试运转记录	C2.3.6.9	●		●	●	●
	系统试运转调试记录	C2.3.6.10	●		●	●	●
	水池满水试验记录	C2.3.6.11	●		●	●	●
	污泥消化池气密性试验记录	C2.3.6.12			●	●	●
	锅炉烘炉（烘干）记录	C2.3.6.13			●	●	●
	锅炉煮炉记录	C2.3.6.14			●	●	●
	锅炉 48h 负荷试运行记录	C2.3.6.15			●	●	●
	管道焊接检验记录	C2.3.6.16	●		●	●	●
C2－3－7	建筑电气						
	1. 电气接地电阻测试记录	C2.3.7.1	●		●	●	●
	避雷接地电阻测试记录	C2.3.7.2	●		●	●	●
	线路、插座、开关接地测试记录	C2.3.7.3	●		●	●	●
	2. 电气绝缘电阻测试记录	C2.3.7.4	●		●	●	●

续表

分类编目	资料名称	文件（表式编号）	归档保存单位				
			建设单位	设计单位	监理单位	施工单位	档案馆
	3. 低压电器交接试验记录	C2.3.7.5	●		●	●	●
	高压电气设备和布线系统交接试验报告	C2.3.7.6	●		●	●	●
	交流电动机测试记录	C2.3.7.7	●		●	●	●
	电力电缆线路试验记录	C2.3.7.8	●		●	●	●
	油压开关试验记录	C2.3.7.9	●		●	●	●
	互感器试验报告	C2.3.7.10	●		●	●	●
	4. 发电机交接试验记录	C2.3.7.11	●		●	●	●
	5. 电气器具通电安全测试记录	C2.3.7.12	●		●	●	●
	6. 电气照明通电试运行记录	C2.3.7.13	●		●	●	●
	7. 电气设备空载试运行记录	C2.3.7.14	●		●	●	●
	8. 电气动力工程负荷试运行记录	C2.3.7.15	●		●	●	●
	9. 漏电开关模拟试验报告	C2.3.7.16	●		●	●	●
	10. 大容量电气线路结点测温记录	C2.3.7.17	●		●	●	●
	11. 避雷带支架拉力测试记录	C2.3.7.18	●		●	●	●
	12. 大型灯具牢固性试验记录	C2.3.7.19	●		●	●	●
C2－3－8	通风与空调						
	管道、设备强度及严密性试验记录	C2.3.8.1	●		●	●	●
	管道（设备）灌（满）水试验记录	C2.3.8.2	●		●	●	●
	管道系统冲（吹）洗（脱脂）检验记录	C2.3.8.3	●		●	●	●
	设备单机试运转记录	C2.3.8.4	●		●	●	●
	系统试运转调试记录	C2.3.8.5	●		●	●	●
	风管漏光测试记录	C2.3.8.6	●		●	●	●
	风管漏风测试记录	C2.3.8.7	●		●	●	●
	除尘器、空调机漏风测试记录	C2.3.8.8	●		●	●	●
	各房间室内风量、温度测量记录	C2.3.8.9	●		●	●	●
	空调管网风量平衡调试记录	C2.3.8.10	●		●	●	●
	空调系统试运转调试记录	C2.3.8.11	●		●	●	●
	空调水系统试运转调试记录	C2.3.8.12	●		●	●	●
	制冷系统气密性试验记录	C2.3.8.13	●		●	●	●

续表

分类编目	资料名称	文件（表式编号）	归档保存单位				
			建设单位	设计单位	监理单位	施工单位	档案馆
	净化空调系统测试记录	C2.3.8.14	●		●	●	●
	防排烟系统联合试运行记录	C2.3.8.15	●		●	●	●
	电气接地电阻测试记录	C2.3.8.16	●		●	●	●
	管道焊缝射线探伤报告	C2.3.8.17	●		●	●	●
	管道焊缝超声波探伤报告	C2.3.8.18	●		●	●	●
C2-3-9	电梯						
	电气接地电阻测试记录	C2.3.9.1	●		●	●	●
	电气绝缘电阻测试记录	C2.3.9.2	●		●	●	●
	电梯电气安全装置测试记录	C2.3.9.3	●		●	●	●
	电梯空载、满载、超载运行试验记录	C2.3.9.4	●		●	●	●
	轿厢平衡系数及静压试验记录	C2.3.9.5	●		●	●	●
	曳引机检查测试记录	C2.3.9.6	●		●	●	●
	电梯噪声测试记录	C2.3.9.7	●		●	●	●
	轿厢平层准确度测量记录	C2.3.9.8	●		●	●	●
	电梯层门安全装置测试记录	C2.3.9.9	●		●	●	●
	电梯整机功能测试记录	C2.3.9.10	●		●	●	●
	电梯主要功能测试记录	C2.3.9.11	●		●	●	●
	自动扶梯、自动人行道安全装置测试记录	C2.3.9.12	●		●	●	●
	自动扶梯、自动人行道整机性能与运行试验记录	C2.3.9.13	●		●	●	●
C2-3-10	智能建筑						
	1. 智能建筑系统设备调试记录	C2.3.10.1	●		●	●	●
	2. 智能建筑系统功能测试记录	C2.3.10.2	●		●	●	●
	电缆电气性能测试记录	C2.3.10.3	●		●	●	●
	光纤损耗测试记录	C2.3.10.4	●		●	●	●
	视频系统末端测试记录	C2.3.10.5	●		●	●	●
	3. 建筑设备监控系统功能检查汇总表	C2.3.10.6	●		●	●	●
	4. 建筑设备监控系统调试记录	C2.3.10.7	●		●	●	●
	模拟量输入数据点调试记录	C2.3.10.8	●		●	●	●
	模拟量输出数据点调试记录	C2.3.10.9	●		●	●	●

续表

分类编目	资料名称	文件（表式编号）	归档保存单位				
			建设单位	设计单位	监理单位	施工单位	档案馆
	数字量输入数据点调试记录	C2.3.10.10	●		●	●	●
	数字量输出数据点调试记录	C2.3.10.11	●		●	●	●
	DDC 控制器功能测试记录	C2.3.10.12	●		●	●	●
	5. 系统检测记录						
	智能建筑系统（分部工程）检测汇总表	C2.3.10.13	●		●	●	●
	智能建筑强制措施条文检测记录	C2.3.10.14	●		●	●	●
	智能建筑分项工程质量检测记录	C2.3.10.15	●		●	●	●
	智能建筑子系统检测记录	C2.3.10.16	●		●	●	●
	通信网络检测记录	C2.3.10.17	●		●	●	●
	信息网络系统检测记录	C2.3.10.18	●		●	●	●
	建筑设备监控系统检测记录	C2.3.10.19	●		●	●	●
	火灾自动报警及消防联动系统检测记录	C2.3.10.20	●		●	●	●
	安全防范系统检测记录	C2.3.10.21	●		●	●	●
	综合布线系统检测记录	C2.3.10.22	●		●	●	●
	智能化系统集成检测记录	C2.3.10.23	●		●	●	●
	电源系统检测记录	C2.3.10.24	●		●	●	●
	防雷及接地系统检测记录	C2.3.10.25	●		●	●	●
	环境检测记录	C2.3.10.26	●		●	●	●
	住宅（小区）智能化子系统检测记录	C2.3.10.27	●		●	●	●
	6. 系统试运行试记录	C2.3.10.28	●		●	●	●
C2-4	隐蔽工程验收记录						
	隐蔽工程验收记录（通用）	C2.4.0.1	●		●	●	●
C2-4-1	地基与基础						
	土方工程隐蔽验收记录	C2.4.1.1	●		●	●	●
	基坑支护工程隐蔽验收记录	C2.4.1.2	●		●	●	●
	桩基工程隐蔽验收记录	C2.4.1.3	●		●	●	●
	基础工程隐蔽验收记录	C2.4.1.4	●		●	●	●
	地下防水工程隐蔽验收记录	C2.4.1.5	●		●	●	●
C2-4-2	主体结构						

续表

分类编目	资料名称	文件（表式编号）	归档保存单位				
			建设单位	设计单位	监理单位	施工单位	档案馆
	钢筋工程隐蔽验收记录	C2.4.2.1	●		●	●	●
	预应力工程隐蔽验收记录	C2.4.2.2	●		●	●	●
	钢结构工程隐蔽验收记录	C2.4.2.3	●		●	●	●
C2－4－3	建筑装饰装修						
	地面工程隐蔽验收记录	C2.4.3.1			●	●	●
	抹灰工程隐蔽验收记录	C2.4.3.2			●	●	●
	门窗工程隐蔽验收记录	C2.4.3.3			●	●	●
	吊顶工程隐蔽验收记录	C2.4.3.4			●	●	●
	轻质隔墙工程隐蔽验收记录	C2.4.3.5			●	●	●
	饰面板(砖)工程隐蔽验收记录	C2.4.3.6			●	●	●
	涂饰工程隐蔽验收记录	C2.4.3.7			●	●	●
	裱糊与软包工程隐蔽验收记录	C2.4.3.8			●	●	●
	细部工程隐蔽验收记录	C2.4.3.9			●	●	●
	幕墙工程隐蔽验收记录	C2.4.3.10	●		●	●	●
C2－4－4	建筑屋面						
	屋面工程隐蔽验收记录	C2.4.4.1	●		●	●	●
C2－4－5	建筑节能						
	墙体节能工程隐蔽验收记录	C2.4.5.1	●		●	●	●
	幕墙节能工程隐蔽验收记录	C2.4.5.2	●		●	●	●
	门窗节能工程隐蔽验收记录	C2.4.5.3	●		●	●	●
	屋面节能工程隐蔽验收记录	C2.4.5.4	●		●	●	●
	地面节能工程隐蔽验收记录	C2.4.5.5	●		●	●	●
	采暖、通风与空调节能工程隐蔽验收记录	C2.4.5.6	●		●	●	●
C2－4－6	建筑给水排水及采暖						
	直埋、暗敷管道和设备隐蔽验收记录	C2.4.6.1	●		●	●	●
	绝热、防腐管道和设备隐蔽验收记录	C2.4.6.2	●		●	●	●
	热力管道埋地隐蔽验收记录	C2.4.6.3	●		●	●	●
C2－4－7	建筑电气						
	直埋电气导管隐蔽验收记录	C2.4.7.1	●		●	●	●

续表

分类编目	资料名称	文件（表式编号）	归档保存单位 建设单位	设计单位	监理单位	施工单位	档案馆
	钢筋避雷引下线蔽验收记录	C2.4.7.2	●		●	●	●
	等电位及均压环蔽验收记录	C2.4.7.3	●		●	●	●
	接地极装置蔽验收记录	C2.4.7.4	●		●	●	●
	金属门窗、幕墙避雷引下线隐蔽验收记录	C2.4.7.5	●		●	●	●
	不进入吊顶内电力导管、线槽隐蔽验收记录	C2.4.7.6	●		●	●	●
	直埋、不进入电缆沟敷设电缆隐蔽验收记录	C2.4.7.7	●		●	●	●
	伸缩缝及沉降缝处补偿装置隐蔽验收记录	C2.4.7.8	●		●	●	●
C2－4－8	通风与空调						
	暗敷风管、空调水系统隐蔽验收记录	C2.4.8.1	●		●	●	●
	风管、空调水系统绝热、防腐隐蔽验收记录	C2.4.8.2	●		●	●	●
C2－4－9	电梯						
	电梯承重梁、起重吊环埋设隐蔽验收记录	C2.4.9.1	●		●	●	●
	电梯导轨、层门支架、螺栓埋设隐蔽验收记录	C2.4.9.2	●		●	●	●
	电梯钢丝绳头灌注隐蔽验收记录	C2.4.9.3	●		●	●	●
C2－4－10	智能建筑						
	直埋电气导管隐蔽验收记录	C2.4.10.1	●		●	●	●
	不进入吊顶内电气导管、线槽隐蔽验收记录	C2.4.10.2	●		●	●	●
	直埋、不进入电缆沟敷设电缆隐蔽验收记录	C2.4.10.3	●		●	●	●
	防雷接地系统隐蔽验收记录	C2.4.10.4	●		●	●	●
C2－5	施工记录						
	施工记录（通用）	C2.5.0.1	●		●	●	●
	交接检验记录（通用）	C2.5.0.2	●		●	●	●
	不合格项目处理记录	C2.5.0.3	●		●	●	●
C2－5－1	地基与基础						
	1.测量、放线记录						
	工程定位测量放线记录	C2.5.1.1	●		●	●	●
	基槽、基坑测量放线记录	C2.5.1.2	●		●	●	●
	桩基、支护测量放线记录	C2.5.1.3	●		●	●	●
	2.地基施工记录						

续表

分类编目	资料名称	文件（表式编号）	归档保存单位				
			建设单位	设计单位	监理单位	施工单位	档案馆
	施工勘测报告	C2.5.1.4	●		●	●	●
	地基验槽记录	C2.5.1.5	●		●	●	●
	地基钎探记录	C2.5.1.6	●		●	●	●
	地基处理验收记录	C2.5.1.7	●		●	●	●
	3. 地基处理施工记录						
	灰土地基施工记录	C2.5.1.8	●			●	●
	砂和砂石地基施工记录	C2.5.1.9	●			●	●
	土木合成材料地基施工记录	C2.5.1.10	●			●	●
	粉煤灰地基施工记录	C2.5.1.11	●			●	●
	强夯地基施工记录	C2.5.1.12	●			●	●
	注浆地基施工记录	C2.5.1.13	●			●	●
	预压地基施工记录	C2.5.1.14	●			●	●
	振冲地基施工记录	C2.5.1.15	●			●	●
	高压喷射注浆地基施工记录	C2.5.1.16	●			●	●
	水泥土搅拌桩地基施工记录	C2.5.1.17	●			●	●
	土和灰土挤密桩复合地基施工记录	C2.5.1.18	●			●	●
	夯实水泥土桩复合地基施工记录	C2.5.1.19	●			●	●
	水泥、粉煤灰、碎石（CFG）桩复合地基施工记录	C2.5.1.20	●			●	●
	砂、砂石桩施工记录	C2.5.1.21	●			●	●
	4. 桩基施工记录						
	静力压桩施工记录	C2.5.1.22	●			●	●
	预应力管桩施工记录	C2.5.1.23	●			●	●
	混凝土预制桩施工记录	C2.5.1.24	●			●	●
	钢（管）桩施工记录	C2.5.1.25	●			●	●
	干作业成孔灌注桩施工记录	C2.5.1.26	●			●	●
	泥浆护壁成孔灌注桩施工记录	C2.5.1.27	●			●	●
	套管成孔灌注桩施工记录	C2.5.1.28	●			●	●
	桩基工程桩位验收记录	C2.5.1.29	●			●	●
	5. 土方工程施工记录						

续表

分类编目	资料名称	文件（表式编号）	归档保存单位				
			建设单位	设计单位	监理单位	施工单位	档案馆
	土方开挖施工记录	C2.5.1.30	●			●	●
	土方填方施工记录	C2.5.1.31	●			●	●
	6. 基坑支护和降水施工记录						
	基坑支护变形监控记录	C2.5.1.32	●			●	●
	锚杆（土钉）成孔、安装、张拉施工记录	C2.5.1.33				●	
	锚杆（土钉）注浆及护坡混凝土施工记录	C2.5.1.34				●	
	轻型（喷射）井点降水记录	C2.5.1.35				●	
	电渗井降水记录	C2.5.1.36				●	
	管井井点降水记录	C2.5.1.37				●	
	深井井点降水记录	C2.5.1.38				●	
	7. 地下工程（室）防水效果检查试验记录	C2.5.1.39	●			●	●
C2-5-2	主体结构						
	1. 测量放线记录						
	楼层测量放线记录	C2.5.2.1	●		●	●	●
	建筑物沉降观测测量记录	C2.5.2.2	●		●	●	●
	建筑物垂直度、标高、全高测量记录	C2.5.2.3	●		●	●	●
	2. 预应力工程施工记录						
	预应力筋张拉记录	C2.5.2.4	●			●	●
	电热法施加预应力记录	C2.5.2.5	●			●	●
	预应力张拉孔道灌浆记录	C2.5.2.6	●			●	●
	张拉机具设备及仪表标定记录	C2.5.2.7	●			●	●
	3. 混凝土工程施工记录						
	混凝土浇灌申请书	C2.5.2.8	●		●	●	●
	混凝土开盘鉴定表	C2.5.2.9	●		●	●	●
	混凝土施工配合比通知单	C2.5.2.10	●		●	●	●
	混凝土浇筑记录	C2.5.2.11	●			●	●
	混凝土试件制作记录	C2.5.2.12	●			●	●
	大体积混凝土养护测温记录	C2.5.2.13	●			●	●
	混凝土施工缝施工记录	C2.5.2.14	●			●	●

续表

分类编目	资料名称	文件（表式编号）	归档保存单位				
			建设单位	设计单位	监理单位	施工单位	档案馆
	混凝土拆模申请单	C2.5.2.15	●		●	●	●
	混凝土外观质量缺陷技术处理记录	C2.5.2.16	●		●	●	●
	4. 砌体工程施工记录						
	砌筑砂浆试块制作记录	C2.5.2.17	●			●	●
	抽气（风）道、垃圾道检查记录	C2.5.2.18	●			●	●
	5. 结构构件记录	C2.5.2.19	●			●	●
	6. 钢结构工程施工记录						
	钢结构与基础、支座交接检查记录	C2.5.2.20	●			●	●
	钢结构焊接、安装工艺评定报告	C2.5.2.21	●			●	●
	钢结构安装施工记录	C2.5.2.22	●			●	●
	高强度螺栓连接副矩检查记录	C2.5.2.23	●			●	●
	防腐涂料涂装检查记录	C2.5.2.24	●			●	●
	防火涂料涂装检查记录	C2.5.2.25	●			●	●
	7. 木结构工程施工记录	C2.5.2.26	●			●	●
C2－5－3	建筑装饰装修						
	1. 样板间（件）施工记录	C2.5.3.1	●			●	●
	2. 防水工程检查记录	C2.5.3.2	●			●	●
	3. 幕墙工程施工检查记录						
	幕墙注胶检查记录	C2.5.3.3	●			●	●
	幕墙淋水检查记录	C2.5.3.4	●			●	●
	玻璃应力检验记录	C2.5.3.5	●			●	●
C2－5－4	建筑屋面						
	防水工程试水检查记录	C2.5.4.1	●			●	●
C2－5－5	建筑节能						
	保温材料施工记录	C2.5.5.1	●			●	●
	幕墙冷凝水收集和排放装置通水试验记录	C2.5.5.2	●			●	●
	天窗、采光屋面淋水检查记录	C2.5.5.3	●			●	●
C2－5－6	建筑给排水及采暖						
	设备基础交接检查记录	C2.5.6.1	●			●	●

续表

分类编目	资料名称	文件（表式编号）	归档保存单位				
			建设单位	设计单位	监理单位	施工单位	档案馆
	管道配件安装记录	C2.5.6.2	●			●	●
	卫生器具安装记录	C2.5.6.3	●			●	●
	水泵等设备安装记录	C2.5.6.4	●			●	●
	补偿器预拉伸安装记录	C2.5.6.5	●			●	●
C2-5-7	建筑电气						
	工序交接检查记录	C2.5.7.1	●			●	●
	明敷导管、配线、桥架安装及敷线记录	C2.5.7.2	●			●	●
	电动机抽芯检查记录	C2.5.7.3	●			●	●
C2-5-8	通风与空调						
	设备基础交接检查记录	C2.5.8.1	●			●	●
	补偿器预拉伸安装记录	C2.5.8.2	●			●	●
	风管及部件制作检查记录	C2.5.8.3	●			●	●
	明敷风管安装记录	C2.5.8.4	●			●	●
	明敷空调水系统安装记录	C2.5.8.5	●			●	●
	明敷风管、空调水系统绝热记录	C2.5.8.6	●			●	●
	净化空调系统风管清洗记录	C2.5.8.7	●			●	●
	接地检查记录	C2.5.8.8	●			●	●
	设备安装记录	C2.5.8.9	●			●	●
C2-5-9	电梯						
	1. 电梯机房、井道预检记录	C2.5.9.1	●			●	●
	电梯机房、井道预检记录	C2.5.9.2	●			●	●
	自动扶梯、自动人行道相邻区域检查记录	C2.5.9.3	●			●	●
	自动扶梯、自动人行道安装与土建交接预检记录	C2.5.9.4	●			●	●
	2. 电气导管敷、配线记录	C2.5.9.5	●			●	●
	3. 电气、设备安装记录	C2.5.9.6	●			●	●
	电梯电气装置安装记录	C2.5.9.7	●			●	●
	自动扶梯、自动人行道电气装置安装记录	C2.5.9.8	●			●	●
	自动扶梯、自动人行道整机安装检查记录	C2.5.9.9	●			●	●
	轿厢支架安装记录	C2.5.9.10	●			●	●

续表

分类编目	资料名称	文件（表式编号）	归档保存单位				
			建设单位	设计单位	监理单位	施工单位	档案馆
	对重支架安装记录	C2.5.9.11	●			●	●
	轿厢导轨检测记录	C2.5.9.12	●			●	●
	对重导轨检测记录	C2.5.9.13	●			●	●
	层门安装记录	C2.5.9.14	●			●	●
	4.液压电梯安装记录	C2.5.9.15	●			●	●
C2-5-10	智能建筑						
	工序交接检查记录	C2.5.10.1	●			●	●
	电气导管敷设记录	C2.5.10.2	●			●	●
	电缆桥架、线槽敷设安装记录	C2.5.10.3	●			●	●
	电线电缆穿管记录	C2.5.10.4	●			●	●
	设备安装记录	C2.5.10.5	●			●	●
	系统管理、操作人员培训记录	C2.5.10.6	●				
C3	工程质量验收资料						
	单位工程施工竣工报告	C3.1	●			●	●
	单位（子单位）工程质量竣工验收记录	C3.2	●		●	●	●
	单位（子单位）工程质量控制资料核查记录	C3.3	●		●	●	●
	单位（子单位）工程安全和功能检验资料核查及主要功能抽查记录	C3.4	●		●	●	●
	单位（子单位）工程观感质量检查记录	C3.5	●		●	●	●
	分部（子分部）工程质量验收记录	C3.6	●		●	●	●
	分项工程质量验收记录	C3.7			●	●	
	检验批质量验收记录	C3.8			●	●	
C4	工程竣工图						
	1.综合竣工图						
	总平面布置图（包括建筑、建筑小品、水景、照明、道路、绿化等）	C4.1	●			●	●
	竖向布置图	C4.2	●			●	●
	室外给水、排水、热力、燃气等管网综合图	C4.3	●			●	●
	电气（包括电力、电讯、电视系统等）综合图	C4.4	●			●	●

续表

分类编目	资　料　名　称	文件（表式编号）	归档保存单位				
			建设单位	设计单位	监理单位	施工单位	档案馆
	设计说明书	C4.5	●			●	●
	2. 专业竣工图						
	建筑竣工图	C4.6	●			●	●
	结构竣工图	C4.7	●			●	●
	装饰装修工程竣工图	C4.8	●			●	●
	给排水与采暖工程竣工图	C4.9	●			●	●
	电气工程竣工图	C4.10	●			●	●
	通风与空调工程竣工图	C4.11	●			●	●
	电梯工程竣工图	C4.12	●			●	●
	智能建筑工程竣工图	C4.13	●			●	●

1.4　工程资料的质量要求

1. 移交城建档案馆（室）的工程资料应为原件，因各种原因不能使用原件的，应在复印件上加盖原件存放单位公章，注明原件存放处，并有经办人签名和签署日期。

2. 工程资料的内容与工程实际相符，真实、准确，并符合国家有关工程勘察、设计、施工、监理等方面的技术规范、标准和规程。

3. 书写工程资料应采用耐久性强碳素墨水、蓝黑墨水书写材料。

4. 工程资料应字迹清楚，图样清晰、图表整洁，签字盖章齐全，手续完备。打印的工程资料应采用手工签名方式。

5. 工程资料中文字材料幅面尺寸规格应为 A4 幅面（297mm ×210mm）。小于 A4 幅面的资料要用 A4 白纸（297mm ×210mm）衬托。图纸应采用国家标准图幅。

6. 工程资料的纸张应采用能够长期保存的韧力大、耐久性强的纸张。竣工图应是新蓝图，必须采用有氨蓝晒图。计算机出图必须清晰，不得使用计算机出图的复印件。

7. 工程资料电子档案的形成、归档、移交和管理应符合《建设电子文件与档案管理规范》的要求。工程资料归档时，应同时保存工程资料的纸质版本和电子版本。

1.5 工程资料管理的依据

1.5.1 现行质量管理的法律法规

序号	名称	文号	颁布日期
1	中华人民共和国建筑法	主席令第 91 号	1997-11-1
2	中华人民共和国合同法	主席令第 15 号	1999-3-15
3	中华人民共和国招标投标法	主席令第 21 号	1999-8-30
4	中华人民共和国产品质量法	主席令第 33 号	1993-2-23
5	中华人民共和国标准化法	主席令第 11 号	1988-12-29
6	中华人民共和国档案法	主席令第 71 号	1987-9-5
7	中华人民共和国城乡规划法	主席令第七十四号	2007-10-28
8	中华人民共和国节约能源法	主席令第七十七号	2007-10-28
9	中华人民共和国城市房地产管理法	主席令第 72 号	2007-8-30
10	中华人民共和国土地管理法	主席令第 28 号	2004-8-28
11	中华人民共和国环境影响评价法	主席令第 77 号	2002-10-28
12	中华人民共和国测绘法	主席令第 75 号	2002-8-29
13	中华人民共和国安全生产法	主席令第 70 号	2002-6-29

1.5.2 现行质量管理的部门规章

序号	名称	文号	颁布日期
1	公共机构节能条例	国务院令第 531 号	2008-8-1
2	生产安全事故报告和调查处理条例	国务院令第 493 号	2007-4-9
3	民用建筑节能条例	国务院令第 530 号	2008-8-1
4	测绘成果管理条例	国务院令第 469 号	2006-5-27
5	建设工程勘察设计管理条例	国务院令第 293 号	2000-9-25
6	建设工程质量管理条例	国务院令第 279 号	2000-1-30
7	土地管理法实施条例	国务院令第 256 号	1999-1-1
8	建设项目环境保护管理条例	国务院令第 253 号	1998-11-29
9	城市房地产开发经营管理条例	国务院令第 248 号	1998-7-20
10	测量标志保护条例	国务院令第 203 号	1996-9-4
11	村庄和集镇规划建设管理条例	国务院令第 116 号	1993-6-29
12	城市市容和环境卫生管理条例	国务院令第 101 号	1992-6-28
13	城市房屋拆迁管理条例	国务院令第 078 号	1991-3-22
14	城镇国有土地使用权出让和转让暂行条例	国务院令第 055 号	1990-5-19

1.5.3 现行建筑工程规范及标准

序号	名称	文号	颁布日期
1	建设工程资料归档整理规范	GB/T20328 -2001	
2	城市建设档案著录规范	GB/T50323 -2001	
3	建设工程项目管理规范	GB/T50326 -2001	
4	建设工程监理规范	GB50319 -2000	
5	建筑工程施工质量验收统一标准	GB50300 -2001	
6	建筑地基基础工程施工质量验收规范	GB50202 -2002	
7	砌体工程施工质量验收规范	GB50203 -2002	
8	混凝土结构工程施工质量验收规范	GB50204 -2002	
9	钢结构工程施工质量验收规范	GB50205 -2001	
10	木结构工程施工质量验收规范	GB50206 -2001	
11	屋面工程质量验收规范	GB50207 -2002	
12	地下防水施工质量验收规范	GB50208 -2002	
13	建筑地面工程施工质量验收规范	GB50209 -2002	
14	建筑装饰装修工程施工质量验收规范	GB50210 -2001	
15	建筑给水排水及采暖工程施工质量验收规范	GB50242 -2002	
16	通风与空调工程施工质量验收规范	GB50243 -2002	
17	建筑电气工程施工质量验收规范	GB50303 -2002	
18	电梯工程施工质量验收规范	GB50310 -2002	
19	智能建筑工程施工质量验收规范	GB50339 -2003	
20	建筑节能工程施工质量验收规范	GB50411 -2007	
21	省市《建筑工程技术资料管理规程》		

1.6 思考题

1. 简述建筑工程技术资料管理的作用。
2. 简述工程资料的分类的原则及其分类。
3. 简述工程资料的质量要求。

2 基建资料(A类)

学习要求:

1. 了解基建资料(A类)管理的基本要求
2. 熟悉基建资料(A类)的主要内容
3. 掌握基建资料(A类)的编写、收集和整理

2.1 基建资料管理流程

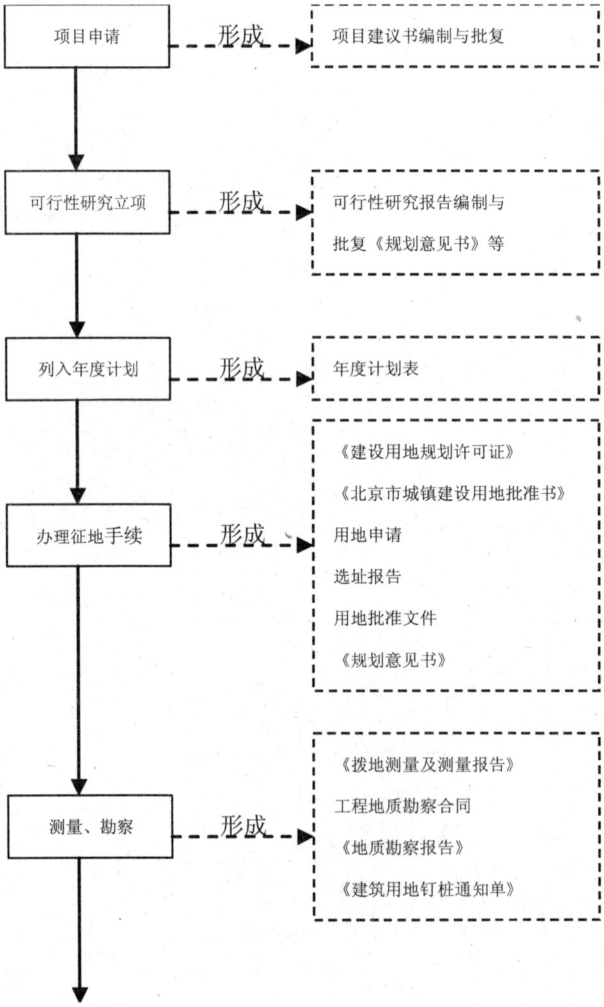

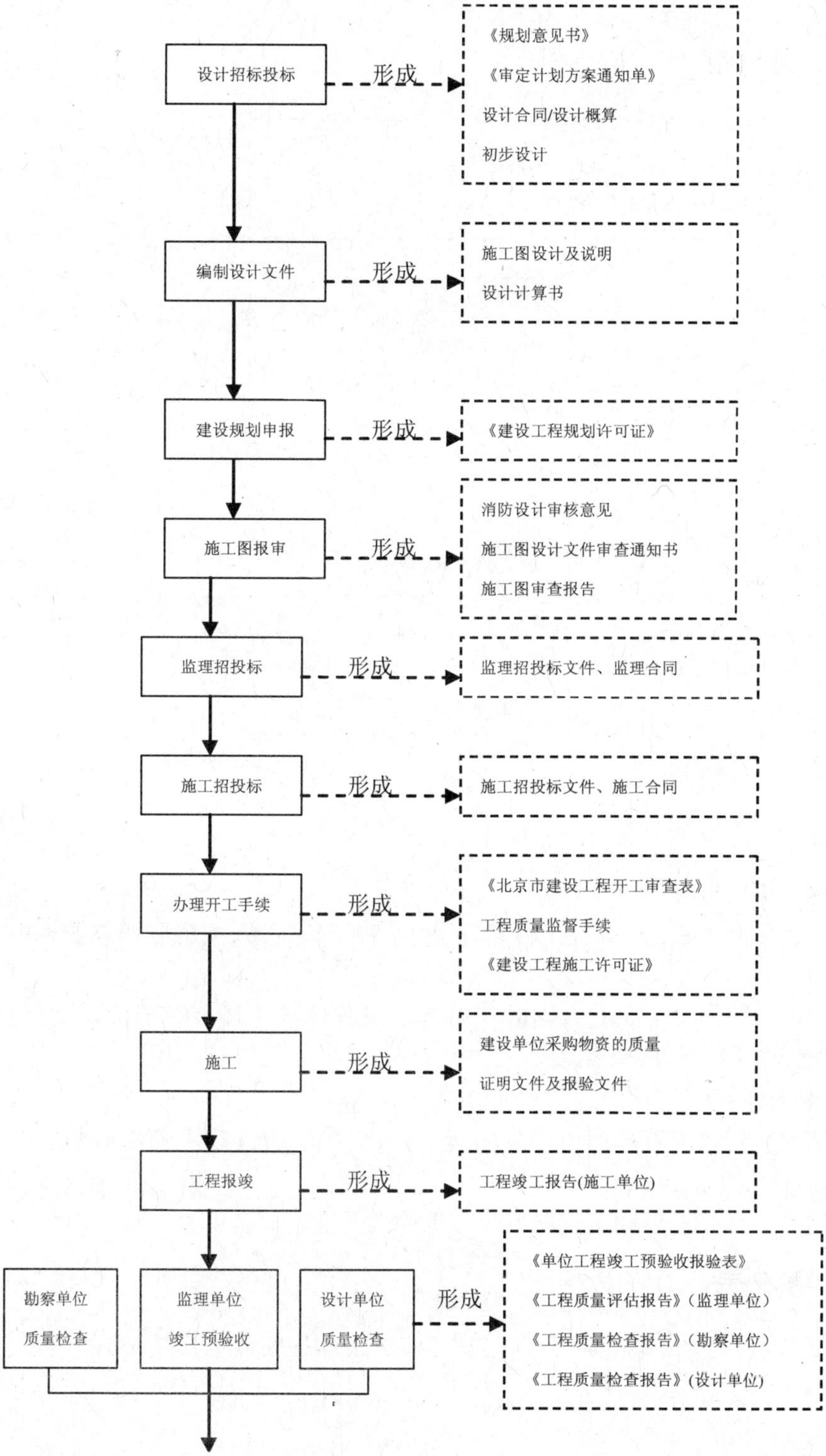
设计招标投标
形成
《规划意见书》
《审定计划方案通知单》
设计合同/设计概算
初步设计
编制设计文件
形成
施工图设计及说明
设计计算书
建设规划申报
形成
《建设工程规划许可证》
施工图报审
形成
消防设计审核意见
施工图设计文件审查通知书
施工图审查报告
监理招投标
形成
监理招投标文件、监理合同
施工招投标
形成
施工招投标文件、施工合同
办理开工手续
形成
《北京市建设工程开工审查表》
工程质量监督手续
《建设工程施工许可证》
施工
形成
建设单位采购物资的质量
证明文件及报验文件
工程报竣
形成
工程竣工报告(施工单位)
勘察单位
质量检查
监理单位
竣工预验收
设计单位
质量检查
形成
《单位工程竣工预验收报验表》
《工程质量评估报告》(监理单位)
《工程质量检查报告》(勘察单位)
《工程质量检查报告》(设计单位)

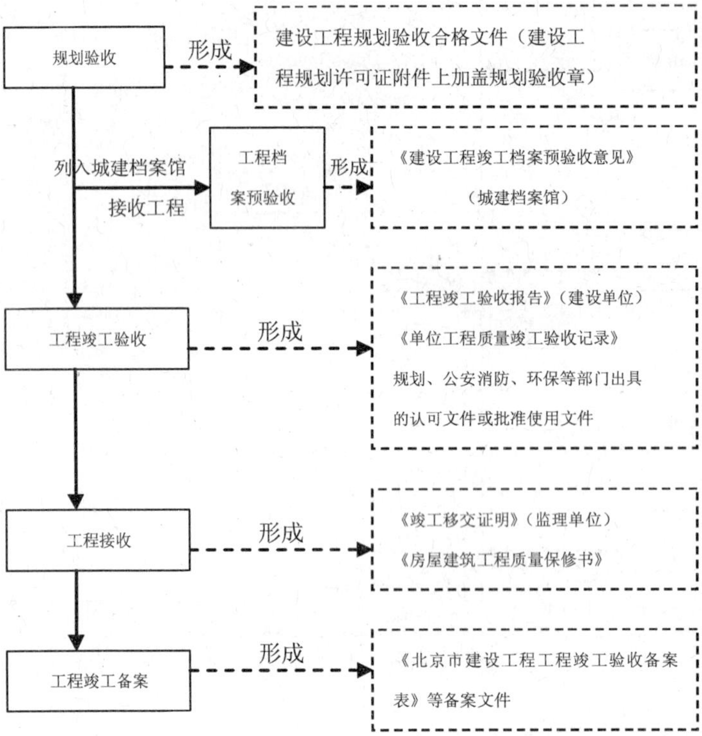

2.2 基建资料管理基本要求

1. 基建文件由建设单位负责形成。

2. 建设单位应当按照基本建设程序进行工作，重视工程资料管理，配备专职或兼职的工程资料管理人员。

3. 建设单位的资料管理人员应负责及时收集基本建设程序各个环节所形成的文件资料，并按类别、形成时间进行登记、立卷、保管。

4. 工程竣工后，建设单位应按规定进行移交。

5. 涉及到需要向政府行政主管部门申报的基建文件，应按政府行政主管部门的有关规定执行。

6. 在开工前应填写工程概况表和工程项目管理机构及管理人员名单。

2.2.1 工程概况表(A0.1)

指对工程的一般情况、工程构造特征及机电系统(即建筑设备安装工程系统)的概述，以及各参建单位的记录。

工程概况表

A0.1

工程名称			工程曾用名称		
工程地址			工程决算	万元	
规划用地许可证号			规划许可证号		
施工许可证号			工程档案登记号		
开工日期			竣工日期		
建筑高度	m	建筑面积	m^2	人防面积	m^2
建筑层数	层	地上层数	层	地下层数	层
结构类型		基础形式		工程类别	
建设单位			建设项目负责人		
勘察单位			勘察项目负责人		
设计单位			设计项目负责人		
施工单位			项目经理		
监理单位			总监理工程师		
建筑特征	地基与基础				
	主体结构				
	建筑装饰装修				
	建筑屋面				
	建筑节能				
	建筑给水排水及采暖				
	建筑电气				
	通风与空调				
	电梯				
	智能建筑				

制表人：　　　　　　　　日期：

2.2.2 工程项目管理机构及管理人员名单(A0.2)

1. 建设工程开工前,建设单位应当指定项目法定代表人或项目负责人,项目法定代表人或项目负责人应具备相应的业务素质和项目管理工作的实际经验。

2. 工程项目管理机构的人员素质、内部组织机构应满足工程管理和技术上的要求。

3. 建设单位应将项目法定代表人或项目负责人授权书(姓名及授权事项)和管理人员名单通知监理单位、施工单位,同时报建设行政主管部门备案。在施工过程中,项目法定代表人或项目负责人发生变更的,应当按照规定重新通知有关方和备案。

工程项目管理机构及管理人员名单

A0.2　　　　　　　　　　　　　　　　　　　　　　　　　　　　编号:

单位名称				联系电话	
法定代表人			单位技术负责人		
项目负责人			项目技术负责人		
姓名	职务	职称	专业	分工	备注

建设单位法定代表人:________________________(公章)

日期:________________

另附:建设单位对项目法定代表人或项目负责人的任命书。

2.3 基建文件的主要内容

2.3.1 决策立项阶段文件(A1)

2.3.1.1 项目建议书及审批文件(A1.1)

1. 项目建议书是用书面形式把投资机会分析结果给予具体表现,是一项建议性文件,主要由文字组成。

2. 项目建议书由建设单位编制申报,按国家规定的划定审批权限的上级部门批复。

3. 项目建议书的主要内容:

(1)建设项目提出的必要性和依据。引进技术、进口设备需证明国内外的技术差距和概况及进口的理由;

(2)产品方案、拟建规模和建设地点的初步设想;

(3)资源情况、建设条件、协作关系和引进国别、厂房的初步分析;

(4)投资估算和资金等筹措设想。利用外资项目应说明利用外资的可能性,偿还贷款能力测算;

(5)项目的进度安排;

(6)经济效益和社会效益的初步估计。

4. 与项目建议书同时报送形成的项目立项申请有关文件。

2.3.1.2 可行性研究报告和附件及审批意见(A1.2)

1. 项目建议书审查批准后,开始可行性研究。即建设项目在技术上是否可行,经济上是否合理,进行科学、全面的分析和论证,并应作多方案比较,推荐最佳方案,提出可行性研究报告。

2. 项目建议书由建设单位编制申报,按国家规定的划定审批权限的上级部门批复。

3. 项目建议书的主要内容:

(1)建设项目提出的必要性和依据。引进技术、进口设备需证明国内外的技术差距和概况及进口的理由;

(2)产品方案、拟建规模和建设地点的初步设想;

(3)资源情况、建设条件、协作关系和引进国别、厂房的初步分析;

(4)投资估算和资金等筹措设想。利用外资项目应说明利用外资的可能性,偿还贷款能力测算;

(5)项目的进度安排;

(6)经济效益和社会效益的初步估计。

4. 与项目建议书同时报送形成的项目立项申请有关文件。

2.3.1.3 工程立项的会议纪要及批示(A1.3)

指工程立项过程中会议纪要及领导批示等文件、资料。

2.3.1.4 工程立项的专家建议资料(A1.4)

指工程立项过程中专家评议形成的文件、资料。

2.3.1.5 工程项目评估研究资料(A1.5)

指有关部门对可行性研究报告的客观性、全面性、正确性进行评估与抉择过程中组织专家评议形成的资料和上级审批文件。

2.3.1.6 设计任务书(A1.6)

指根据国家发展国民经济的长远规划和地区产业布局的要求,按照项目的隶属关系,由主管部门组织计划、设计等单位在可行性研究的基础上,选择经济效益方案而编制的重要文件。它是确定基建项目、编制设计文件的主要依据。

2.3.1.7 计划任务书审批文件(A1.7)

指上级审批的计划任务书及其文件。

2.3.2 建设用地、征地、拆迁文件(A2)

2.3.2.1 选址申请及选址规划意见通知书(A2.1)

指规划行政主管部门核发的建设项目选址意见书,并附建设单位向规划行政主管部门提出的选址申请书。

2.3.2.2 用地申请批准书(A2.2)

指当地人民政府有关部门批准文件,并附建设用地申请报告。

2.3.2.3 拆迁安置意见、协议、方案等(A2.3)

指征地、拆迁过程中经双方同意,并经当地有关部门签证的意见、协议、方案等。

2.3.2.4 建设用地规划许可证及附件(A2.4)

指城市规划行政主管部门审批文件和表式证件,并附批准的规划设计总图。

2.3.2.5 划拨建设用地文件(A2.5)

指县级以上人民政府批准的用地位置、面积、界限的文件。

2.3.2.6 国有土地使用证(A2.6)

指经县级以上人民政府批准,项目所在地土地管理部门颁发的土地使用证。

2.3.3 勘察、测绘、设计文件(A3)

2.3.3.1 水文、地质勘察报告(A3.1)

指建设单位委托勘察单位对水文地质勘察后,提出的技术文件。

2.3.3.2 建设用地钉桩通知单(A3.2)

指建设单位委托测绘设计单位根据划拨用地等文件提供的用地测绘资料。

2.3.3.3 地形测量和拨地测量成果报告(A3.3)

指建设单位委托测绘单位测量结果的资料。

2.3.3.4 规划设计条件通知书(A3.4)

指规划行政主管部门出具的规划设计条件文件,并附建设单位申报的规划设计方案。

2.3.3.5 初步设计图纸和说明(A3.5)

指建设单位委托设计单位提出的初步设计阶段的设计文件。

2.3.3.6 审定设计方案通知书及审查意见(A3.6)

指有关部门或建设单位组织审查后,形成的文件资料;

2.3.3.7 有关行政主管部门的批准文件或协议文件(A3.7)

指人防、环保、消防、交通、园林、河湖、市政、文物、通讯、保密、教育等有关行政主管部门对项目涉及的相关方面审查批准文件或协议文件。

2.3.3.8 施工图设计及其说明(A3.8)

指建设单位委托设计单位提供的施工图阶段的设计文件。

2.3.3.9 设计计算书(A3.9)

指建设单位委托的设计单位提供的设计计算资料。包括深化设计(如玻璃幕墙设计)计算资料。

2.3.3.10 施工图设计审查、审批文件(A3.10)

指政府有关部门和有资格的施工图审查单位对施工图阶段设计文件的审查、审批文件。包括重大结构及使用功能改变的设计变更的重审文件。

2.3.4 承发包文件(A4)

2.3.4.1 勘察设计招投标文件(A4.1)

指建设单位选择工程项目勘察设计单位过程中所进行招标、投标活动的文件资料。

2.3.4.2 勘察设计承包合同(A4.2)

指建设单位同中标或委托的勘察设计单位签订的勘察设计合同。

2.3.4.3 施工招投标文件(A4.3)

指建设单位选择工程项目施工单位过程中所进行招标投标活动的文件资料。

2.3.4.4 施工承包合同(A4.4)

指建设单位同中标或委托的施工总承包单位签订的施工合同。

2.3.4.5 监理招投标文件(A4.5)

指建设单位选择项目监理单位过程中所进行招标、投标活动的文件资料。

2.3.4.6 监理委托合同(A4.6)

指单位同中标或委托的监理单位签订的监理合同。

2.3.4.7 检测委托合同(A4.7)

指建设单位同委托的检测单位签订的检测合同。

2.3.5 开工审批文件(A5)

2.3.5.1 建设项目年度计划申报文件(A5.1)

指建设单位年度工程项目建设进度计划申请报告。

2.3.5.2 建设项目年度计划批复文件或年度计划项目表(A5.2)

指有关部门对工程建设项目年度计划的批复文件或批复的年度计划项目表。

2.3.5.3 规划审批申请表和规划许可证及图纸(A5.3)

指建设单位向规划行政主管部门提出的建设工程规划申请文件和规划行政主管部门颁发的规划许可证书及批准的文件、图纸等。

2.3.5.4 建筑工程施工许可申请表(A5.4)

1. 建设单位在工程建设准备就绪,满足开工条件后,向建设行政主管部门申请开工许可,并领取建筑工程施工许可申请表。

2. 申请领取施工许可证,应当具备下列条件:

(1)已经办理该建筑工程用地批准手续;

(2)在城市规划区的建筑工程,已经取得规划许可证;

(3)需要拆迁的其拆迁进度符合施工要求;

(4)已经确定建筑施工企业;

(5)有满足施工需要的施工图纸及技术资料;

(6)有保证工程质量和安全的具体措施;

(7)建设资金已经落实;

(8)法律、行政法规规定的其他条件。

2.3.5.5 建筑工程施工许可证(A5.5)

指建设行政主管部门颁布的《中华人民共和国建筑工程施工许可证》。

2.3.5.6 投资许可证、审计证明、交纳各种建设费证明(A5.6)

指按现行规定有关部门的审计、投资许可、审查证明及建设单位应交纳的各种建设费用。

2.3.6 工程质量监督文件(A6)

2.3.6.1 建设工程质量监督报监备案登记表(A6.1)

1. 凡新建、改建、扩建投资额的建设工程在申请领取施工许可证之前,必须到工程所在地的工程质量监督机构办理工程质量监督注册登记手续。

2. 办理工程质量监督注册登记手续应提交下列文件:

(1)勘察报告;

(2)施工图纸;

(3)施工图设计文件审查报告和批准书;

(4)中标通知书;

(5)施工合同;

(6)施工组织设计;

(7)监理合同;

(8)监理规划、监理实施细则；
(9)建设单位、施工单位和监理单位工程项目负责人及机构组成；
(10)其他有关资料。

工程质量监督注册登记表

A6.1

<table>
<tr><td>工程名称</td><td colspan="7"></td><td>工程地址</td><td colspan="6"></td></tr>
<tr><td rowspan="2">结构层数</td><td colspan="2" rowspan="2">层</td><td colspan="2">地上层数</td><td colspan="3"></td><td rowspan="2">建筑面积</td><td colspan="2" rowspan="2">m^2</td><td colspan="3" rowspan="2">人防面积</td><td rowspan="2">m^2</td></tr>
<tr><td colspan="2">地下层数</td><td colspan="3"></td></tr>
<tr><td>结构类型</td><td colspan="2"></td><td colspan="2">基础形式</td><td colspan="3"></td><td>工程类别</td><td colspan="2"></td><td colspan="3">建筑形式</td><td></td></tr>
<tr><td>工程总造价</td><td colspan="2"></td><td colspan="3">计划开工日期</td><td colspan="4"></td><td colspan="2">计划竣工日期</td><td colspan="3"></td></tr>
<tr><td colspan="2">监理单位</td><td colspan="2"></td><td colspan="4">资质等级</td><td colspan="2"></td><td colspan="3">资质证号</td><td colspan="2"></td></tr>
<tr><td colspan="2">总监理工程师</td><td colspan="2"></td><td colspan="4">资格证号</td><td colspan="2"></td><td colspan="3">联系电话</td><td colspan="2"></td></tr>
<tr><td colspan="2">勘察单位</td><td colspan="2"></td><td colspan="4">资质等级</td><td colspan="2"></td><td colspan="3">资质证号</td><td colspan="2"></td></tr>
<tr><td colspan="2">勘察项目负责人</td><td colspan="2"></td><td colspan="4">资格证号</td><td colspan="2"></td><td colspan="3">联系电话</td><td colspan="2"></td></tr>
<tr><td colspan="2">设计单位</td><td colspan="2"></td><td colspan="4">资质等级</td><td colspan="2"></td><td colspan="3">资质证号</td><td colspan="2"></td></tr>
<tr><td colspan="2">设计项目负责人</td><td colspan="2"></td><td colspan="4">资格证号</td><td colspan="2"></td><td colspan="3">联系电话</td><td colspan="2"></td></tr>
<tr><td colspan="2">施工单位</td><td colspan="2"></td><td colspan="4">资质等级</td><td colspan="2"></td><td colspan="3">资质证号</td><td colspan="2"></td></tr>
<tr><td colspan="2">项目经理</td><td colspan="2"></td><td colspan="4">资格证号</td><td colspan="2"></td><td colspan="3">联系电话</td><td colspan="2"></td></tr>
<tr><td colspan="15">提交以下资料</td></tr>
<tr><td colspan="7">名称</td><td>份数</td><td colspan="7" rowspan="11">建设单位：__________
法定代表人：__________
联系电话：__________

建设单位项目负责人：__________
联系电话：__________
经办人：__________
（公章）
日期：__________</td></tr>
<tr><td colspan="7">中标通知书</td><td></td></tr>
<tr><td colspan="7">施工图设计审查报告和批准书</td><td></td></tr>
<tr><td colspan="7">勘察合同</td><td></td></tr>
<tr><td colspan="7">施工合同</td><td></td></tr>
<tr><td colspan="7">监理合同</td><td></td></tr>
<tr><td colspan="7">建设单位、施工单位和监理单位工程项目负责人和机构组成</td><td></td></tr>
<tr><td colspan="7">施工组织设计</td><td></td></tr>
<tr><td colspan="7">监理规划(监理实施细则)</td><td></td></tr>
<tr><td colspan="7">施工图纸</td><td></td></tr>
<tr><td colspan="7">其他有关资料</td><td></td></tr>
</table>

2.3.6.2 建设工程质量监督书(A6.2)

指工程质量监督机构完成工程质量监督注册登记资料审核后,发给建设单位的《建设工程质量监督书》。

2.3.6.3 建设工程质量整改通知(A6.3)

1. 质量监督单位实施监督过程中,对违反国家和省有关建设工程质量规定行为的或工程质量达不到合格要求的,而下达的建设工程质量整改通知,责令有关责任单位进行整改。

2. 有关责任单位接到整改通知后,必须立即进行整改。

2.3.6.4 建设工程质量整改情况报告(A6.4)

有关责任单位按建设工程质量整改通知的要求,整改符合要求后向质量监督机构报送建设工程质量整改情况报告书。

2.3.7 财务文件(A7)

2.3.7.1 工程投资估算资料(A7.1)

指建设单位委托工程造价咨询或勘察设计单位编制的工程投资估算资料。

2.3.7.2 工程设计概算资料(A7.2)

指建设单位委托工程设计单位编制的工程设计概算资料。

2.3.7.3 工程施工图预算资料(A7.3)

指建设单位委托承接工程的施工总承包单位编制的施工图预算资料。

2.3.7.4 工程施工决算资料(A7.4)

指承接工程的施工总承包单位提出的经有资质的造价咨询单位核准的工程决算资料。

2.3.7.5 交付使用财产总表和财产明细表(A7.5)

指建设单位竣工验收后,经审查核实施工单位交付使用工程项目的财产总表和财产明细表资料。

2.3.8 工程竣工验收文件(A8)

详细内容见7.2节内容。

2.3.9 其他文件(A9)

2.3.9.1 住宅质量保修书、住宅使用说明(A9.1)

指建设单位向用户就工程的质量、性能、服务及使用情况等给予保证和说明的资料。

2.3.9.2 工程开工、施工、竣工录音、录像、照片资料(A9.2)

指工程开工、施工、竣工过程中录音、录像、照片、光盘等资料。是工程建设活动的历史记录和凭证,应按声像、缩微、电子档案整理归类存档。凡是归档的工程录音、录像、照片,必须加以文字说明。

2.4 思考题

1. 简述项目建议书的内容。
2. 简述申请领取施工许可证应具备的条件。
3. 简述办理质量监督注册登记手续应提交的文件。

3　监理资料(B类)

学习要求:

1. 了解监理资料(B类)管理的基本要求
2. 熟悉监理资料(B类)的主要内容
3. 掌握监理资料(B类)的编写、收集和整理

3.1　监理资料管理流程

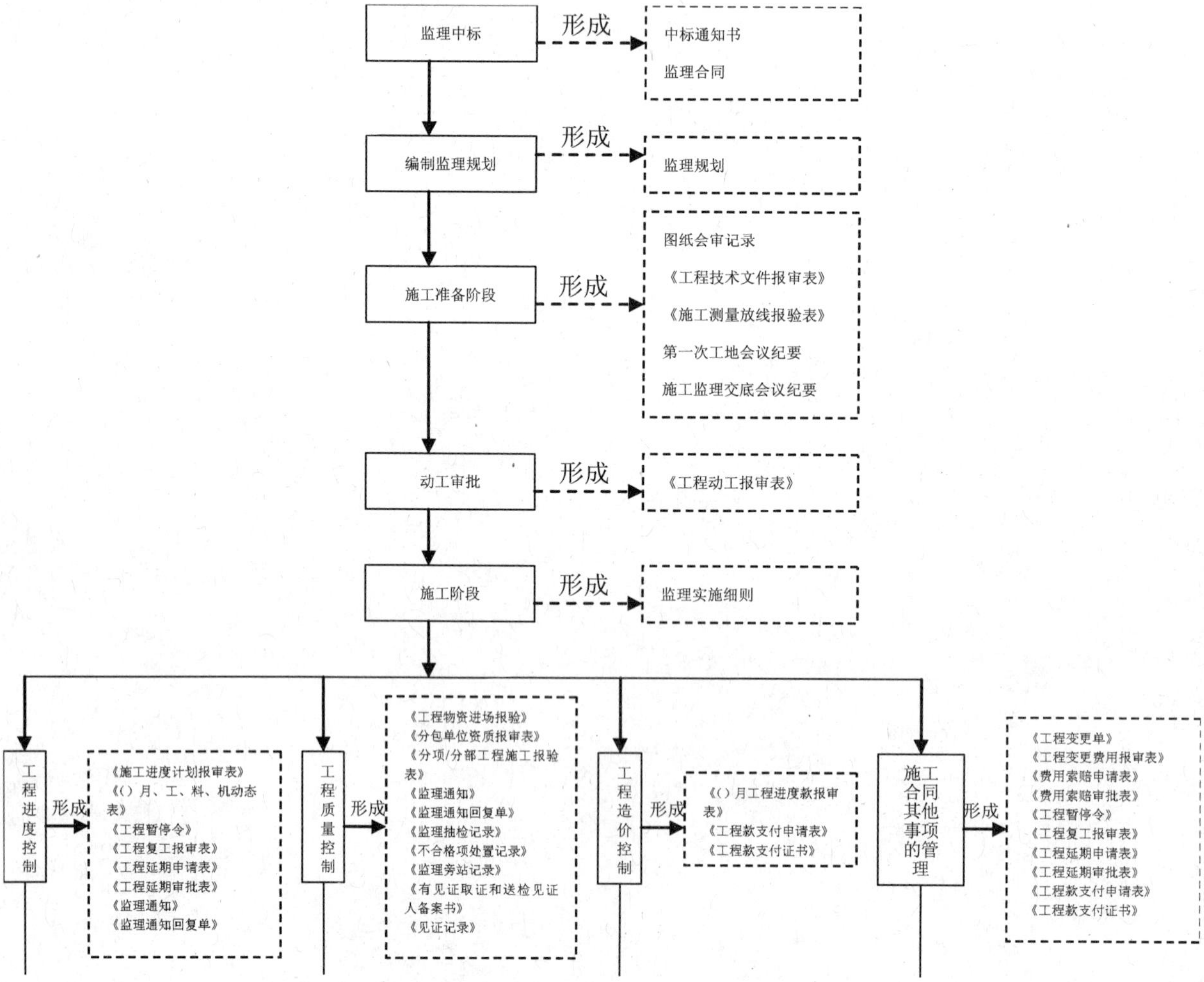

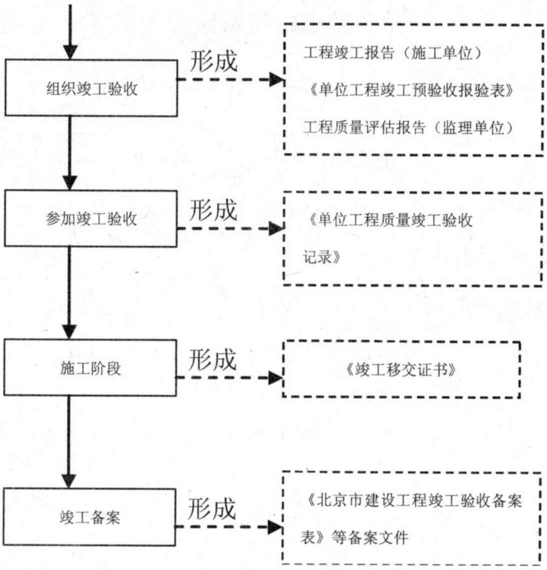

3.2 监理资料管理基本要求

1. 监理资料由监理单位负责形成。

2. 监理单位应当按照监理规范的要求，重视工程资料管理，配备专职或兼职的工程资料管理人员。

3. 监理单位的资料管理人员应负责及时收集各个环节所形成的文件资料，并按类别、形成时间进行登记、立卷、保管。

4. 工程竣工后，监理单位应按规定将监理资料移交给建设单位。

3.3 监理资料的主要内容

3.3.1 监理管理资料

3.3.1.1 项目监理部及监理人员名单(B1.1)

1. 监理单位必须在施工现场建立项目监理机构，其组织形式和规模应根据委托监理合同规定的服务内容、服务期限、工程类别、规模、技术复杂程度、工程环境等因素确定。

2. 项目监理机构的监理人员应包括总监理工程师、专业监理工程师和监理员，必要时可配备总监理工程师代表。监理人员应专业配套、数量满足工程项目监理工作的需要。

3. 监理单位应将项目监理机构的组织形式、人员构成及对总监理工程师的任命书面通知建设单位。当总监理工程师需要调整时，监理单位应征得建设单位同意并书面通知建设单位；当专业监理工程师需要调整时，总监理工程师应书面通知建设单位和施工单位。

项目监理机构及监理人员名单

B1.1 编号：

单位名称				联系电话	
法定代表人		技术部位负责人		质量部位负责人	
姓名	监理职务	职称	专业	证书号	备注
	总监理工程师				
	项目技术负责人				

上述人员是我单位为____________________________工程 □配备/调整的工程项目监理机构及监理人员，请建设单位审核。

总监理工程师(签字)：____________ 法定代表人(签字)：______________(公章)

日期：______________

建设单位审核意见：

(公章)

项目负责人(签字)：______________

日期：______________

3.3.1.2. 检测取样送检见证人授权书（B1.2）

1. 见证人授权书是建设单位或建设单位委托监理单位向监督该工程的质量监督部门申报备案用表，也是通知施工单位和委托进行试验检的试验单位的用表。

2. 见证人员应由建设单位或项目监理单位具备建筑施工试验知识、并取得见证人员证的专业技术人员担任。见证人员须经建设单位书面授权，由建设单位或项目监理单位书面通知施工、检测单位和负责该项工程的质量监督机构。

检测取样送检见证人授权书

B1.2 编号：

致：______________________________（质量监督站）

______________________________（检测机构）

现委托______________________为______________________工程的工程质量检测见证单位，负责该工程的见证取样送样工作。

具体见证人如下：

姓名	签字笔迹	见证人员证号	备　注

见证单位地址：

联系电话：

建设单位项目负责人(签字)：　　建设单位(公章)

日期：

3.3.1.3 监理规划(B1.3)

1. 监理规划是结合项目具体情况制定的指导整个项目监理工作开展的纲领性文件，应明确项目监理机构的工作目标、确定具体的监理工作制度、程序、方法和措施，应具有可操作性。

2. 监理规划在签订委托监理合同及收到设计文件后由总监理工程师主持，专业监理工程师参加编制，内容应符合《建设工程监理规范》GB50319－2000 第4.1.3条的要求。

3. 监理规划必须经监理单位技术负责人审核批准，并应在召开第一次工地会议前报送建设单位。

4. 监理规划封面由总监理工程师及编制人员、监理单位技术负责人签字，并加盖监理单位公章。

3.3.1.4 监理实施细则(B1.4)

1. 监理实施细则是在监理规划指导下，专业监理工程师针对具体情况制定的具有实施性和可操作性的业务文件。

2. 中型及以上或专业性较强的工程项目，项目监理机构应编制监理实施细则。

3. 监理实施细则应在相应工程施工开始前编制完成。由项目总监理工程师审批，其编制程序、依据和主要内容应符合《建设工程监埋规范》GBS0319－2000 第4.2.2、第4.2.3条的要求。

3.3.1.5　旁站监理方案(B1.5)

1. 旁站监理是指监理人员在工程施工阶段监理中,对关键部位、关键工序的施工质量实施全过程现场跟班的监督活动。

2. 旁站监理方案应明确旁站监理的范围、内容、程序和旁站监理人员职责等。旁站监理方案应当送建设单位和施工企业各一份,并抄送工程所在地的工程质量监督机构。

3. 旁站监理的关键部位、关键工序,基础工程包括:土方回填,混凝土灌注桩浇筑,地下连续墙、土钉墙、后浇带及其他结构混凝土、防水混凝土浇筑,卷材防水层细部构造处理,钢结构安装;主体结构工程包括:梁柱节点钢筋隐蔽过程,混凝土浇筑,预应力张拉,装配式结构安装,钢结构安装,网架结构安装,索膜安装。

3.3.1.6　监理月报(B1.6)

1. 监理月报是工程施工过程中,项目监理机构就工程实施情况和监理工作情况定期向建设单位和监理单位所做的报告。

2. 监理月报由项目总监理工程师组织各专业监理工程师编写,其内容应符合《建设工程监理规范》GB50319－2000 第7.2.1条的要求。

3. 监理月报应由项目总监理工程师签字,并加盖项目监理机构公章。

3.3.1.7　监理会议纪要(B1.7)

1. 监理会议纪要是指根据项目监理机构主持的会议(包括工地例会和专题会议)记录整理并经有关各方签字认可的文件。

2. 工地例会是总监理工程师定期主持召开的工地会议,其内容应符合《建设工程监理规范》GB50319－2000 第5.3.2条的要求。

3. 专题会议是为解决施工过程中的各种专项问题而召开的不定期会议,会议应有主要议题。

4. 会议纪要由项目监理机构起草、项目总监理工程师审阅,与会各方代表签字。

5. 会议纪要应简明扼要的写清楚会议的主要内容及中心议题(即与会各方提出的主要事项和意见),工地例会还包括检查上次例会议定事项的落实情况。会议决定应写清楚会议达成的一致意见、下步工作安排和对未解决问题的处理意见。

监理会议纪要

B1.7　　　　　　　　　　　　　　　　　　　　　　编号:

工程名称		会议地点		日期	
主持人: 与会单位及人员:					
主要议题:					
解决或议定事项: 签字:　　　　　　　　日期:					

3.3.1.8 监理专题报告(B1.8)

1. 监理专题报告是施工过程中,项目监理机构就某项工作、某一问题、某一任务或某一事件向建设单位所做的报告。

2. 监理专题报告应用标题清楚表明问题的性质,主体内容应详尽的阐述发生问题的情况、原因分析、处理结果和建议。

3. 监理专题报告由报告人、总监理工程师签字,并加盖项目监理机构公章。

4. 施工过程中的合同争议、违约处理等可采用监理专题报告,并附有关记录。

3.3.1.9 监理工作联系单(B1.9)

监理工作联系单是在施工过程中,与监理有关各方工作联系用表。即与监理有关的某一方需向另一方或几方告知某一事项,或督促某项工作,或提出某项建议等,对方执行情况不需要书面回复时均用监理工作联系单。

监理工作联系单

B1.9　　　　编号:

工程名称	
致: 事由: 内容: 监理单位(公章):________ 监理工程师(签字):________ 日　　期:________	

3.3.1.10 监理工作总结(B1.10)

1. 监理工作总结是监理单位对履行委托监理合同情况及监理工作的综合性总结。

2. 监理工作总结由总监理工程师组织项目监理机构有关人员编写。

3. 监理工作总结的内容应符合《建设工程监理规范》GB50319 -2000 第7.3.1 条的规定。

4. 监理工作总结由项目总监理工程师、监理单位负责人签字盖章,并在施工阶段监理工作结束时,由监理单位向建设单位提交。

3.3.1.11 监理日记(B1.11)

1. 监理日记以项目监理机构每日的监理工作为记载对象,包括与监理工作有关的施工、气象等情况。

2. 监理日记可单独成册,每册封面应标明工程名称、册号、记录时间段及建设、设计、施工、监理单位名称,并由总监理工程师签字。

3. 监理人员应及时填写监理日记并签字。

4. 监理日记不得补记,不得隔页或扯页以保持其原始记录。

5. 监理日记应记载当天下列监理工作内容和有关事项:

(1)施工人数、作业内容及部位;

(2)使用的主要施工设备、材料;

(3)施工过程巡视检查和旁站监理、见证取样情况;

(4)施工测量放线、工程报验情况及验收结果;

(5)材料、设备、构配件、半成品和主要施工机械设备进场情况及进场验收结果;

(6)施工单位资料报审及审查结果;

(7)施工图交接、工程变更的有关事项;

(8)所发监理通知(书面或口头)的主要内容及签发、接收人;

(9)建设单位、施工单位提出的有关事宜及处理意见;

(10)工地会议议定的有关事项及协调确定的有关问题;

(11)工程质量事故(问题)及处理方案;

(12)异常事件(可能引发索赔的事件)及对施工的影响情况;

(13)设计人员到工地及处理、交代的有关事宜;

(14)质量监督人员、有关领导来工地检查、指导工作情况及有关指示;

(15)其他重要事项。

监理日记

B1.11 编号：

工程名称			施工单位		
日期		天气		最低及最高气温	
分部分项工程	分包单位及班组	施工人数	施工部位	施工内容	质量检查情况

工程材料、构配件、设备报验	
工程报验	
检测见证取样送检	
旁站监理	
监理通知（书面或口头）	
其他	

监理工程师(签字)：____________

3.3.2 分包、检测单位资质资料

3.3.2.1 分包单位资格报审表(B2.1)

1. 总承包单位在分包工程开工前,对分包单位的资格报项目监理机构审查确认,未经总监理工程师确认,分包单位不得进场施工。

2. 分包单位资质材料包括分包单位的企业法人营业执照、企业资质等级证书、特殊行业施工许可证、外省企业进入本省承包工程备案表以及拟进现场的专业管理人员和特种作业人员的资格证、上岗证。

3. 分包单位业绩材料应包括分包单位近三年完成的与分包工程工作内容类似工程及工程质量的情况。

4. 专业监理工程师对分包单位资格和分包单位的有关资质资料(原件)进行审核,签署是否符合有关规定的意见。并留下加盖分包单位公章的复印件做本报审表的附件。总监理工程师对专业监理工程师审查意见进行审核、确认,符合有关规定后,由总监理工程师予以签认。

分包单位资格报审表

B2.1　　　　编号:

工程名称		施工单位	

致:________________________________(监理单位)

经考察,我方认为拟选择的________________________(分包单位)具有承担下列工程和施工资质和施工能力,可以保证本工程项目按合同的规定进行施工。分包后,我方仍承担总包单位的全部责任。请予以审查和批准。

分包工程名称(部位)	工程数量	拟分包工程合同额	分包工程占全部工程
合计			

附:

1. □分包单位资质材料　　施工单位(公章):________
2. □分包单位业绩材料　　项目经理(公章):________
3. □施工中标通知书　　日　期:________

专业监理工程师审核意见:

专业监理工程师(签字):________

日　期:________

总监理工程师审核意见:

项目监理机构(公章):________

总监理工程师(签字):________

日　期:________

3.3.2.2　检测机构资格报审表(B2.2)

1. 检测机构资格报审是指建设单位拟选择的在施工过程中承担施工检测(试验)工作的试验室的资格,报项目监理机构审查确认。

2. 检测机构资格报审时应附检测机构的营业执照、资质证书、外地检测机构进赣检测备案表、检测设备的计量检定证明等。

3. 专业监理工程师对承包单位所报资料(原件)进行审核,必要时可会同承包单位对试验室进行实地考察,就试验室的试验资质和能力,与本工程试验项目及其要求是否相适应签署意见。并留下加盖试验单位公章的复印件作为本报审表的附件。总监理工程师对专业监理工程师的审查意见进行审核,符合有关规定后,予以签认。

检测机构资格报告表

B2.2　　　　编号:

<table>
<tr><td>工程名称</td><td></td><td>施工单位</td><td></td></tr>
<tr><td colspan="4">致:________________________(监理单位)

经考察,我方认为拟选择的____________________(检测机构)具有与本工程相适应的检测资质及检验能力。现报上有关资料,请予以审查和批准。

附:
1. 检测机构的资质及检测范围;
2. 法定计量部门对检测机构出具的计量检定证明;
3. 检测机构管理制度;
4. 检测人员的资格证书;
5. 本工程的检测项目及其要求。

建设单位(公章):____________
项目负责人(签字):____________
日　　期:____________</td></tr>
<tr><td colspan="4">专业监理工程师审核意见:

专业监理工程师(签字):____________
日　　期:____________</td></tr>
<tr><td colspan="4">总监理工程师审核意见:

监理单位(公章):____________
总监理工程师(签字):____________
日　　期:____________</td></tr>
</table>

3.3.3 质量控制资料

3.3.3.1 施工组织设计(方案)报审表(B3.1)

1. 按照有关规定要求,须监理机构审批的施工组织设计(方案)在实施前,须报项目监理机构审批。未经项目监理机构审核批准的施工组织设计(方案),该项工程不得施工。

2. 工程项目开工前,承包单位按施工合同规定时间向项目监理机构报送自审手续完备的施工组织设计(方案),总监理工程师应组织专业监理工程师在合同规定时间内完成审查工作。

3. 专业监理工程师应对施工组织设计(方案)内容的完整性、符合性、适用性、合理性、可操作性及实现目标的保证措施等提出审查意见,经总监理工程师审核、签认后,报建设单位。

4. 审查不合格的施工组织设计(方案),监理工程师应提出修改完善的审查意见,要求承包单位在指定时间内进行修订完善,重新报审。

5. 经批准的施工组织设计(方案)发生变更,项目监理机构要求将变更方案报送时也采用此表。

施工组织设计、施工(调试)方案报审表

B3.1　　　　　　　　　　　　　　　　　　　　　　　　编号:

工程名称		施工单位	

致:________________________________(监理单位)

我方已根据施工合同的有关规定完成了____________________工程的施工组织设计、施工(调试)方案。现报上有关资料,请予以审查和批准。

序号	文件名	编制人	册数	页数
1	施工组织设计			
2	施工组织设计工程专项施工方案			
3	施工组织设计专项调整方案			
4				
5				

□有/□无　附页

施工单位(公章):____________

项目负责人(签字):____________

日　　期:____________

专业监理工程师审核意见:

专业监理工程师(签字):____________

日　　期:____________

总监理工程师审核意见:

监理单位(公章):____________

总监理工程师(签字):____________

日　　期:____________

3.3.3.2 主要施工机械设备报审表(B3.2)

1. 主要施工机械设备进场安装,承包单位自检合格后报项目监理机构进行复核确认。

2. 凡直接影响工程质量的施工机械设备、计量设备未经项目监理机构确认不得用于工程施工。

3. 所报审的施工机械设备应附有关技术说明、调试结果,对计量设备还应附有关技术说明、调试结果;对计量设备还应附有法定计量部门的鉴定证明。

4. 专业监理工程师应对施工机械、计量设备及所附资料进行审查,对其是否符合批准的施工组织设计、是否能满足施工需要和保证质量要求签署意见。当有性能不符合施工要求、数量或性能不足的设备时,还应对承包单位提出建议和要求。

主要施工机械设备报审表

B3.2　　　　　　　　　　　　　　　　　　　　　　　　编号:

工程名称			施工单位		
致:__________________(监理单位) 下列施工设备已按施工组织设计(方案)要求进场,请核查并准予使用。					
设备名称	规格型号	数量	进场日期	技术状况	备注
施工单位(公章):____________ 项目经理(签字):________ 日期:________					
专业监理工程师审核意见: 经查验: 1. 性能、数量能满足施工需要的设备(准予进场使用的设备): 2. 性能不符合施工需要的设备(需更换后再报的设备): 3. 数量或能力不足的设备(需补充的设备): 请你方尽快按施工进度要求,配足所需设备。 项目监理机构(公章):____________ 专业监理工程师(签字):________ 日期:________					

3.3.3.3 工程材料/构配件/设备报验表(B3.3)

1. 工程材料/构配件/设备报验是承包单位对拟进场的主要工程材料、构配件、设备,在自检、复试、测试合格后报项目监理机构进行进场验收。

2. 工程材料/构配件/设备报验应将工程材料/构配件/设备出厂质量证明文件及复试、测试结果作为附件,报项目监理机构审核。验完后,附件归还施工单位存档。

材料/构配件/设备质量证明文件:指生产单位提供的证明工程材料/构配件/设备质量的证明资料。如:合格证、性能检测报告等。凡无国家或省正式标准的新材料、新产品、新设备应有省级及以上有关部门鉴定文件,并委托国家认可的检测机构进行试验,出具检测报告。凡进口的材料、产品、设备应有商检的证明文件。

3. 专业监理工程师经对所报资料审查,与进场实物核对和观感质量验收。对未经监理人员验收或验收不合格的工程材料、构配件、设备,监理人员应拒绝签认,承包单位不得在工程上使用,并应限期将不合格的材料、构配件、设备撤出现场。

4. 工程材料/构配件/设备报验表必须按单位工程分开报验,并应有时限要求,施工单位和监理单位应按施工合同的约定完成各自的报送和审批工作。

工程材料、构配件、设备报验表

B3.3　　　　　　　　　　　　　　　　　　　　　　　　　编号:

工程名称		施工单位	

现报上关于________________________工程的工程材料、构配件、设备进场检验记录,经我方检验符合设计、规范及合约要求,请予以批准使用。

物资名称	主要规格	单位	数量	复试报告编号	使用部位

附件:　　名称　　　　　　　　　页数　　　　　　　　　编号

1. □出厂合格证　　　　　________ 页　　　________
2. □厂家质量检验报告　　________ 页　　　________
3. □厂家质量保证书　　　________ 页　　　________
4. □商检证　　　　　　　________ 页　　　________
5. □进场检验记录　　　　________ 页　　　________
6. □进场复试报告　　　　________ 页　　　________

申报单位名称:________________ 申报人(签字):____________ 日期:________

施工单位检验意见:

□有/ □无　　　附页

施工单位名称:________________ 技术负责人(签字):____________ 日期:________

验收意见:

审定结论:　　□同意　　　　□补报材料　　　　□重新检验

监理单位名称:________________ 监理工程师(签字):____________ 日期:________

3.3.3.4 施工测量放线报验单(B3.4)

1. 承包单位施工测量放线完毕，自检合格后报项目监理机构复核确认。

2. 施工测量放线的专职测量人员及测量设备应是已经项目监理机构确认的。

3. 测量放线依据是施工测量方案、建设单位提供的红线桩、水准点等材料；放线成果指承包单位测量放线所放出的控制线及其施工测量放线记录表(依据材料应是已经项目监理机构确认的)。

4. 专业监理工程师审查意见应根据对测量放线资料的审查和现场实际复测情况签署意见，符合要求的签署“查验合格”，如不符合要求的签署“纠正差错后再报”，并应简要指出不符合之处。

施工测量放线报验表

B3.4　　　　编号：

工程名称		施工单位	

致：________________________(监理单位)

我单位已完成________________(工程或部位的名称)的放线工作，经自查合格、清单如下，请予查验。

工程或部位名称	放线内容	备注

附件：

1. □ 放线的依据材料 ______ 页

2. □放线成果表 ______ 页　　测量员(签字)：__________

3. □测量设备证 ______ 页　　查验人(签字)：__________

承包单位(公章)：____________________

项目经理(签字)：____________________　日期：__________

专业监理工程师审查意见：

查验合格

纠正差错后再报

项目监理机构(公章)：____________________

专业监理工程师经理(签字)：______________　日期：__________

3.3.3.5 工程报验单(B3.5)

1. 承包单位按约定的验收单元,施工完毕、自检合格后,应报项目监理机构检查验收。

2. 工程报验包括施工放样、隐蔽工程、检验批、分项工程、分部工程等的报验。报验时按实际完成的工程名称、部位填写,并附:

(1)所报验的分项工程、分部(子分部)工程质量验收记录表;

(2)工程质量控制资料;

(3)安全和功能检验(检测)报告;

(4)观感质量检查记录;

(5)隐蔽工程验收记录;

(6)施工放样成果。

3. 任一验收单元,未经项目监理机构验收确认不得进行下一工序。专业监理工程师对所报隐蔽工程、分项、分部(子分部)工程资料应认真核查,确认资料是否齐全、填报是否符合要求,并根据现场实地检查情况签署审查意见;分部(子分部)工程由总监理工程师组织验收,并根据实际检查情况签署报验审查意见。

______工程报验表

B3.5　　　　编号:

工程名称		施工单位	
现我方已完成______(层)______(轴号或房间)______(高程)______(部位)的______工程。经我方检验符合设计、规范要求,请予以验收。 附件: 名称　　页数　　编号 1. □质量控制资料汇总表　______页　______ 2. □隐蔽工程检查记录表　______页　______ 3. □预检记录　______页　______ 4. □施工记录　______页　______ 5. □施工试验记录　______页　______ 6. □分部工程质量检验评定记录　______页　______ 7. □分项工程质量检验评定记录　______页　______ 质量检验员(签字):______ 技术负责人(签字):______ 日期:______			
审查意见: 审定结论:　□合格　□ 不合格 监理单位:______(总)监理工程师(签字):______ 日期:______			

3.3.3.6 检测见证取样送检记录表(B3.6)

1. 实行见证取样送检的试(复)验项目,见证人员应按照见证取样和送检要求,对施工现场的取样和送检进行见证,并由见证人员和取样人员共同签字认可。

2. 见证人员应做好见证取样送检记录,应记录试样的名称、代表部位、地点、数量和取样日期,记录取样的方法、过程及样品的表观质量。

检测见证取样送检测记录表

B3.6 编号:

工程名称			施工单位		
样品名称		进场数量		进场时间	
见证取样部位					
见证取样数量		代表批量		取样时间	
样品状况					
检测委托单位				见证单位	
检测单位		检测报告编号		检测结果	
检测结果不合格处理意见					
取样人员(签字)		见证人员(签字)		日期	

3.3.3.7 旁站监理记录(B3.7)

1. 旁站监理是在总监理工程师的指导下,由现场监理人员负责具体实施,旁站人员按照旁站监理方案实施旁站监理。

2. 旁站监理人员应检查记录:施工企业现场质检人员到岗、特殊工种人员持证上岗以及施工机械、建筑材料准备情况;关键部位、关键工序的施工执行方案以及工程建设强制性标准情况;核查进场建筑材料、建筑构配件、设备和商品混凝土的质量检验报告及复验报告等。

3. 旁站监理人员应对需要实施旁站监理的关键部位、关键工序在施工现场跟班监督,及时发现和处理旁站监理过程中出现的质量问题,如实准确地做好旁站监理记录。监理单位应当将旁站监理记录存档备查。

4. 凡旁站监理人员和施工企业现场质检人员未在旁站监理记录上签字的,不得进行下一道工序施工。凡没有实施旁站监理或者没有旁站监理记录的,监理工程师或者总监理工程师不得在相应文件上签字。

3.3.3.8 监理通知(B3.8)

1. 项目监理机构发现承包单位在施工过程中使用的材料、施工工艺、工程质量等不符合要求时,对施工单位发出指令、提出要求,应下发《监理通知》。监理工程师现场发出的口头指令要求,也应采用此表予以确认。

2. 对不符合规定的应指明材料、工艺、工程质量未达到要求所依据的标准、规程、规范条目,对未达到工程质量验收规范要求的应提出返工、返修、检验试验、鉴定等处理意见。

3. 一般的工程质量问题整改通知由专业监理工程师签发,比较严重的或者涉及范围较大的工程质量问题整改通知应由专业监理工程师报告总监理工程师签发。

3.3.3.9 监理通知回复单(B3.9)

1. 施工单位按《监理通知》要求整改完毕后,应将整改结果用《监理通知回复单》报项目监理机构检查复核。涉及应由总监理工程师审批工作内容的回复单,应由总监理工程师审批。

2. 报审《监理通知回复单》应附有关证明材料:

(1)工程质量验收记录;

(2)试验(复验)报告;

(3)说明工程质量不符合设计和施工质量验收规范的其他文件、资料。

3. 承包单位完成《监理通知回复单》中要求继续整改的工作后,仍用此表回复。

监理通知回复单

B3.9 编号：

<table>
<tr><td>工程名称</td><td></td><td>施工单位</td><td></td></tr>
<tr><td colspan="4">致：____(监理单位)

我方接到编号为________________________________的监理通知后，已按要求完成了
____工作，现报上，请予以复查。

详细内容：

□有 /□ 无 附件

有关单位(公章)：____________________
项目负责人(签字)：____________________
日 期：____________________</td></tr>
<tr><td colspan="4">复查意见：

项目监理机构(公章)：____________________
总/专业监理工程师(签字)：____________________
日 期：____________________</td></tr>
</table>

3.3.3.10 工程质量问题事故处理方案报审表(B3.10)

1. 工程质量事故处理方案报审是承包单位在对工程质量事故详细调查、研究的基础上，提出处理方案后报项目监理机构的审查、确认和批复。

2. 项目监理机构应对处理方案的实施进行检查监督，对处理结果进行验收。总监理工程师应组织建设、勘察、设计、监理等有关人员对质量事故调查报告和处理方案进行论证，以确认报告和方案的正确合理性，如有不同意见，应责令承包单位重报。必要时应邀请有关专家参加事故调查报告和处理方案论证。由总监理工程师签认或会同建设单位项目负责人共同签认。

工程质量事故处理方案报审表

B3.10　　　　　　　　　　　　　　　　　　　　　　　　编号：

<table>
<tr><td>工程名称</td><td></td><td>施工单位</td><td></td></tr>
<tr><td colspan="4">致：________________（监理单位）（建设单位）

______年___月___日 ____时，在 ________ 发生 ________________

______工程质量事故，已于 ______年___月___日 提出《工程质量事故报告单》

现报上处理方案，请予以审查。

附件：
工程质量事故调查报告；

工程质量事故处理方案。

施工单位（公章）：________________

项目经理（签字）：____________ 日期：________</td></tr>
<tr><td colspan="2">设计单位意见：

设计单位（公章）：________

设计人：_____ 日期：______</td><td colspan="2">总监理工程师（建设单位项目负责人）批复意见：

项目监理机构（建设单位）（公章）：________

总监理工程师：________ 日期：________

（建设单位项目负责人）：________ 日期：________</td></tr>
</table>

3.3.3.11 工程竣工预验报验单(B3.11)

1. 单位(子单位)工程承包单位自检符合竣工条件后,填写《工程竣工预验报验表》并附相应的竣工资料,报项目监理机构,提出工程竣工预验收。

2. 总监理工程师组织项目监理人员,根据有关规定与施工单位共同对工程进行检查验收。工程预验收合格后,总监理工程师签署《工程竣工预验报验表》,并及时报告建设单位和编写《工程质量评估报告》。

工程竣工预验收报验表

B3.11　　　　编号:

工程名称		施工单位	
致:________________(监理单位) 我方已完成合同要求完成了________________工程,经自检合格,请予以检查和验收。 附件: 项目经理(签字):________　　日期:________			
审查意见: 经预验收,该工程: 1. □符合　□不符合　我国现行法律、法规要求; 2. □符合　□不符合　我国现行工程建设标准; 3. □符合　□不符合　设计文件要求; 4. □ 符合　□不符合　施工合同要求; 综上所述,该工程预验收结论:　□合格　□不合格 可否组织正式验收:　□可　□否 监理单位名称:________(总)监理工程师(签字):________日期:________			

3.3.3.12 工程质量监理评估报告(B3.12)

1. 工程质量评估报告是项目监理机构单位(子单位)工程施工质量进行总体评价的技术性文件。

2. 工程质量评估报告是在被监理工程预验收后,由总监理工程师组织专业监理工程师编写,并由总监理工程师和监理单位技术负责人签字,加盖监理单位公章。

3. 工程质量评估报告应包括下列主要内容:

(1)工程概况;

(2)工程监理基本情况;

(3)单位(子单位)工程所包含的分部(子分部)、分项工程施工质量验收情况,并逐项说明其施工质量验收情况;

(4)质量控制资料验收情况;

(5)工程所含分部工程有关安全和功能的检测验收情况及检测资料的完整性核查情况;

(6)竣工资料核查情况;

(7)观感质量检查情况;

(8)施工过程质量事故和主要质量问题、原因分析及处理结果;

(9)对工程施工质量的综合评估意见。

3.3.4 进度控制资料

3.3.4.1 工程开工/复工报审表(B4.1)

1. 工程开工/复工报审表用于工程项目开工及停工的恢复施工报审用表。工程满足开工/复工条件后,承包单位报项目监理机构复核和批复开工和复工时间。

2. 整个项目一次开工,只填报一次,如工程项目中含有多个单位工程且开工时间不同,则每个单位工程都应填报一次。

3. 开工前的各项准备工作已按《开工报告》内容逐一落实,自查符合要求后,将《施工现场质量管理检查记录》及其要求的有关证件,现场专职管理人员资格证、上岗证,现场管理人员、机具、施工人员进场情况,工程主要材料落实情况等资料作为附件同时报送。

4. 因各种原因工程暂停施工,工程暂停原因消失,承包单位准备恢复施工,应填报报审表向项目监理机构申请复工。工程暂停原因是由承包单位的原因引起时,承包单位应报告整改情况和预防措施;工程暂停原因是由非承包单位的原因引起时,承包单位仅提供工程暂停原因消失证明。

5. 监理工程师对承包单位的开工准备情况和复工条件进行检查,并逐项记录检查结果,报项目总监理工程师审核;总监理工程师应在施工合同约定的时间内完成对开工和复工申请的审批,并注明同意或不同意开工或复工的原因和对承包单位的要求。

工程开工/复工报审表

B4.1 编号：

<table>
<tr><td>工程名称</td><td></td><td>施工单位</td><td></td></tr>
<tr><td colspan="4">致：________________（监理单位）

我方承担的________________工程，已完成了以下各项工作，具备了

□ 开工/ □ 复工 条件，特此申请施工，请核查并签发开发/复工指令。

附：

1. 开工报告；

2. 证明文件。

施工单位（公章）：________________

项目经理（签字）：________________

日　　期：________________</td></tr>
<tr><td colspan="4">审查意见：

监理单位（公章）：________________

总监理工程师（签字）：________________

日　　期：________________</td></tr>
</table>

3.3.4.2 工程暂停令(B4.2)

1. 施工过程中发生了需要停工处理的事件,由总监理工程师签发工程暂停令。

2. 总监理工程师应根据暂停工程的影响范围和影响程度,依据《建设工程监理规范》GB50319 -2000 第6.1.2条,按照承包合同和委托监理合同的约定签发。

3. 工程暂停原因是由于承包单位的原因造成,承包单位申请复工时,除了填报《工程复工报审表》外,还应报送针对导致停工原因所进行的整改工作报告等有关材料。

4. 工程暂停原因是由于非承包单位的原因造成,若是建设单位的原因(或应由建设单位承担责任的风险),总监理工程师在签发工程暂停令之后,应尽快按承包合同的规定处理因工程暂停引起的工期、费用等有关问题。

工程暂停令

B4.2　　　　　　　　　　　　　　　　　　　　编号:

工程名称		施工单位	

由于 ______________________________

原因,现在通知你方必须于 ______ 年 ______ 月 ______ 日 ______ 时起,对本工程的 ______________

______________ 部位(工序)实施暂停施工,并按下述要求做好各项工作。

监理单位(公章):______________

总监理工程师(签字):______________

日　　期:______________

3.3.4.3 施工进度计划报审表(B4.3)

1. 施工进度计划报审表是由承包单位根据已批准的施工总进度计划，按承包合同约定或监理工程师的要求编制的施工进度计划，报项目监理机构审查、确认和批准。

2. 报审的工程施工进度计划，包括编制说明、形象进度、工程量、机械、劳动力计划。

3. 对施工进度计划，监理工程师主要审核其与所批准总进度计划的开、完工时间是否一致；主要工程内容是否有遗漏，各项施工计划之间是否协调；施工顺序的安排是否符合施工工艺要求；材料、设备、施工机械、劳动力、水电等生产要素供应计划能否保证进度计划的需要，供应是否均衡；对建设单位提供的施工条件的要求是否准确、合理。

施工进度计划报审表

B4.3　　　　　　　　　　　　　　　　　　　　　　　　　　编号：

工程名称		施工单位	
致：________________________（监理单位） 兹上报 ________ 年 ____ 季 ____ 月 ________________ 工程 施工进度计划，请审查批准。 附件：施工进度计划（包括编制说明、形象进度、工程量、机械、劳动力计划）。 施工单位（公章）：____________ 项目经理（签字）：____________ 日　　期：____________			
监理工程师审核意见： 监理工程师（签字）：____________ 日　　期：____________			
总监理工程师审核意见： 监理单位（公章）：____________ 总监理工程师（签字）：____________ 日　　期：____________			

3.3.4.4 工程临时延期报审表(B4.4)

1. 工程临时延期报审是指发生了非承包单位原因，施工合同约定由建设单位承担的延期责任事件后，承包单位提出的工期索赔。《工程临时延期报审表》报项目监理机构审核确认。

2. 专业监理工程师对所报资料进行审查，与监理同期记录进行核对、计算，并将审查情况报告总监理工程师。总监理工程师进行审核签认，并说明同意或不同意工程临时延期的理由和依据。

3. 总监理工程师在签认工程延期前应与建设单位、承包单位协商，宜与费用索赔一并考虑处理。

4. 总监理工程师应在施工合同约定的期限内签发《工程临时延期报审表》，并依据施工合同中有关工程的约定及工拖延和影响工期事件的事实和程度、影响工期事件对工期影响的量化程度来确定工程延期的时间。

5. 临时批准延期时间不能长于工程最终延期批准时间。

工程临时延期报审表

B4.4　　　　　　　　　　　　　　　　　　　　编号：

工程名称		施工单位	
致：________________ 据合同条款________条的规定，由于________________原因，我方申请工程延期，请予以批准。 附件： 工程延期的依据及工期计算： 合同竣工期：________ 申请延长竣工日期：________ 1. 证明材料。 施工单位(公章)：________ 项目经理(签字)：________ 日　　期：________			
审查意见： □ 暂时同意工期延长________日历天。使竣工日期(包括已指令延长的工期)从原来的________年________月________日延迟到________年________月________日，请你方执行。 □ 不同意延长工期，请按约定竣工日期组织施工。 说明： 监理单位(公章)：________ 总监理工程师(签字)：________ 日　　期：________			

3.3.4.5 工程最终延期审批表(B4.5)

1. 工程最终延期审批是在影响工期事件全部结束,承包单位提出的最后一个《工程临时延期报审表》批准后,经项目监理机构详细研究评审影响工期事件全过程总工期的影响后批准承包单位有效延期时间。

2. 总监理工程师在签认工程延期前应与建设单位、承包单位协商,宜与费用索赔一并考虑处理。

工程最终延期审批表

B4.5　　　　编号:

工程名称		施工单位	
致:________________ 根据施工合同条款 ________条的规定,我方对你方提出的 ________________工程延期申请(编号:________)要求延长工期日历天的要求。经过审核评估: ☐ 最终同意工期延长________日历天,使竣工日期(包括已指令延长的工期)从原来的 ________年______月______日延迟到________年______月______日,请你方执行。 ☐ 不同意延长工期,请按约定竣工日期组织施工。 说明: 监理单位(公章):________________ 总监理工程师(签字):________________ 日　期:________________			

3.3.5 造价控制资料

3.3.5.1 工程款支付申请表(B5.1)

1. 承包单位根据施工合同中工程款支付约定，向项目监理机构申请支付工程予付款、工程进度款、工程结算款。

2. 申请支付工程款金额包括合同内工程款、工程变更增减费用、批准的索赔费用，扣除应扣预付款、保留金及施工合同中约定的其它费用。

3. 工程款支付申请表应附：

(1)工程量清单。指本次付款申请中的经专业监理工程师验收合格工程的工程量统计报表(包括项目监理机构确认的工程变更)。

(2)清单计算方法。指按专业监理工程师签认的工程量及施工合同约定采用的有关定额的价款计算方法。

(3)其他和付款有关的证明文件和资料。

工程款支付申请表

B5.1　　　　　　　　　　　　　　　　　　　　　　编号：

工程名称		施工单位	

致：______________________________（监理单位）

我方已完成了______________________________工作，按施工合同的规定，建设单位在_____年_____月_____日前支付该项工程款共(大写)__________________________（小写__________），现报上__________工程付款申请表，请予以审查，并开具工程款支付证书。

附件：

1. 工程量清单；

2. 计算方法。

施工单位(公章)：__________________

项目经理(签字)：__________________

日　　期：__________________

3.3.5.2 工程款支付证书(B5.2)

1. 工程款支付证书是项目监理机构在收到承包单位的《工程款支付申请表》后，根据承包合同和有关规定审查复核后签署的用于建设单位应向承包单位支付工程款的证明文件，并报送建设单位。

2. 专业监理工程师对承包单位向监理机构填报的《工程款支付申请表》审核后，核定的工程款额为承包单位应得款，包括合同内工程款、工程变更增减费用、经批准的索赔费用等。

3. 根据承包合同的约定，本期应扣除的预付款、保留金及其他应扣除的工程款的总和为本期应扣款。

4. 经审核承包单位应得款扣除本期应扣款额的余额为本期应付款。

工程款支付证书

B5.2　　　　　　　　　　　　　　　　　　　　　　　　编号：

工程名称		施工单位	
致：____________________(设计单位) 根据施工合同的规定，经审核施工单位的付款申请和报表，并扣除有关款项，同意本期支付工程款共(大写)____________ 小写：__________)。请按合同规定及时付款。 其中： 1. 施工单位申请报款为：__________ 2. 经审核施工单位应得款为：__________ 3. 本期应扣款为：__________ 4. 本期应付款为：__________ 附件： 1. 施工单位的工程款支付申请表及附件； 2. 项目监理机构审查记录。 监理单位(公章)：__________ 总监理工程师(签字)：__________ 日　　期：__________			

3.3.5.3 费用索赔报审表(B5.3)

1. 费用索赔报审是承包单位向建设单位提出费用索赔的报审，报项目监理机构审查、确认和批复。

2. 承包单位提出费用索赔符合《建设工程监理规范》GB50319－2000 第 6.3.2 条的规定时，总监理工程师应予以受理，并应与建设单位、承包单位进行协商。

3. 专业监理工程师应对所报资料审查，与监理同期记录核对、计算，并将审查情况报告总监理工程师。总监理工程师应分别与建设单位、承包单位协商，达成索赔意见，并商定索赔金额。同意或不同意索赔都应说明理由和依据。

4. 总监理工程师应在施工合同约定的期限内签发《费用报审表》，或发出要求承包单位提交有关费用索赔的进一步详细资料的通知。

费用索赔报审表

B5.3　　　　　　　　　　　　　　　　　　　　　　　　　　编号：

工程名称		施工单位	
致：____________________(监理单位) 根据施工合同条款________条的规定，由于________________的原因，我方要求索赔金额(大写)________________元，请予以批准。 附件： 1. 索赔的详细理由及经过； 2. 索赔金额的计算； 3. 证明材料。 施工单位(公章)：________ 项目经理(签字)：________ 日　　期：________			
审查意见： □ 不同意此索赔。 □ 同意此索赔。金额为(大写)________________ 监理单位(公章)：________ 总监理工程师(签字)：________ 日　　期：________			

3.3.5.4 工程竣工结算审核意见书(B5.4)

1. 工程竣工结算审核意见书指总监理工程师签发的工程竣工结算文件或提出的工程竣工结算合同争议的处理意见。

2. 工程竣工结算审查应在工程竣工报告确认后依据承包合同及有关规定进行。

3. 竣工结算审查程序应符合《建设工程监理规范》GB50319－2000 第 5.5.2 条的规定。当工程竣工结算的价款总额与建设单位和承包单位无法协商一致时,应按《建设工程监理规范》GB50319－2000 第 6.5 节的规定进行处理,提出工程竣工结算合同争议处理意见。

4. 工程竣工结算审核意见书应包括下列内容:

(1)合同工程价款、工程变更价款、费用索赔合计金额、依据合同规定承包单位应得的其他款项;

(2)工程竣工结算的价款总额;

(3)建设单位已支付工程款、建设单位向承包单位的费用索赔合计金额、质量保修金额、依据合同规定应扣承包单位的其他款项;

(4)建设单位应支付金额。

3.3.6 合同管理资料

3.3.6.1 合同变更单(B6.1)

1. 合同变更资料包括施工过程中建设单位与承包单位的合同补充协议和合同解除有关资料。

2. 承包合同解除必须符合法律程序,合同解除时项目监理机构依据《建设工程监理规范》GB50319－2000 第 6.6 节的规定处理善后工作,并详实记录处理的过程和有关事项等。

合同变更单

B6.1　　　　编号:

<table>
<tr><td>工程名称</td><td></td><td>施工单位</td><td></td></tr>
<tr><td colspan="4">致:________________________________(监理单位)
由于________________________________原因,兹提出______
________________________工程变更(内容见附件),请予以审批。

附件:
提出单位(公章):______________
提出单位负责人(签字):______________
日　期:______________</td></tr>
<tr><td colspan="4">审查意见:</td></tr>
<tr><td>建设单位(签章)</td><td>设计单位(签章)</td><td>监理单位(签章)</td><td>承包单位(签章)</td></tr>
<tr><td>代表签字:
日期:</td><td>代表签字:
日期:</td><td>代表签字:
日期:</td><td>代表签字:
日期:</td></tr>
</table>

3.3.6.2 合同争议、违约报告及处理意见(B6.2)

1. 工程实施过程中出现合同争议时,项目监理机构为调解合同争议所达成(提出)的处理意见。

2. 合同争议的调解应符合《建设工程监理规范》GB50319－2000 第6.5节的规定。

3. 合同争议处理意见由总监理工程师签字盖章,并在施工合同约定的时间内送达建设单位和承包单位。

3.4 思考题

1. 简述监理规划的基本内容。
2. 简述监理实施细则的编制依据。
3. 简述监理日记的主要内容。
4. 简述审查分包单位资格的内容。
5. 简述旁站监理应记录的内容。
6. 简述工程竣工总结的内容。

4 施工资料(C类)

学习要求：

1. 了解施工资料(C类)管理的基本要求
2. 熟悉施工资料(C类)的主要内容
3. 掌握施工资料(C类)的编写、收集和整理

4.1 施工资料管理流程

4.1.1 施工技术资料管理流程

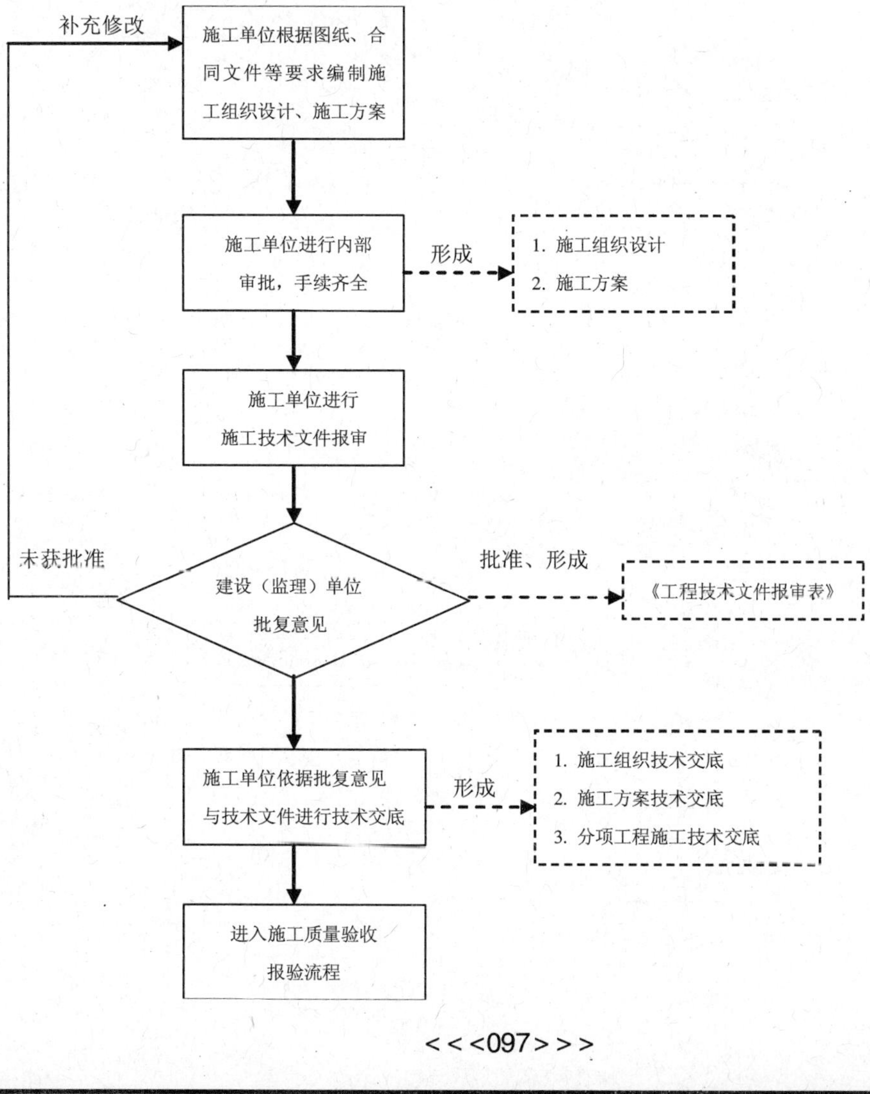

4.1.2 施工物资资料管理流程

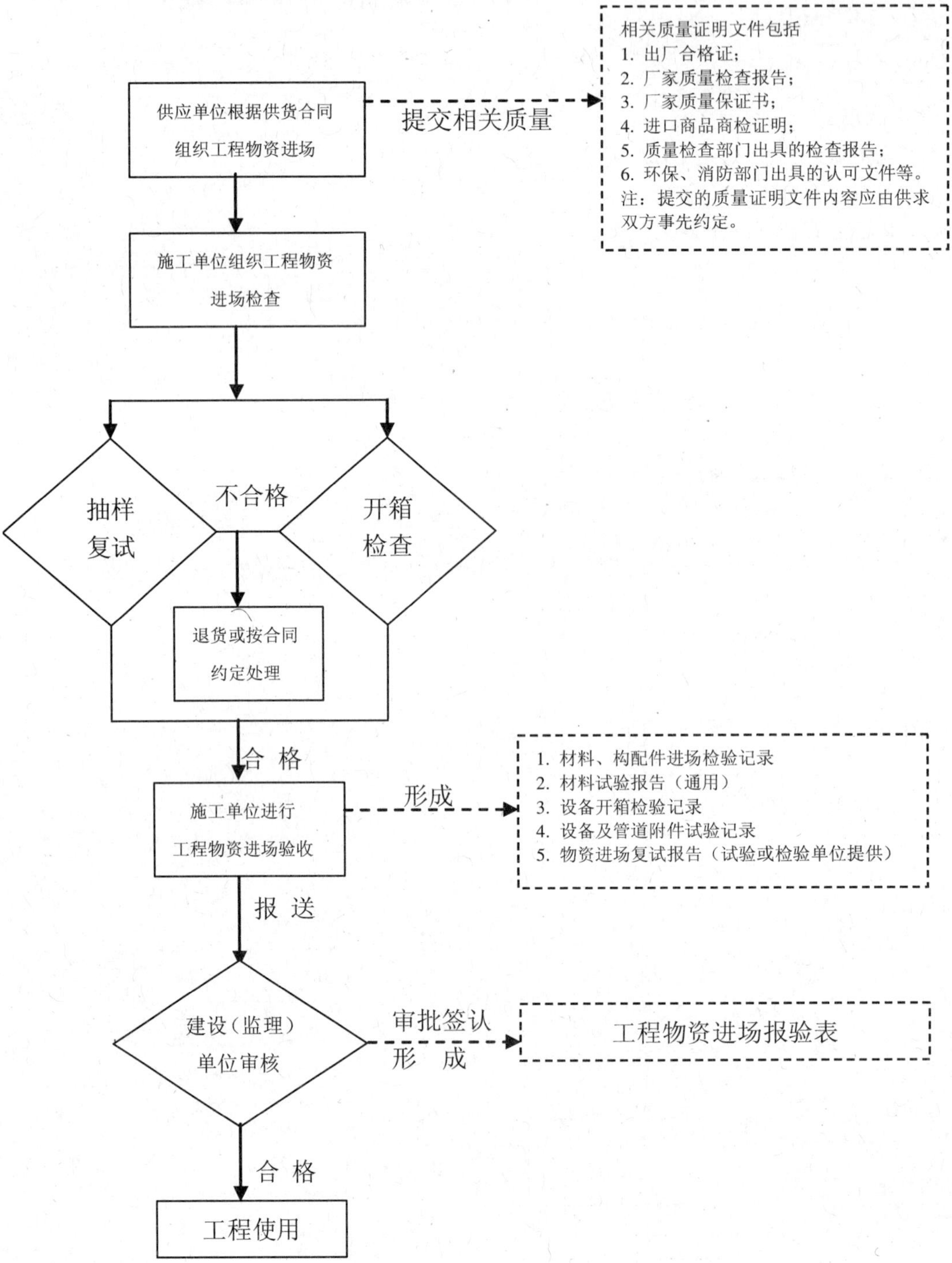

4.2 施工资料管理基本要求

1. 施工资料内容和种类繁多,由施工单位负责形成。其中部分资料需要监理、设计、勘察单位签认。

2. 施工单位应当按照法律法规和规范标准的要求,高度重视工程资料管理,配备专职的工程资料管理人员。

3. 施工单位的资料管理人员应负责及时收集各个环节所形成的文件资料,并按类别、形成时间进行登记、立卷、保管。

4. 施工中,应按照规定接受有关单位的检查。

5. 工程竣工后,施工单位应按规定将施工资料移交给建设单位。

4.3 地基与基础工程资料管理

4.3.1 工程技术管理资料

4.3.1.1 开工报告(C1.1)

1. 开工报告是建设单位与施工单位共同履行基本建设程序的证明文件,是施工单位承建工程施工工期的证明文件。

2. 单位工程开工前,建设单位、监理单位和施工单位在完成下列准备工作后,由施工单位填写《开工报告》,报请监理、建设单位审批。条件具备,由监理单位总监理工程师、建设单位项目法人签字,加盖公章后即可开工。

(1)由建设单位完成的准备工作:

1)施工现场应具备“三通一平”条件,场地平整,道路畅通,水源、电源接引至工地。若不具备上述条件,可作为施工合同工程内容的一部分。

2)与施工单位(法人单位)签订建设工程施工合同。

3)已向工程所在地建设行政主管部门申请领取施工许可证。

(2)由监理单位完成的准备工作:

总监理工程师在开工前对施工单位的资质、劳务资质、质量保证体系等进行审查;对现场项目经理资质、技术负责人、质检员等管理人员进行资格审查。对现场管理制度、质量责任制、工程质量检验制度、主要专业工种操作人员上岗证和合格证、施工图审查情况、地质勘察资料、施工组织设计(方案)审批、施工技术标准引用、搅拌站及计量装置、现场材料设备存放与管理等,进行认真核查,填写《施工现场质量管理检查记录》表的验收结论并签字认可。

(3)由施工单位完成的准备工作:

1)施工图纸预审和参与会审。

2)编制施工组织设计(方案)和专项工程施工安全技术方案,履行了审批手续。

3)编制工程预算造价或计划造价。

4)按施工材料需用量计划,准备钢材、水泥等主要材料和设备。

5)按施工机具需用量计划,备好机械及工具。

6)按劳动力需用量计划,组织施工队伍进场,并进行了入场教育。

7)填写了《施工现场质量管理检查记录》。

开 工 报 告

C1.1　　　　　　　　　　　　　　　　　　　　　　　　　　　编号:

<table>
<tr><td>工程名称</td><td colspan="3"></td><td>施工单位</td><td colspan="3"></td></tr>
<tr><td>分包项目</td><td colspan="3"></td><td>分包单位</td><td colspan="3"></td></tr>
<tr><td>建筑面积</td><td>m^2</td><td>层数</td><td></td><td>结构类型</td><td></td><td>中标价格</td><td>万元</td></tr>
<tr><td>合同工期</td><td>天</td><td>计划开工日期</td><td colspan="2"></td><td>计划竣工日期</td><td colspan="2"></td></tr>
<tr><td>合同编号</td><td></td><td>施工许可证</td><td colspan="2"></td><td>承包方式</td><td colspan="2"></td></tr>
<tr><td rowspan="9">开工条件</td><td colspan="4">施工图纸预审和会审情况</td><td colspan="3"></td></tr>
<tr><td colspan="4">施工组织设计(方案)审批情况</td><td colspan="3"></td></tr>
<tr><td colspan="4">材料、设备准备情况</td><td colspan="3"></td></tr>
<tr><td colspan="4">施工现场质量管理情况</td><td colspan="3"></td></tr>
<tr><td colspan="4">三通一平情况</td><td colspan="3"></td></tr>
<tr><td colspan="4">施工队伍进场情况</td><td colspan="3"></td></tr>
<tr><td colspan="4">施工机械进场情况</td><td colspan="3"></td></tr>
<tr><td colspan="4">工程预算编审情况</td><td colspan="3"></td></tr>
<tr><td colspan="4">其他情况</td><td colspan="3"></td></tr>
<tr><td colspan="8">上述准备工作就绪,定于__________________正式开工,请建设、监理单位于__________前进行审核,特此报告。
施工单位:______________________________　(公章)
项目经理(签字):__________　日期:__________</td></tr>
<tr><td colspan="4">监理单位审核意见:

总监理工程师(签字):__________　(公章)
日　期:__________</td><td colspan="4">建设单位审核意见:

项目负责人(签字):__________　(公章)
日　期:__________</td></tr>
</table>

4.3.1.2 施工单位资质证书(C1.2)

1. 承担工程施工的建筑企业的资质等级及许可范围必须与所承担的工程规模相一致。施工单位资质材料应包括企业资质等级证书、特殊行业施工许可证、外地企业进本省承包备案表等。

2. 实行总包与分包的工程,工程的分包单位应具有相应资质。如钢结构工程施工单位应具备相应的钢结构工程施工资质,后张法预应力工程的施工应由具有相应资质等级的预应力专业施工单位承担,地下防水工程必须由具有相应资质的专业队伍进行施工。

4.3.1.3 施工项目经理部及管理人员名单(C1.3)

1. 施工单位必须在施工现场设立项目经理部。项目经理部的组织形式应根据施工项目的规模、工程结构复杂程度、专业特点、人员素质等确定。

2. 施工单位应当建立质量责任制,确定工程项目的项目经理、技术负责人,项目经理必须取得与工作规模相适应的建造师资格证书。施工项目经理部的管理人员应持有建设行政主管部门或其指定单位颁发的岗位证书。

3. 施工单位应将项目经理部的组织形式、人员构成及对项目经理的任命书面通知建设单位。施工项目从开工到竣工,施工单位不得随意调整项目经理及管理人员,如需要调整时,其中项目经理应征得建设单位同意,并书面通知建设、监理单位和有关部门。

施工项目经理部及管理人员名单

C1.3　　　　　　　　　　　　　　　　　　　　　　编号:

<table>
<tr><td>工程名称</td><td colspan="2"></td><td>施工单位</td><td colspan="3"></td></tr>
<tr><td>法定代表人</td><td></td><td>技术部门
负责人</td><td></td><td>质量部门
负责人</td><td colspan="2"></td></tr>
<tr><td>姓名</td><td>项目职务</td><td>职称</td><td>专业</td><td>证件名</td><td>证件号</td><td>备注</td></tr>
<tr><td></td><td>项目经理</td><td></td><td></td><td></td><td></td><td></td></tr>
<tr><td></td><td>项目副经理</td><td></td><td></td><td></td><td></td><td></td></tr>
<tr><td></td><td>项目技术负责人</td><td></td><td></td><td></td><td></td><td></td></tr>
<tr><td></td><td>专职质量员</td><td></td><td></td><td></td><td></td><td></td></tr>
<tr><td></td><td>施工员</td><td></td><td></td><td></td><td></td><td></td></tr>
<tr><td></td><td></td><td></td><td></td><td></td><td></td><td></td></tr>
<tr><td colspan="7">上述人员是我单位　　　　　　　　工程配备的项目施工管理人员,请建设(监理)单位审核。

企业技术负责人:　　　　　　　　　　　　　　　　(公章)
企业法人代表:　　　　　　　　　　　　　　　　　年　月　日</td></tr>
<tr><td colspan="7">审核意见:
建设单位项目负责人(总监理工程师)　　　　　　　　(公章)
　　　　　　　　　　　　　　　　　　　　　　　　年　月　日</td></tr>
</table>

4.3.1.4 特种作业人员名单(C1.4)

1. 特种作业人员应按规定经考核后持证上岗。如焊工必须经考试合格并取得合格证书，持证焊工必须在其考试合格项目及其认可范围内施焊。

2. 特种作业人员的岗位证书或合格证应留复印件。复印件上应加盖施工单位的公章。

4.3.1.5 施工技术标准(C1.5)

1. 施工现场质量管理应有相应的施工技术标准、质量控制及检验制度。

2. 施工技术标准是企业进行具体施工操作的方法和规则，主要包括国家规范规程、行业标准、地方标准及企业施工工法、工艺标准、工作标准等。

4.3.1.6 施工现场质量管理检查记录(C1.6)

1. 在正式施工前，施工项目经理部应建立现场各项管理制度，健全质量管理体系，具备相应的施工技术标准，施工图审查、地质勘察报告及其他施工技术文件。

2. 对各专业分包单位和工程分段施工，应分别检查施工现场质量管理情况，并做好施工现场质量管理检查记录。

3. 施工单位项目负责人应填写《施工现场质量管理检查记录》，报项目总监理工程师或建设单位项目负责人检查，做出检查结论。

4.3.1.7 施工组织设计、施工(调试)方案(C1.7)

1. 为工程的实施，施工单位应做好施工组织、施工工艺、机具、劳力、材料及施工措施的施工组织设计、施工(调试)方案。

2. 大中型建设项目应编制施工组织总设计。规模较大、工艺复杂的工程、群体工程或分期出图工程，可分阶段编制施工方案或施工组织设计。

3. 冬季、雨季季节性施工，主要分部、分项工程，重点部位、采用新技术及特殊工艺的关键工序，应编制专项工程施工安全技术方案。

4. 建筑安装工程的重要设备、系统调试，空载和负荷运行应编制安装调试、试运行方案。

5. 施工组织设计、施工(调试)方案的主要内容：

(1)工程概况；

(2)施工准备工作计划；

(3)施工方案及相应的管理、技术、组织措施；

(4)施工进度计划；

(5)各项资源需要量计划(如劳动力、材料、机具需用量计划)；

(6)施工总平面图；

(7)主要质量、安全措施；

(8)质量验收计划(包括检验批的划分)，施工试验计划。

6. 施工组织设计应在正式施工前编制完成，并以施工单位内部审核、审批，再报项目监理机构审批后实施。不同规模工程的施工组织设计编制与审批如下：

(1)省及国家重点工程，50000m^2 及期以上的建筑群，高度 80M 及其以上的高层建筑，基坑深度 5M 及其以下的建筑(构筑)工程，单体 30000m^2 及其以上的房屋建筑工程或跨度 30M 及其以上的工业厂房，施工组织设计由企业技术部门组织编写，并与其他有关部门会审后，经公司总工程师和生产副经理共同审定,并签字批准。

施工现场质量管理检查记录

C1.6　　　　　　　　　　　　　　　　　　　　　　　　编号:

工程名称		施工许可证	
建设单位		项目负责人	
设计单位		项目负责人	
监理单位		总监理工程师	
施工单位		项目经理	
项目技术负责人		检查日期	

序号	项　　目	内　　容
1	现场质量管理制度	
2	质量责任制	
3	主要专业工种操作上岗证书	
4	分包方资质与对分包单位的管理制度	
5	施工图审查情况	
6	地质勘察资料	
7	施工组织设计、施工方案及审批	
8	施工技术标准	
9	工程质量检验制度	
10	现场材料、设备存放与管理	
11	搅拌站及计量设置	
12	检测设备、计量仪表检验	
13		
说明		

检查结论: 项目经理: 日期:	验收结论: 总监理工程师: (建设单位项目负责人) 日期:

(2)上述范围以外的建设项目或单项工程的施工组织设计，由分公司(处、队)组织编制，并经分公司生产、技术副经理共同审定签字批准，报公司备案。

(3)施工项目部应负责施工组织设计(方案)的具体编制。

7. 施工组织设计(方案)经审批后，必须认真执行。如遇施工条件等因素变化而必须修改施工组织设计时，仍需按原审批程序履行审批手续。

4.3.1.8 新材料、新产品、新工艺、新技术施工记录(C1.8)

1. 凡应用的新材料、新产品、新工艺、新技术，必须有鉴定证明，应有产品质量标准、使用说明和工艺要求，使用前应按其质量标准进行检验。

新材料、新产品、新工艺、新技术施工记录

C1.8　　　　　　　　　　　　　　　　　　　　　　　　　　编号：

<table>
<tr><td colspan="2">工程名称</td><td colspan="2"></td><td>建设单位</td><td></td></tr>
<tr><td colspan="2">总承包单位</td><td colspan="2"></td><td>分包单位</td><td></td></tr>
<tr><td colspan="2">四新名称</td><td colspan="4"></td></tr>
<tr><td colspan="2">技术(性能)简述</td><td colspan="4"></td></tr>
<tr><td colspan="3">监理(建设)单位批复通知文号</td><td colspan="3"></td></tr>
<tr><td colspan="2">工程使用部位</td><td colspan="2"></td><td>工程量</td><td></td></tr>
<tr><td colspan="2">效果简述</td><td colspan="4"></td></tr>
<tr><td colspan="6">新应用施工记录：</td></tr>
<tr><td rowspan="3">签字栏</td><td colspan="2">监理(建设)单位(签章)</td><td colspan="3">施工单位(签章)</td></tr>
<tr><td colspan="2">专业监理工程师(专业负责人)</td><td>专业技术负责人</td><td>质检员</td><td>记录人</td></tr>
<tr><td colspan="2">日期：</td><td>日期：</td><td>日期：</td><td>日期：</td></tr>
</table>

(1)新材料、新产品的鉴定证明。新材料、新产品必须经有资质的检测机构检测鉴定,并由省级以上部门签发鉴定证明。鉴定证明必须包括材料、产品名称,生产厂家名称或产地,组成成分、性能测试数据、适应范围等内容。

(2)新材料、新产品的质量标准、使用说明和工艺要求。新材料、新产品的质量标准、使用说明和工艺要求是进场新材料、新产品的检验依据,必须由生产厂家提供。使用单位应及时索取,作为施工技术资料存档。

(3)新材料、新产品的检验记录。新材料、新产品进场必须按其质量标准进行检验并做好检验记录,记录包括检验项目、取样方法和数量、检测数据、结论及参加单位人员的签章。

2. 凡属新材料、新产品、新工艺、新技术的施工,均必须由施工单位或专项施工单位按新材料、新产品、新工艺、新技术专项施工图或设计资料、提供的使用说明和工艺要求进行施工,填报新材料、新产品、新工艺、新技术施工记录表,并报建设、监理单位予以确认。

4.3.1.9 质量事故报告(C1.9)及处理记录(C1.10)

1. 工程质量事故指工程建设过程中或交付使用后,因勘察、设计、施工等过失造成工程质量不符合有关技术标准、设计文件以及施工合同规定的要求,需加固补强、返工、报废及造成人身伤亡或者重大经济损失的事故。

工程事故质量报告

C1.9　　　　　　　　　　　　　　　　　　　　　　　　编号:

<table>
<tr><td>工程名称</td><td colspan="2"></td><td>施工单位</td><td colspan="2">(公章)</td></tr>
<tr><td>建设单位</td><td colspan="2"></td><td>设计单位</td><td colspan="2"></td></tr>
<tr><td>结构类型</td><td></td><td>建筑面积</td><td>m^2</td><td>工程造价</td><td>万元</td></tr>
<tr><td>事故部位</td><td colspan="2"></td><td>报告日期</td><td colspan="2"></td></tr>
<tr><td>事故发生日期</td><td colspan="2"></td><td>事故等级</td><td colspan="2"></td></tr>
<tr><td>事故责任单位</td><td colspan="2"></td><td>事故性质</td><td colspan="2"></td></tr>
<tr><td>直接责任者</td><td></td><td>职务</td><td></td><td>预计损失</td><td></td></tr>
<tr><td colspan="6">事故经过和原因分析:</td></tr>
<tr><td colspan="6">事故初步处理意见:</td></tr>
<tr><td>单位技术负责人</td><td></td><td>专业负责人</td><td></td><td>项目经理</td><td></td></tr>
</table>

工程质量事故处理记录

C1.10　　　　　　　　　　　　　　　　　　　　　　　　编号：

<table>
<tr><td>工程名称</td><td colspan="3"></td><td>施工单位</td><td></td></tr>
<tr><td>事故部位</td><td colspan="3"></td><td>报告日期</td><td></td></tr>
<tr><td>事故简况</td><td colspan="5"></td></tr>
<tr><td>预计损失</td><td colspan="5">建筑：　　材料设备：　　人工费：　　伤亡：　　其他：</td></tr>
<tr><td colspan="6">事故处理经过：</td></tr>
<tr><td colspan="6">事故处理结果：

施工专业技术负责人：＿＿＿＿　质检员：＿＿＿＿　专业工长：＿＿＿＿</td></tr>
<tr><td rowspan="2">验收意见栏</td><td>建设单位</td><td>监理单位</td><td colspan="2">设计单位</td><td>施工单位</td></tr>
<tr><td>（公章）
日期：</td><td>（公章）
日期：</td><td colspan="2">（公章）
日期：</td><td>（公章）
日期：</td></tr>
</table>

2. 工程质量事故按其严重程度,按照建设部《工程建设重大事故报告和调查程序规定》,分为重大质量事故和一般质量事故。

3. 发生质量事故后,工程负责人应组织填写工程质量事故报告和工程质量事故处理记录。重大质量事故应在事故发生24h内写出局面报告,逐级上报;一般质量事故可按各单位的规定每月汇总上报。

4. 工程质量事故报告应由施工单位技术负责人、施工项目经理、专业技术负责人共同签字,并加盖施工单位公章。

5. 工程质量事故处理记录应由施工项目经理、专业技术负责人、质检员、施工工长签字。事故处理后由监理(建设)、设计、施工单位技术负责人共同对事故处理结果进行验收。填写验收意见并签字盖章。

4.3.1.10 施工技术交底记录(C1.11)

1. 施工技术交底记录包括施工组织设计交底、专项施工方案技术交底,分项工程施工技术交底,新材料、新工艺、新技术、新产品技术交底及设计变更技术交底等,各项交底应有文字记录,交底双方签认应齐全。

2. 技术交底应根据不同的工程对象,按施工组织设计和有关技术标准的要求,分别由企业总工程师、分公司(处、队)和项目技术负责人、专业工长进行。重点和大型工程施工组织设计交底应由施工企业或分公司(处、队)的技术负责人对项目主要管理人员进行交底。其他工程施工组织设计交底应由项目技术负责人进行。专项施工方案应由项目专业技术负责人向专业工长交底。专业工长必须按分项工程向参与施工的工人班组进行交底,并填写施工技术交底记录。

3. 交底内容应有针对性地详细记录,包括工程的施工图及有关技术要求,操作方法和保证质量、安全措施,新工艺、新材料的工艺标准和质量要求,混凝土、砂浆、防水材料等配合比,焊接程序和工艺参数等。

施工技术交底记录

编号:

工程名称		施工单位			
交底部位		工序名称			
交底提要:					
交底内容:					
交底人		接受交底人		交底日期	

4.3.1.11 施工日志(C1.12)

1. 施工日志是施工活动的原始记录,以单位工程为记载对象,主要记录单位工程有关技术、质量管理活动内容以及其他重大事项。

2. 从开工起至工程竣工止,施工人员应及时、准确逐日记载施工日志并签字,不得补记,不得隔页和扯页,保证内容的真实、连续和完整。

3. 施工日志可单独成册,每册封面应标明工程名称、册号、记录时间及建设、设计、监理、施工单位名称,并由项目经理签认。

4. 当日施工情况应记录分包单位、施工班组、施工内容、质量检查情况、班组负责人,生产、安全、质量存在问题和如何进行处理的。当日技术质量安全记录应记录设计变更、技术安全交底活动(会议),隐蔽工程质量检查情况,材料检验、试块留置、工序交接以及检验批验收情况,安全生产方面"三宝、四口、五临边"的安全措施是否到位,有无隐患,材料、机具、设备进场使用情况。

施工日志

C1.12　　　　　　　　　　　　　　　　　　　　　　　　　　第　　页

<table>
<tr><td>工程名称</td><td colspan="3"></td><td>施工单位</td><td></td></tr>
<tr><td>日期</td><td></td><td>天气</td><td></td><td>最低及最高气温</td><td></td></tr>
<tr><td>分部(项)工程</td><td>施工单位及班组</td><td>班组负责人</td><td>施工部位</td><td>施工内容</td><td>质量情况</td></tr>
<tr><td></td><td></td><td></td><td></td><td></td><td></td></tr>
<tr><td></td><td></td><td></td><td></td><td></td><td></td></tr>
<tr><td></td><td></td><td></td><td></td><td></td><td></td></tr>
<tr><td></td><td></td><td></td><td></td><td></td><td></td></tr>
<tr><td></td><td></td><td></td><td></td><td></td><td></td></tr>
<tr><td colspan="2">设计变更、技术交底</td><td colspan="4"></td></tr>
<tr><td colspan="2">隐蔽工程验收部位</td><td colspan="4"></td></tr>
<tr><td colspan="2">材料使用情况</td><td colspan="4"></td></tr>
<tr><td colspan="2">材料检验、试块留置</td><td colspan="4"></td></tr>
<tr><td colspan="2">工序交接检查情况</td><td colspan="4"></td></tr>
<tr><td colspan="2">机械使用情况</td><td colspan="4"></td></tr>
<tr><td colspan="2">安全</td><td colspan="4"></td></tr>
<tr><td colspan="2">其他</td><td colspan="4"></td></tr>
<tr><td colspan="6">存在问题及处理方法</td></tr>
<tr><td colspan="6"></td></tr>
</table>

记录人:

4.3.2 工程质量控制资料

4.3.2.1 图纸会审/洽商记录/设计变更

4.3.2.1.1 图纸会审记录（C2.1.1）

1. 工程开工前必须进行图纸会审。图纸会审应由建设单位组织设计、施工和监理单位技术负责人、项目(专业)负责人及有关人员进行会审。图纸会审一般按专业进行会审。

2. 图纸会审前,监理、施工单位应将各自提出的图纸问题及建议,按专业整理汇总报建设单位,由建设单位提交设计单位做好交底准备。

3. 会审时,设计单位应对监理、施工单位提出的图纸问题及建议进行交底和解答,可交底解决的应在图纸会审记录中明确,需要设计变更的应由设计单位出具设计变更通知单。

4. 图纸会审记录由施工单位整理,应将设计交底内容及图纸问题解答按专业(建筑、结构、给排水、采暖、电气、通风空调、智能建筑等)汇总、整理、形成图纸会审记录。

5. 图纸会审记录应由设计单位专业设计负责人,建设、监理和施工单位的项目技术负责人或相关专业负责人签字并加盖项目机构公章后,以给持有施工图纸的所有单位及部门,不得擅自在会审记录上涂改或变更其内容。

图纸会审记录

C2.1.1　　　　　　　　　　　　　　　　　　　　　　编号：

<table>
<tr><td>工程名称</td><td colspan="3"></td><td>日期</td><td colspan="2"></td></tr>
<tr><td>地点</td><td colspan="3"></td><td>专业名称</td><td colspan="2"></td></tr>
<tr><td>主持人</td><td colspan="3"></td><td>记录人</td><td colspan="2"></td></tr>
<tr><td>序号</td><td colspan="2">图号</td><td colspan="2">图纸问题</td><td colspan="2">会审记录</td></tr>
<tr><td></td><td colspan="2"></td><td colspan="2"></td><td colspan="2"></td></tr>
<tr><td>签字栏</td><td>建设单位(签章)
日期：</td><td colspan="2">监理单位(签章)
日期：</td><td colspan="2">设计单位(签章)
日期：</td><td>施工单位(签章)
日期：</td></tr>
</table>

4.3.2.1.2　洽商记录（C2.1.2）

1. 洽商记录是在施工过程中，由于设计图纸、设备材料供应、施工等原因，由提出单位向有关单位提出需对设计文件部分内容进行技术核定或修改而办理的洽商记载。

2. 洽商记录应按专业分别填写，内容应翔实，必要进附图，并注明修改图纸图号。

3. 洽商记录应由建设、设计、施工和监理等单位的代表签认，并加盖项目机构公章。

4. 设计单位如委托建设（监理）单位办理签认，应办理委托手续。

5. 涉及施工图重要部位的修改和洽商，应经设计单位专业负责人签认并加盖公章。

6. 分包单位提出的有关工程洽商应经总包单位签认后办理。

洽商记录

C 2.1.2　　　　　　　　　　　　　　　　　　　　　　编号：

<table>
<tr><td>工程名称</td><td colspan="2"></td><td>洽商时间</td><td></td></tr>
<tr><td>洽商主题</td><td colspan="2"></td><td></td><td></td></tr>
<tr><td>洽商地址</td><td colspan="2"></td><td>洽商主持人</td><td></td></tr>
<tr><td colspan="5">洽商内容：</td></tr>
<tr><td>洽商结果</td><td colspan="4"></td></tr>
<tr><td rowspan="2">签字栏</td><td>建设单位（签章）</td><td>施工单位（签章）</td><td>监理单位（签章）</td><td>设计单位（签章）</td></tr>
<tr><td>日期：</td><td>日期：</td><td>日期：</td><td>日期：</td></tr>
</table>

4.3.2.1.3　设计变更通知单(C2.1.3)

1. 设计变更通知单是施工过程中，由于设计图纸本身差错、设计图纸与实际情况不符、施工条件变化等，由设计单位发出的设计变更通知。

2. 参与工程建设各方不得任意变更施工图设计。当确实需要变更时，应与设计单位洽商，办理设计变更手续。

3. 设计单位下达设计变更通知单，内容应翔实，包括工程变更的详细内容、变更的依据、修改图纸的图号等，变更内容如无法用文字叙述清楚时，应附图说明或出具设计变更图。设计变更通知单应按专业办理。

4. 设计变更通知单应由设计专业负责人签认，对涉及结构及使用功能的改变，必须经设计单位核定签认并加盖公章。重大结构及使用功能改变，应经过施工图审查后，方可使用。

5. 各参建单位接到设计变更通知单后要及时下发给图纸持有人，并逐条修改图纸。

设计变更通知单

C2.1.3　　　　　　　　　　　　　　　　　　　　　　　　编号：

<table>
<tr><td colspan="2">工程名称</td><td colspan="2"></td><td>专业名称</td><td colspan="2"></td></tr>
<tr><td colspan="2">变更原因</td><td colspan="5"></td></tr>
<tr><td>序号</td><td colspan="2">图　号</td><td colspan="4">变　更　内　容</td></tr>
<tr><td></td><td colspan="2"></td><td colspan="4"></td></tr>
<tr><td colspan="2">建设单位(公章)：

日期：</td><td colspan="2">审核：

日期：</td><td colspan="2">项目负责：

日期：</td><td>设计：

日期：</td></tr>
</table>

主送单位：　　　　　　　　　　　　　　抄送单位：

4.3.2.2　原材料质量证明文件和进场复试报告

4.3.2.2.1　基本规定

1. 建筑工程采用的原材料、成品、半成品、构配件、器具和设备等均应有出厂质量证明文件

（包括产品合格证、质量合格证书、性能检测报告、产品生产许可证和质量保证书等）。质量证明文件反映材料、构配件、设备的品种、规格、数量、性能指标，并与实际进场物品相符。

2. 进口材料和设备等应有商检证明、中文版的质量证明文件、性能检测报告以及中文版的安装、维修、使用、试验要求等技术文件。

3. 涉及安全、卫生、环保的材料等应有相应资质的检测单位出具的性能检测报告，如压力容器、消防设备、生活供水设备、卫生洁具等。

4. 建筑装饰装修工程所用材料应符合国家有关建筑装饰装修材料有害物质限量标准《民用建筑工程室内环境污染控制规范》GB50325 的规定。

5. 建筑电气产品中被列入《实施强制性产品认证的产品目录》的，必须经过“中国国家认证认可监督管理委员会”认证，应有“中国强制认证（CCC）”标志，并在认证有效期内，符合认证要求方可使用。

6. 凡使用的新材料、新产品，应由省级以上具备鉴定资格的单位或部门出具鉴定证书，并委托国家认可的检测机构进行试验并出具性能检测报告，同时具有产品质量标准和试验要求，使用前应按其质量标准和试验要求进行检验或复验。新材料、新产品还应提供安装、维修、使用和工艺标准等相关技术文件。

7. 施工单位应收集整理供应单位和加工制造单位提供的质量证明文件，并在质量证明文件上注明进场数量，应有经办人签名并签署日期。如质量证明文件为复印件，复印件应字迹清楚，与原件内容致，并加盖原件存放单位公章，注明原件存放处。

8. 凡涉及安全、功能的材料或产品必须按相应工程质量验收规范的规定进行复验，并应经监理工程师检查认可。进场后需要进行复验的材料种类及项目应符合现行国家规范的规定。如无规定的，同一厂家生产的同一品种、同一类型的进场材料至少抽取一组样品进行复验，当合同另有约定时应按合同执行。

9. 涉及结构安全的有关材料须按有关规定进行见证取样检测。当合同约定或对材料的质量发生争议时可进行见证检测。检测委托单中见证人应签字，检测报告中应有见证人姓名。

10. 涉及结构安全和使用功能的材料需要代换且改变了设计要求时，应有设计单位签署的认可文件。

4.3.2.2.2　质量证明文件和复验报告汇总表（通用）（C2.2.0.1）

质量证明文件和进场复验报告汇总表是对用于工程的原材料、成品、半成品、构配件、器具和设备等出厂质量证明文件和进场复验报告及品种、规格、数量等进行分类整理汇总用表。

质量证明文件和复验报告汇总表（通用）

C2.2.0.1　　　　编号：

序号	名称	进场		合格证	出厂检验	进场复验	复验	主要使用部位
	规格品种	数量	时间	编号	报告编号	报告编号	结论	及有关说明

4.3.2.2.3 质量证明文件粘贴表(通用)(C2.2.0.2)

施工单位收集的各种原材料、成品、半成品、构配件、器具和设备等质量证明文件,应按单位工程分专业汇总粘贴在《质量证明文件粘贴表》上,由整理人签字并签署日期。

质量证明文件粘贴表(通用)

C2.2.0.2 编号:

(粘贴表)

整理人: 日期:

4.3.2.2.4 复验(试验)报告(通用)(C2.2.0.3)

1. 复验(试验)报告是为保证建筑工程质量对用于工程材料进行有关指标测试,由试验单位出具的试验证明文件。《复验(试验)报告》应由有相应资质的检测单位出具,试验、审核、签发人员应进行签字认证,并加盖"工程质量检测专用章"。

2. 凡按规范要求需做进场复验的材料、构配件,如未规定有专用复验(试验)报告的,可使用《复验(试验)报告》(通用),也可以由检测单位按下列要求提供表格。每份复验(试验)报告至少应包括以下信息:

(1)标题,例如"XXX 复验(试验)报告";

(2)实验室的名称,进行检验的地点(如果与实验室地址不同);

(3)检测报告的唯一性标识(如序号)和每页及总页数的标识;

(4)委托方的名称；

(5)被检测样品的说明和明确标识；

(6)检测样品的特性和状态；

(7)检测样品接收和进行检验的日期；

(8)对所采用检测方法的标识，或者对所采用的任何非标准方法的明确说明；

(9)涉及的抽样程序；

(10)对检测方法的任何偏离、增加或减少以及其他任何与特定的检验有关的信息，如环境条件；

(11)测量、检查和导出的结果（适当地辅以表格、图、简图和照片加以说明），以及对结果失效的证明；

(12)检测、校核和签发人员的签字，以及签发日期；

(13)如果适用，做出本结果仅对所检测样品有效的声明；

(14)未经实验室书面批准，不得复制检测报告的声明。

复验(试验)报告(通用)

C2.2.0.3　　　　　　　　　　　　　　　　　　　　　　　　编号：

<table>
<tr><td>工程名称</td><td colspan="4"></td><td colspan="2">施工单位</td><td colspan="4"></td></tr>
<tr><td>委托单位</td><td colspan="4"></td><td colspan="2">合同编号</td><td colspan="4"></td></tr>
<tr><td>见证单位</td><td colspan="4"></td><td colspan="2">见证人</td><td colspan="4"></td></tr>
<tr><td>试样名称</td><td></td><td colspan="2">规格型号</td><td colspan="2"></td><td colspan="2">委托编号</td><td colspan="3"></td></tr>
<tr><td>生产厂家</td><td></td><td colspan="2">出厂编号</td><td colspan="2"></td><td colspan="2">收样日期</td><td colspan="3"></td></tr>
<tr><td>检测设备</td><td></td><td colspan="2">检测环境</td><td colspan="2"></td><td colspan="2">检测日期</td><td colspan="3"></td></tr>
<tr><td colspan="5">使用部位</td><td colspan="2"></td><td colspan="4">代表批量</td></tr>
<tr><td>依据标准</td><td colspan="10"></td></tr>
<tr><td>序　号</td><td colspan="2">检测项目</td><td colspan="4">标准要求</td><td colspan="3">实测结果</td><td>单项结论</td></tr>
<tr><td></td><td colspan="2"></td><td colspan="4"></td><td colspan="3"></td><td></td></tr>
<tr><td></td><td colspan="2"></td><td colspan="4"></td><td colspan="3"></td><td></td></tr>
<tr><td></td><td colspan="2"></td><td colspan="4"></td><td colspan="3"></td><td></td></tr>
<tr><td></td><td colspan="2"></td><td colspan="4"></td><td colspan="3"></td><td></td></tr>
<tr><td></td><td colspan="2"></td><td colspan="4"></td><td colspan="3"></td><td></td></tr>
<tr><td></td><td colspan="2"></td><td colspan="4"></td><td colspan="3"></td><td></td></tr>
<tr><td>检 测
结 论</td><td colspan="8"></td><td>备 注</td><td></td></tr>
<tr><td colspan="6">说明：
复制本报告未加盖“检测报告专用章”或检测单位公章无效。
若对检测报告有异议，请于收到报告之日起十五日内向本检测机构提出，逾期不予受理。</td><td colspan="5">检测单位：
（检测专用章）
日期：</td></tr>
</table>

签发：　　　　　　　　　　校核：　　　　　　　　　　检测：

4.3.2.2.5 地基工程

4.3.2.2.5.1 灰土地基材料出厂质量证明和进场复验报告(C2.2.1.1)

灰土地基使用的土料、石灰或水泥(当水泥替代灰土中的石灰时)等材料应符合设计要求。土料应有有机含量、土颗粒粒径、含水量的进场复验报告。石灰应有石灰粒径等进场复验报告。水泥应有出厂质量证明和进场复验报告。

4.3.2.2.5.2 砂和砂石地基材料进场复验报告(C2.2.1.2)

砂和砂石地基使用的砂、石等原材料质量应符合设计要求,砂和砂石应有有机含量、含泥量、粒径、含水量的进场复验报告。

4.3.2.2.5.3 土工合成地基材料进场复验报告(C2.2.1.3)

土工合成材料地基施工前应对土工合成材料的物理性能(单位面积的质量、厚度、比重)、强度、延伸率等做进场复验,并应有复验报告。土、砂石料应有复验报告。

4.3.2.2.5.4 粉煤灰地基材料进场复验报告(C2.2.1.4)

粉煤灰地基施工前应检查粉煤灰材料,粉煤灰应有粉煤灰粒径、氧化铝及二氧化硅含量、烧失量、含水量的复验报告。

4.3.2.2.5.5 注浆地基材料出厂质量证明和进场复验报告(C2.2.1.5)

注浆地基浆液组成材料的性能应符合设计要求。注浆用水泥、砂、粘土、粉煤灰、水玻璃、化学浆液等应有质量证明和进场复验报告。

4.3.2.2.5.6 振冲地基材料进场复验报告(C2.2.1.6)

振冲地基施工前应检查填料粒径、含泥量,并有进场复验报告。

4.3.2.2.5.7 高压喷射注浆地基材料出厂质量证明和进场复验报告(C2.2.1.7)

高压喷射注浆地基施工前应检查水泥、外掺剂等的质量。水泥、外掺剂应有出厂质量证明和进场复验报告。

4.3.2.2.5.8 水泥搅拌桩地基材料出厂质量证明和进场复验报告(C2.2.1.8)

水泥搅拌桩地基施工前应检查水泥、外掺剂等的质量。水泥、外掺剂应有出厂质量证明和进场复验报告。

4.3.2.2.5.9 土和灰土挤密桩复合地基材料出厂质量证明和进场复验报告(C2.2.1.9)

土和灰土挤密桩复合地基施工前应对土和灰土的质量等做检查。土料应有有机质含量的进场复验报告。石灰应有石灰粒径等进场复验报告。

4.3.2.2.5.10 水泥粉煤灰碎石桩复合地基材料出厂质量证明和进场复验报告(C2.2.1.10)

水泥粉煤灰碎石桩复合地基使用的水泥、粉煤灰、砂及碎石等原材料应符合设计要求。水泥应有出厂质量证明和进场复验报告。砂及碎石应有进场复验报告。

4.3.2.2.5.11 夯实水泥土桩复合地基材料出厂质量证明和进场复验报告(C2.2.1.11)

夯实水泥土桩复合地基使用的水泥及夯实用土料的质量应符合设计要求。水泥应有出厂质量证明和进场复验报告。土料应有有机质含量、土料粒径、含水量等进场复验报告。

4.3.2.2.5.12 **砂桩地基材料进场复验报告**(C2.2.1.12)

砂桩地基施工前应检查砂料的含泥量及有机质含量等。砂应有含泥量、有机质含量进场复验报告。

4.3.2.2.6 **桩基础工程**

4.3.2.2.6.1 **静力压桩成品出厂合格证**(C2.2.1.13)

锚杆静压成品桩应有产品出厂合格证书,施工前应对成品桩做外观及强度检验。接桩用焊条或半成品硫磺胶泥应有产品合格证书,或送有关部门检验。

4.3.2.2.6.2 **预应力管桩出厂合格证**(C2.2.1.14)

先张法预应力管桩应有产品出厂合格证书,施工前应检查进入现场的成品桩质量。接桩用电焊条应有产品合格证书。

4.3.2.2.6.3 **混凝土预制桩出厂合格证**(C2.2.1.15)

混凝土预制桩应有产品出厂合格证书,采用工厂生产的成品桩时,桩进场后应进行外观及尺寸检查。桩在现场预制时,对原材料的要求应符合有关规定。

4.3.2.2.6.4 **钢桩出厂合格证**(C2.2.1.16)

钢桩应有产品出厂合格证书,施工前应检查进入现场的成品钢桩质量。

4.3.2.2.6.5 **混凝土灌注桩材料合格证、出厂检验报告和进场复验报告**(C2.2.1.17)

混凝土灌注桩施工前应对水泥、石子、钢筋等原材料进行检查,对原材料的要求应符合有关规定。

4.3.2.2.7 **地下防水工程**

4.3.2.2.7.1 **防水混凝土材料出厂合格证、质量检验报告和进场复验报告**(C2.2.1.18)

防水混凝土所用的水泥、砂、碎石或卵石、外加剂、粉煤灰等,其要求应符合有关规定。

4.3.2.2.7.2 **水泥砂浆防水层材料出厂合格证、质量检验报告和进场复验报告**(C2.2.1.19)

水泥砂浆防水层所用的水泥、砂、聚合物乳液、外加剂等,其要求应符合有关规定。

4.3.2.2.7.3 **卷材防水层材料出厂合格证、质量检验报告和进场复验报告**(C2.2.1.20)

卷材防水层所用卷材及主要配套材料应有出厂合格证、质量检验报告,应符合现行国家标准的规定。高聚物改性沥青防水卷材、合成高分子防水卷材应按《地下防水工程质量验收规范》GB50208 附录 A 和附录 B 的规定抽样复验,并应有复验报告。

4.3.2.2.7.4 **涂料防水层材料出厂合格证、质量检验报告和进场复验报告**(C2.2.1.21)

涂料防水层所用材料应有出厂合格证、质量检验报告,应符合现行国家标准的规定。沥青基防水涂料、无机防水涂料、有机防水涂料、胎体增强材料应按《地下防水工程质量验收规范》GB50208 附录 A 和附录 B 的规定抽样复验,并应有复验报告。

4.3.2.2.7.5 **塑料板防水层材料出厂合格证和质量检验报告**(C2.2.1.22)

塑料板防水层所用塑料板及配套材料应有出厂合格证、质量检验报告,应符合现行国家标准的规定。

4.3.2.2.7.6 **金属板防水层材料出厂合格证和质量检验报告**(C2.2.1.23)

金属板防水层所采用的金属板材和焊条(剂)应有出厂合格证、质量检验报告,应符合现行国家标准化的规定。

4.3.2.2.7.7 **细部构造材料出厂合格证、质量检验报告和进场复验报告**(C2.2.1.24)

细部构造所用止水带、遇水膨胀橡胶腻子止水条和接缝密封材料应有出厂合格证、质量检验报告,应符合现行国家标准的规定。改性石油沥青密封材料、合成高分子密封材料、高分子防水材料止水带、高分子防水材料遇水膨胀橡胶应按《地下防水工程质量验收规范》GB50208 附录 A 和附录 B 的规定抽样复验,并应有复验报告。

4.3.2.3 **施工试验记录**

4.3.2.3.1 **基本规定**

1. 施工试验记录是工程在施工过程中,按照设计要求和施工质量验收规范的规定进行施工试验、检测、测试、调试和检验,记录施工数据和计算结果并得出结论的资料。

2. 涉及结构安全的施工试验须按有关规定进行见证取样试验检测。当合同约定或对质量发生争议时可进行见证试验检测。检测委托单中见证人应签字,检测报告中应有见证人姓名。

3. 建筑设备在正式投入使用前,应按有关标准、规范、技术文件要求,对设备进行相应的调整、试验,并记录高速试验结果,填写施工试验记录。

4. 检测机构应具有相应的资质,专业检测人员应有在有效期内的岗位证书。试验记录由检测机构专业人员填写。试验意见和试验结论由检测机构负责人填写。试验记录需经专业(部监理工程师或建设单位项目专业(技术)负责人签字确认并加盖项目机构公章。

4.3.2.3.2. **施工试验报告汇总表**(C2.3.0.1)

施工试验报告汇总表是对工程的施工试验进行分类整理汇总用表。

4.3.2.3.3 ________________**施工试验报告(通用)**(C2.3.0.2)

1. 按照设计要求和规范规定应做施工试验,如本规程无相应施工试验报告表格的,可采用《________________施工试验报告(通用)》。

2. 由检测机构出具的施工试验报告,其要求见 4.3.2.2.4 条。

4.3.2.3.4 **地基工程**

4.3.2.3.4.1 **配合比试验报告**(C2.3.1.1)

灰土地基、砂和砂石地基应按设计要求进行配合比试验,并有配合比试验报告。

4.3.2.3.4.2. **压实系数试验报告**(C2.3.1.2)

灰土地基、砂和砂石地基、粉煤灰地基应进行压实系数试验,并有压实系数试验报告,压实系数应符合设计要求。

4.3.2.3.4.3 **地基承载力检测报告**(C2.3.1.3)

对灰土地基、砂和砂石地基、土工合成材料地基、粉煤灰地基、强夯地基、注浆地基、预压地基、振冲桩复合地基、高压喷射注浆桩复合地基、水泥土搅拌桩复合地基、土和灰土挤密桩复合地基、水泥粉煤灰碎石桩复合地基、夯实水泥土桩复合地基、砂桩地基必须进行地基承载力检测，并应有地基承载力检测报告，其竣工后的承载力必须达到设计要求的标准。

4.3.2.3.4.4　**地基强度检测报告**(C2.3.1.4)

强夯地基强度、注浆地基注浆体强度、砂桩地基强度必须进行地基强度检测，并有地基强度检测报告，其竣工后的地基强度必须达到设计要求的标准。

4.3.2.3.4.5　**桩体强度检测报告**(C2.3.1.5)

高压喷射注浆桩复合地基、水泥土搅拌桩复合地基、水泥粉煤灰碎石桩复合地基的桩体应进行强度检测，并有桩体强度检测报告，其桩体强度必须达到设计要求的标准。

4.3.2.3.4.6　**干密度试验报告**(C2.3.1.6)

土和灰土挤密桩复合地基桩体及桩间土干密度、夯实水泥土桩复合地基桩体干密度应进行试验，并有干密度试验报告，其干密度应达到设计要求的标准。

4.3.2.3.5　**桩基础工程**

4.3.2.3.5.1　**桩身质量检测报告**(C2.3.1.7)

桩身质量应进行检验。柱下3桩或3桩以下的承台抽检数量不得少于1根。设计等级为甲级或地质条件复杂、成桩质量可靠性较低的灌注桩，抽检数量不应少于总桩数的30%，且不得少于20根；其他桩基工程的抽检数量不应少于总数的20%，且不得少于10根。对端承型大直径灌注桩，应在规定的抽检桩数范围内，选用钻芯法或声波透射法对部分受检桩进行桩身完整性检测，抽检数量不应少于总桩数的10%。对混凝土预制桩用地下水位以上且终孔后经过核验的灌注桩，检验数量不应少于总桩数的10%，且不得少于10根。

4.3.2.3.5.2. **桩承载力检测报告**(C2.3.1.8)

工程桩应进行单桩承载力检测，并有检测报告。对设计等级为甲级的桩、地质条件复杂、桩施工质量可靠性低的桩、本地区采用的新桩型或新工艺的桩、挤土群桩施工产生挤土效应的桩，应采用静载荷试验的方法进行检验，检验桩数不应少于总数的1%，且不应少于3根，当总桩数少于50根时，不应少于2根。

4.3.2.3.5.3　**桩基检测报告技术审查认定书**(C2.3.1.9)

桩基工程单桩承载力和桩身质量检测报告须经省建设厅桩基报告认证小组技术认证审查后方有效，否则以无效报告论处。

4.3.2.3.5.4　**桩端持力层岩性检测报告**(C2.3.1.10)

嵌岩桩必须有桩端持力层的岩性检测报告。

4.3.2.3.6　**地下防水工程**

4.3.2.3.6.1　**混凝土试件抗渗试验报告**(C2.3.1.11)

对有抗渗要求的混凝土结构，应有混凝土试件抗渗试验报告，防水混凝土的抗渗压力必须符合设计要求。

4.3.2.3.6.2. **金属防水层金属板拼接焊缝无损检验报告**(C2.3.1.12)

金属板的拼接焊缝应进行外观检查，焊缝不得有裂纹、未熔合、夹渣、焊瘤、咬边、烧穿、弧坑、针状气孔等缺陷。如有疑义应进行无损检验,其要求应符合有关规定。

4.3.2.4 隐蔽工程验收记录

4.3.2.4.1 基本规定

1. 凡被下道工序所遮盖的重要部位或项目,必须在遮盖前按照质量验收规范进行隐蔽检查验收,并做隐蔽工程验收记录。

2. 隐蔽工程验收记录应分专业、分层、分段、分部位,按分项工程检验批填写。

3. 隐蔽工程验收时,施工单位必须附有关分项工程质量验收及检测资料,包括原材料出厂合格证明、试(复)验报告、质量验收记录等。

4. 隐蔽工程验收不符合要求进行返工处理的,处理后必须进行复查验收,并且办理复验手续,并做出复验结论。

5. 工程具备隐蔽验收条件后,应由施工单位报监理单位,验收时由专业技术负责人组织专业工长、质量检查员共同参加,验收后由监理单位专业监理工程师(建设单位项目专业技术负责人)签署验收意见及验收结论。

6. 凡未经过隐蔽工程验收或验收不合格品工程,不得进入下道工序施工。

4.3.2.4.2 隐蔽工程验收记录(通用)(C2.4.0.1)

隐蔽工程验收记录内容包括:位置、标高;图形、结构、尺寸;材质、品种、规格、数量;防腐、保温、焊接、接头、管盒固定、管口处理等,必要时应另附图说明示意。

4.3.2.4.3 土方工程隐蔽验收记录(C2.4.1.1)

土方工程应验收记录:基坑、基槽的开挖和回填;基底清理情况,基底标高,基底轮廓尺寸等;填方土料、冻土块含量与分层铺设厚度、夯压遍数、填土压实试验记录等。

4.3.2.4.4 基坑支护工程隐蔽验收记录(C2.4.1.2)

基坑支护工程应验收记录:锚杆、土钉的品种、规格、数量、位置、插入长度,钻孔直径、深度和角度;地下连续墙成槽宽度、深度、倾斜度,钢筋笼规格、位置;槽底清理、沉渣厚度,基础土质等;以及其他支护结构的施工情况并填写主要数据。

4.3.2.4.5 桩基工程隐蔽验收记录(C2.4.1.3)

桩基工程应验收记录:灌注桩的尺寸、位置、数量、成孔质量(包括沉渣厚度及清孔情况);钢筋笼制作;钢筋入孔的垂直度,保护层厚度;预制桩的外观质量、尺寸,锚筋规格、长度、形状等。

4.3.2.4.6 基础工程隐蔽验收记录(C2.4.1.4)

1. 砌体基础应验收记录:截面尺寸、轴线、埋深、标高、砌体组砌方法,圈梁、构造柱的外观和整体施工质量。

2. 混凝土垫层应验收记录:垫层截面尺寸、轴线、埋深、标高和施工质量等。

3. 变形缝应验收记录:沉降缝、伸缩缝和防震缝、后浇带的尺寸位置,构造形式及填充材料是否符合设计及规范要求。

4.3.2.4.7 地下防水工程隐蔽验收记录(C2.4.1.5)

地下防水工程应验收记录:卷材、涂料防水层的基层;变形缝、施工缝、后浇带、穿墙套管、埋设件等设置的形式和构造;防水材料规格、厚度、平整度、坡度、铺设方式、阴阳角处理、搭接密封处理等,蓄水试验情况。

4.3.2.5 施工记录

4.3.2.5.1 基本规定

1. 按照施工质量验收规范要求,对施工中重要工序,应对该施工过程或成品质量进行检查并填写施工记录。存在问题时应有处理建议。

2. 已做隐蔽检查记录表的重要工序,可不再做施工记录。

3. 施工记录由项目经理部的专业工长和专职质检员实施记录,由项目专业技术负责人审定。需报监理(建设)单位签认的应报监理(建设)单位签认。

4.3.2.5.2 ________施工记录(通用)(C2.5.0.1)

1. 按照施工质量验收规范要求,需在施工过程中进行必要记录的施工项目和内容,如未制定相应施工记录表格的,应采用《________施工记录(通用)》表。

2. 施工记录内容应包括:施工依据、施工材料及检(复)验、施工过程记录、施工试验、施工质量检验和发现的问题及处理意见等。

4.3.2.5.3 交接检验记录(C2.5.0.2)

1. 对不同施工单位之间、前一专业工程施工质量对后续专业工程施工产生直接影响时,相关施工单位、专业工种之间必须进行交接检验,并形成交接检验记录。

(1)某一分项(分部)工程完成后,由一个施工单位向另一个施工单位进行移交(如:支护与桩基分项工程完工后移交给土建施工单位进行结构施工,土建结构分部工程施工完成后移交给幕墙施工单位进行幕墙施工),应有交接检验记录;

(2)某一工序完成后,移交下道工序(如:防水专业施工队完成地下防水工程后移交给土建施工单位继续施工,总承包单位完成粗装修后移交给精装修单位施工),应有交接检验记录;

(3)工程施工未完,施工单位变换,则前任施工单位向后任施工单位办理交接检查,应有交接检验记录。

2. 移交单位、接收单位、施工总承包单位和监理单位共同对移交工程进行验收并对质量、工序要求、遗留问题、成品保护、注意事项等情况进行记录。

4.3.2.5.4 不合格项目处理记录(C2.5.0.3)

1. 对施工过程中使用的材料、施工工艺、工程质量等不符合要求的或有不合格项时,应进行整改处理,并填写《不合格项目处理记录》。

2. 不合格项目处理记录应指明材料、工艺、工程质量未达到要求所依据的标准、规程,规范条目,提出返工、返修、检验试验、鉴定等处理意见及处理结果。

3. 对不符合要求的或有不合格项的,应按下列规定进行处理:

(1)经返工重做或更换器具、设备的检验批,应重新进行验收。

(2)经有资质的检测单位鉴定能够达到设计要求的检验批,应予以验收。

(3)经有资质的检测单位检测鉴定达不到设计要求、但经原设计单位核算认可能够满足结构安全和使用功能的检验批可予以验收。

(4)经返修或加固处理的分项、分部工程,虽然改变外形尺寸但满足安全使用要求,可按技术处理方案和协商文件进行验收。

4.3.2.5.5 **测量、放线记录**

4.3.2.5.5.1 **工程定位测量放线记录**(C2.5.1.1)

1. 单位工程开工前,施工单位应根据建设单位提供的测绘部门的放线成果、红线桩及场地控制网(或建筑物控制网)、设计总平面图及水准点,对工程进行准确测量定位放线。

2. 工程定位测量,即测定建筑物的位置、主控轴线及尺寸、建筑物 ±0.000 绝对高程等内容完成后,测量人员应填写工程定位测量放线记录,并由质量检查员、专业工长签字,项目技术负责人核定签字,报监理(建设)单位复验和确认,无误后,监理(建设)单位代表签字并盖章,方可作为施工依据。

3. 工程定位测量放线记录中应将经纬仪、水准仪等仪器名称、型号、出厂编号标注清楚。定位测量示意图要标注准确,如指北针、轴线、坐标等,高程依据要求标注引出位置,标明基础主轴线之间的尺寸以及建(构)筑物与建筑红线或控制桩的相对位置。应测精度、平差情况及其他应说明的情况填写在备注栏。

4. 工程定位测量完成后,应由建设单位报请城建规划部门验线。

4.3.2.5.5.2 **基槽、基坑测量放线记录**(C2.5.1.2)

1. 基槽、基坑测量放线应在定位测量放线的基础上,依据建筑工程施工图设计给定的轴线、标高、位置进行测量放线。

2. 基槽、基坑测量应根据主控轴线、基底平面图、地基基础施工方案,测放建筑物基底外轮廓线、集水坑、电梯井坑、垫层标高、基槽断面尺寸等。

3. 在完成基槽、基坑测量放线后,由测量人员填写放线测量记录表,经质检员、专业工长校核并签字,专业技术负责人核定签字,报监理(建设)单位复验确认并签字盖章。

4. 测量放线示意图的内容包括:基底外轮廓线及断面;垫层标高;集水坑、电梯井等垫层标高、位置;示意图指北针方向等。

4.3.2.5.5.3 **桩基、支护测量放线记录**(C2.5.1.3)

1. 桩基、支护测量放线,应在工程定位测量的基础上,依据施工图设计给定的轴线、标高对桩基、支护桩进行测量放线。

2. 测定出的桩位之间尺寸必须进行复核,复核内容有:标准轴线桩点、平面控制网;校核引进现场施工用水准点;计算资料及成果图。

3. 测量示意图应绘出桩位、支护桩位示意图,标注主轴线之间尺寸,标明桩基、支护与控制桩相对位置,并绘出指北针。

4.3.2.5.6 **地基施工记录**

4.3.2.5.6.1 **施工勘察报告**(C2.5.1.4)

1. 地基基础工程施工前,地质勘察资料及工程附近管线、建筑物、构筑物和其他公共设施的构造情况不详细、不完备,应做施工勘察和调查,以确保工程质量及临近建筑的安全。

2. 施工勘察报告应包括下列主要内容:工程概况、目的和要求,原因分析,工程安全性评价,处理措施及建议。

4.3.2.5.6.2 **地基验槽记录**(C2.5.1.5)

1. 建筑物基槽开挖后,必须进行验槽。基底的土质必须符合设计要求。基土的承载力、稳定性以及主要的物理力学指标应与设计要求相符。

2. 地基验槽应检查以下内容:核对基坑的位置、平面尺寸、标高是否与设计要求相符;核对基坑土质和地下水情况是否与地质勘察报告相吻合;审查地基钎探记录,检查有否空穴、古墓、古井、防空掩体及地下埋设物的位置、深度、形状,是否需要处理以及处理范围及深度;审查桩基施工记录,检查沉桩过程对地基的影响,桩及支护的类型、数量、位置和桩体质量、桩基承载力检测报告。

3. 地基验槽应由施工单位专业技术负责人组织质量检查员、工长、班(组)长自检,合格后填写记录并签认,报请监理(建设)、设计、勘察单位核验并签字盖章。

4. 当地基验槽不符合设计要求时,应由勘察和设计单位提出处理意见。当需要进行地基处理的,设计单位应出具设计变更通知单。地基处理完后,施工单位应填写《地基处理验收记录》,再次报请有关各方进行地基验槽复查,签认核验意见。

4.3.2.5.6.3 **地基钎探记录**(C2.5.1.6)

1. 为了检验地基(基槽)浅导持力土层是否均匀一致,有无局部过软、过硬之处,并确定地基持力土层的容许承载力,基槽完成后应按设计要求或施工规范规定进行钎探,并做好记录。

2. 地基钎探记录应附钎探点平面布置图。钎探点平面布置图应标出钎探点布置及顺序编号。

3. 地基验槽时应先对钎探记录进行分析,凡锤击数较少或与周围差异较大的钎探点均应标注在钎探记录表上,验槽时对该部位进行重点检查。地基验槽后,应将地基需处理的部位、尺寸、标高情况,标注于钎探平面图上。

4.3.2.5.6.4 **地基处理验收记录**(C2.5.1.7)

1. 地基处理方案一般在验槽后由勘察单位提出资料和建议,设计单位进行设计。其内容应包括:工程名称、验槽时间、钎探记录分析,应说明实际地基与地质勘察报告是否相符合,标注清楚需要处理的部位,以及处理的具体方法和质量要求。

2. 地基处理的施工试验报告,应由有资质的检测机构提供,由施工单位专业技术负责人收集审核后归档。

3. 地基处理完毕,施工单位在自检合格的基础上填写地基处理验收记录。报建设(监理)单位、设计、勘察单位共同参加验收,由勘察、设计单位填写验收意见;参加验收人员应签字并加盖参加验收单位公章。

4.3.2.5.7 **地基处理施工记录**

4.3.2.5.7.1 **灰土地基施工记录**(C2.5.1.8)

施工过程中应检查记录分层铺设的厚度、分段施工时上下两层的搭接长度、夯实时加水量、夯压遍数、压实系数。

4.3.2.5.7.2 **砂和砂石地基施工记录**(C2.5.1.9)

施工过程中必须检查记录分层厚度、分段施工时搭接部分的压实情况、加水量、压实遍数、压实系数。

4.3.2.5.7.3 **土工合成材料地基施工记录**(C2.5.1.10)

施工过程中应检查记录清基、回填料铺设厚度及平整度、土工合成材料的铺设方向、接缝长度或接缝状况、土工合成材料与结构的连接状况等。

4.3.2.5.7.4 **粉煤灰地基施工记录**(C2.5.1.11)

施工过程中应检查记录基槽清底状况、铺筑厚度、碾压遍数、施工含水量控制、搭接区碾压程度、压实系数等。

4.3.2.5.7.5 **强夯地基施工记录**(C2.5.1.12)

施工前应检查记录夯锤重量、尺寸,落距控制手段,排水设施及强夯地基的土质。施工中应检查记录落距、夯击遍数、夯点位置、夯击范围。

4.3.2.5.7.6 **注浆地基施工记录**(C2.5.1.13)

施工前应掌握有关技术文件(注浆点位置、浆液配比、注浆施工技术参数、检测要求等)。浆液组成材料的性能应符合设计要求,注浆设备应确保正常运转。施工中应经常抽查记录浆液的配比及主要性能指标,注浆的顺序、注浆过程中的压力控制等。

4.3.2.5.7.7 **预压地基施工记录**(C2.5.1.14)

施工前应检查记录施工监测措施,沉降、孔隙水压力等原始数据,排水设施,砂井(包括袋装砂井)、塑料排水带等位置。堆载施工应检查记录堆载高度、沉降速率。真空预压施工应检查记录密封膜的密封性能、真空表读数等。

4.3.2.5.7.8 **振冲地基施工记录**(C2.5.1.15)

施工前应检查记录振冲器的性能,电流表、电压表的准确度及填料的性能。施工中应检查记录密实电流、供水压力、供水量、填料量、孔底留振时间、持有冲点位置,振冲器施工参数等(施工参数由振冲试验或设计确定)。

4.3.2.5.7.9 **高压喷射注浆地基施工记录**(C2.5.1.16)

施工前应检查记录水泥、外掺剂等的质量,桩位,压力表、流量表的精度和灵敏度,高压喷射设备的性能等。施工中应检查记录施工参数(压力、水泥浆量、提升速度、旋转速度等)及施工程序。

4.3.2.5.7.10 **水泥土搅拌桩地基施工记录**(C2.5.1.17)

施工前应检查记录水泥及外掺剂的质量、桩位、搅拌机工作及各种计量设备完好程度(主要是水泥浆流量计及其他计量装置)。施工中应检查记录机头提升速度、水泥浆或水泥注入量、搅拌桩的长度及标高。

4.3.2.5.7.11 **土和灰土挤密桩复合地基施工记录**(C2.5.1.18)

施工前应对土及灰土的质量、桩孔放样位置等做检查并记录。施工中应对桩孔直径、桩孔深度、夯击次数、填料的含水量等做检查并记录。

4.3.2.5.7.12 **夯实水泥桩复合地基施工记录**(C2.5.1.19)

施工中应检查记录孔位、水泥和土的配比、混合料含水量等。

4.3.2.5.7.13 水泥、粉煤灰、碎石(CFG)桩复合地基施工记录(C2.5.1.20)

施工中应检查记录桩身混合料的配合比、坍落度和提拔钻杆速度(或提拔套管速度)、成孔深度、混合料灌入量等。

4.3.2.5.7.14 砂、砂石桩地基施工记录(C2.5.1.21)

施工前应检查记录砂料的含泥量及有机质含量、样桩的位置等。施工中检查记录每要挟桩的桩位、灌砂(砂石)量、标高、垂直度等。

4.3.2.5.8 桩基施工记录

4.3.2.5.8.1 静力压桩施工记录(C2.5.1.22)

压桩过程中应检查压力、桩垂直度、接桩间歇时间、桩的连接质量及压入深度。重要工程应对电焊接桩的接头做10%的探伤检查。对承受反力的结构应加强观测。

4.3.2.5.8.2 预应力管桩施工记录(C2.5.1.23)

施工过程中应检查桩的贯入情况、桩顶完整状况、电焊接桩质量、桩体垂直度、电焊后的停歇时间。重要工程应对电焊接头做10%的焊缝探伤检查。

4.3.2.5.8.3 混凝土预制桩施工记录(C2.5.1.24)

施工中应对桩体垂直度、沉桩情况、桩顶完整状况、接桩质量等进行检查,对电焊接桩,重要工程应做10%的焊缝探伤检查。

必要时附平面位置图,图上要注明方向、轴线、各桩编号、位置、标高。出现问题的桩要注明情况,要标示打桩顺序及补桩情况。

4.3.2.5.8.4 钢(管)桩施工记录(C2.5.1.25)

施工中应检查钢桩的垂直度、沉入过程、电焊连接质量、电焊后的停歇时间、桩顶锤击后的完整状况。电焊质量除常规检查外,应做10%的焊缝探伤检查。

4.3.2.5.8.5. 干作业成孔灌注桩施工记录(C2.5.1.26)

施工中应对成孔、进入持力层深度、孔底沉渣厚度、桩位偏差、桩孔垂直度、放置钢筋笼、灌注混凝土等进行全过程检查,人工挖孔桩尚应复验孔底持力层土(岩)性。

4.3.2.5.8.6 泥浆护壁成孔灌注桩施工记录(C2.5.1.27)

施工中应对成孔、清渣、进入持力层深度、桩位偏差、桩孔垂直度、放置钢筋笼、灌注混凝土等进行全过程检查,还应经常测定泥浆的表观密度,并定期测定粘度、含砂率、胶体率。

4.3.2.5.8.7 套管成孔灌注桩施工记录(C2.5.1.28)

施工中应对沉桩情况、桩位偏差、桩孔垂直度、放置钢筋笼、灌注混凝土等进行全过程检查。

4.3.2.5.8.8 桩基工程桩位验收记录(C2.5.1.29)

1. 桩基工程施工结束后,应对桩位偏差进行验收,桩位偏差必须符合现行国家标准《建筑地基基础工程施工质量验收规范》GB 50202 的规定。验收时应测绘桩位偏差图,标示桩位偏差值,并由监理(建设)、施工单位共同签认。

2. 桩基工程的桩位验收,除设计有规定外,应按下述要求进行:

(1)当桩顶设计标高与施工场地标高相同时,或桩基施工结束后、有可能对桩位进行检查时,桩基工程的验收应在施工结束后进行。

(2)当桩顶设计标高低于施工场地标高,送桩后无法对桩位进行检查时,对打入桩可在每根桩桩顶沉至场地标高时,进行中间验收,待全部桩施工结束,承台或底板开挖到设计标高后,再做最终验收。对灌注桩可对护筒位置做中间验收。

3. 当桩位偏差不符合规范要求时,必须由设计单位进行设计复核,并提出处理技术意见和措施,出具设计变更通知。

4.3.2.5.9 土方工程施工记录

4.3.2.5.9.1 土方开挖施工记录(C2.5.1.30)

土方开挖施工过程中应检查平面位置、水平标高、边坡坡度、压实度、排水、降低地下水位系统,并随时观测周围的环境变化。

4.3.2.5.9.2 土方填方施工记录(C2.5.1.31)

土方填方施工过程中应检查排水措施,每层填筑厚度、含水量控制、压实程度。填筑厚度及压实遍数应根据土质,压实系数及所用机具确定。填方施工结束后,应检查标高、边坡坡度、压实程度等。

4.3.2.5.10 基坑支护和降水施工记录

4.3.2.5.10.1 基坑支护变形监控记录(C2.5.1.32)

在基坑开挖和支护结构使用期间,必须确保支护结构和基坑周围环境的安全,当设计有指标时,应以设计要求为依据进行过程监测,如设计无要求,应按现行国家标准《建筑地基基础工程施工质量验收规范》GB 50202 的规定对支护结构进行监测,并做好变形监测记录。监测记录内容包括基坑类别和围护结构的位移以及地面沉降。如果位移超出规范规定应立即会同勘察、设计、建设、监理等单位研究补救措施。

4.3.2.5.10.2 锚杆(土钉)成孔、安装、张拉施工记录(C2.5.1.33)

深基坑支护、山坡加固支护以及挡土墙工程等工程施工过程,选用锚杆(土钉)为锚固体时,施工单位应检查记录钻孔、安装锚杆和土钉、预应力锚杆张拉与锁定等各项技术指标。

4.3.2.5.10.3 锚杆(土钉)注浆及护坡混凝土施工记录(C2.5.1.34)

采用锚杆(土钉)加固深基坑、山坡、挡土墙,锚杆(土钉)注浆及护坡混凝土施工时,施工单位应对各项技术指标进行控制检查记录。

4.3.2.5.10.4 轻型(喷射)井点降水记录(C2.5.1.35)

采取轻型(喷射)井点降水的方法降低地下水时,施工单位应对施工过程中的各项技术指标进行检查记录,反映降水全过程的质量状况。

4.3.2.5.10.5 电渗井点降水记录(C2.5.1.36)

采取电渗井点降水的方法降低地下水时,施工单位应对施工过程的各项技术指标进行检查记录,反映降水全过程的质量状况。

4.3.2.5.10.6 管井井点降水记录(C2.5.1.37)

采取管井井点降水的方法降低地下水时,施工单位应对施工过程的各项技术指标进行检查记录,反映降水全过程的质量状况。

4.3.2.5.10.7 深井井点降水记录(C2.5.1.38)

采取深井井点降水的方法降低地下水时,施工单位应对施工过程中的各项技术指标进行检查记录,反映降水的质量状况。

4.3.2.5.11 地下工程(室)防水效果检查试验记录(C2.5.1.39)

1. 地下防水工程完成后,应对地下工程有无渗漏现象等进行检查验收并填写《地下工程(室)防水效果检查试验记录》。地下防水工程应按工程设计的防水等级标准进行验收,渗漏水量应符合现行国家标准《地下防水工程质量验收规范》GB 50208 规定。

2. 检查内容包括:裂缝、渗漏水大小、防水等级标准容许的渗漏水部位及处理意见等。发现渗漏水现象时,施工单位必须按实际情况,绘制地下工程“背水内表面的结构工程展开图”,作为地下防水工程验收必备文件。

4.3.3 工程质量验收资料

4.3.3.1 检验批、分项、(子)分部的划分

4.3.3.1.1 检验批、分项、(子)分部划分原则

1. 检验批划分原则

(1)原材料、构配件、设备按批量划分。

(2)施工按各工种、专业、楼层、施工段和变形缝划分。

(3)每个分项工程可以划分为 1 -n 个检验批。

(4)有不同层地下室的划分不同检验批。

(5)不同层楼面划分不同检验批。

(6)同一层按变形缝、区段和施工班组综合考虑划分。

(7)小型工程一般按楼层划分。

(8)安装工程按系统、组别划分。

(9)特种管道安装工程按不同压力段来划分。

(10)划分以便于质量控制和验收为原则

2. 分项工程划分原则

(1)按主要工种划分。如砌体、钢筋、模板、油漆等。

(2)按施工程序划分。如管道安装,管理防腐,管道绝热等。

(3)按材料的不同划分。如木门、防盗门、玻璃门等。

(4)分项工程包含几个工种。如装饰分项的护栏和扶手制作与安装。

(5)安装工程按工程类别、组别、工作压力、系统划分。

3. 分部工程划分原则

(1)按专业、部位划分。

(2)工程较大或较复杂可划分子分部。

(3)按材料种类、施工特点、施工程序、专业系统划分子分部。

4. 地基与基础分部划分原则

(1) ±0.00 以下结构和防水分项工程为基础分部。

(2)有地下室的工程,首层地面以下结构(含楼板、现浇板)为基础分部。

(3)没有地下室的工程,墙体以防潮层分界,室内以地面垫层以下分界。

(4)室内灰土,混凝土纳入地面装饰分部。

(5)地下室的地面,门窗,装饰纳入装饰分部。

4.3.3.1.2　地基与基础工程的子分部、分项工程划分内容

1. 地基与基础工程子分部、分项工程划分的内容

分部工程	子分部工程	分　项　工　程
地基与基础	无支护土方	土方开挖、土方回填
	有支护土方	排桩,降水、排水、地下连续墙、锚杆、土钉墙、水泥土桩、沉井与沉箱,钢及混凝土支撑
	地基处理子分部工程	灰土地基、砂和砂石地基,碎砖三合土地基,土工合成材料地基,粉煤灰地基,重锤夯实地基,强夯地基,振冲地基,砂桩地基,预压地基,高压喷射注浆地基,土和灰土挤密桩地基,注浆地基,水泥粉煤灰碎石桩地基,夯实水泥土桩地基。
	桩基	锚杆静压桩及静力压桩,预应力离心管桩,钢筋混凝土预制桩,钢桩,混凝土灌注桩(成孔、钢筋笼、清孔、水下混凝土灌注)。
	地下防水	防水混凝土,水泥砂浆防水层,卷材防水层,涂料防水层,金属板防水层,塑料板防水层,细部构造,喷锚支护,复合式衬砌,地下连续墙,盾构法隧道;渗排水、盲沟排水,隧道、坑道排水;预注浆、后注浆,衬砌裂缝注浆
	混凝土基础子分部工程	模板、钢筋、混凝土,后浇带混凝土,混凝土结构缝处理
	砌体基础	砖砌体,混凝土砌块砌体,配筋砌体、石砌体
	劲钢(管)混凝土	劲钢(管)焊接、劲钢(管)与钢筋的连接,混凝土
	钢结构	焊接钢结构、栓接钢结构、钢结构制作,钢结构安装,钢结构涂装

2. 地基基础工程各子分部工程与分项工程代号及相关表

分项工程 \ 子分部工程			01	02	03	04	05	06	07	08	09	10
			无支护土方	有支护土方	地基及基础处理	桩基	地下防水	混凝土基础	砌体基础	劲钢管砼	钢结构	
序号	名　　称											
1	土方开挖	010101	●									
2	土方回填	010102	●									
3	排桩墙支护(Ⅰ)(Ⅱ)	010201		●								
4	降水与排水	010202		●								
5	地下连续墙	010203		●								
6	锚杆及土钉墙支护	010204		●								
7	加筋水泥土桩墙支护	010205		●								
8	沉井与沉箱	010206		●								
9	钢或混凝土支撑	010207		●								
10	灰土地基	010301			●							
11	砂和砂石地基	010302			●							
12	土工合成材料地基	010303			●							
13	粉煤灰地基	010304			●							
14	强夯地基	010305			●							
15	振冲地基	010306			●							
16	砂桩地基	010307			●							
17	预压地基	010308			●							
18	高压喷射注浆地基	010309			●							
19	土和灰土挤密桩复合地基	010310			●							
20	注浆地基	010311			●							
21	水泥粉煤灰碎石桩复合地基	010312			●							

续表

子分部工程 / 分项工程			01 无支护土方	02 有支护土方	03 地基及基础处理	04 桩基	05 地下防水	06 混凝土基础	07 砌体基础	08 劲钢管砼	09 钢结构	10
22	夯实水泥土桩复合地基	010313			●							
23	水泥土搅拌桩地基	010314			●							
24	静力压桩工程	010401				●						
25	预应力管桩工程	010402				●						
26	混凝土预制桩(钢筋骨架)工程(Ⅰ)(Ⅱ)	010403				●						
27	钢桩工程(Ⅰ)(Ⅱ)	010404				●						
28	混凝土灌注桩工程(Ⅰ)(Ⅱ)	010405				●						
29	防水混凝土	010501					●					
30	水泥砂浆防水层	010502					●					
31	卷材防水层	010503					●					
32	涂料防水层	010504					●					
33	金属板防水层	010505					●					
34	塑料板防水层	010506					●					
35	细部构造	010507					●					
36	锚喷支护	010508					●					
37	复合式砌筑	010509					●					
38	地下连续墙	010510					●					
39	盾构法隧道	010511					●					
40	渗排水、盲沟排水	010512					●					
41	隧道、坑道排水	010513					●					
42	预注浆、后注浆	010514					●					
43	衬砌裂缝注浆	010515					●					

注:有●号者为该子分部工程所含的分项工程

4.3.3.2 检验批的验收

4.3.3.2.1.1 检验批验收流程

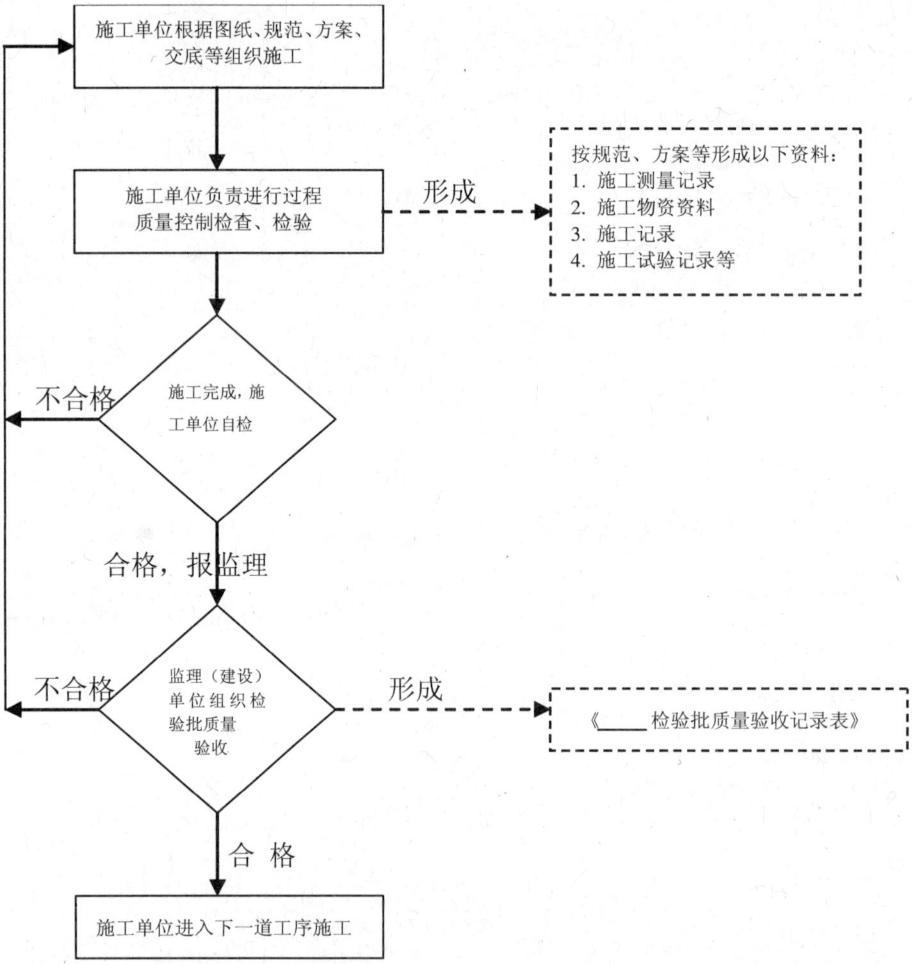

4.3.3.2.1.2 检验批验收组织程序

检验批施工完成,施工单位自检合格后,应由项目专业质量检验员填报《检验批质量验收记录表》。按照国家质量验收规范的规定,检验批质量验收应由监理工程师或建设单位项目专业技术负责人组织施工单位项目专业质量检查员进行验收并签认。

4.3.3.2.1.3 检验批验收的内容

1. 检验批验收的内容:主控项目和一般项目。
2. 检验批验收合格的条件:
(1)主控项目和一般项目的质量经抽样检验合格。
(2)具有完整的施工操作依据、质量检查记录。

4.3.3.2.1.4 检验批质量验收记录填写要求

1. 表头部分

(1)工程名称栏:按合同文件上的单位工程名称填写,子单位工程应标出该部分的位置。

(2)验收部分:指一个分项工程中同验收的那个检验批的抽样范围,要标注清楚。如二层①~⑨轴砌体。

(3)施工执行标准名称及编号:填写施工中质量验收时执行的地方标准或企业标准的名称及编号。如可以填写所采用的企业标准、地方标准、行业标准或国家标准。如果未采用上述标准,也可填写实际采用的施工技术方案等依据。注意此栏不应填写验收标准。

2."质量验收规范的规定"栏

在印制表格时预先印好主控项目、一般项目的全部内容。"质量验收规范的规定"栏制表时按4种情况印制:

(1)直接写入:将规范主控项目、一般项目的要求写入;

(2)简化描述:将质量要求作简化描述,作为检查提示;

(3)写入条文号:当文字较多时,只将条文号写入;

(4)写入允许偏差:对定量要求,将允许偏差直接写入。

当表内印不下具体要求时,也可以将具体要求即主控项目和一般项目印在表格的背面以方便使用。

3."施工单位检查评定记录"栏

(1)对定量检查项目,当检查点少时,可直接在表中填写检查数据。当检查点数较多填写不下时,可以在表中填写综合结论,如"共检查20处,平均4mm,最大7mm"、"共检查36处,全部合格"等字样。此时应将原始检查记录附在表后。

(2)对定性类检查项目,可填写"符合要求",或用符号表示,打"√"或打"×"。

(3)对既有定性又有定量的项目,当各个子项目均符合规范规定时,可填写"符合要求",或打"√",不符合要求时打"×"。

(4)在一般项目中,规范对合格点百分率有要求的项目,也可填写达到要求的检查点的百分率。无论是定性还是定量要求,应有80%以上检查点达到规范要求,其余20%的检查点应按各专业质量验收规范的规定执行。属于定量要求的,实际偏差最大不能超过允许偏差的1.5倍。但有些项目例外,如混凝土结构的钢筋保护层厚度,检查点合格率应为90%以上,对钢结构,实际偏差最大不能超过允许偏差的1.2倍。

属于定性要求的,应有80%以上的检查点达到规范规定。其余检查点按各专业质量验收规范的规定执行,通常规定不能有影响性能的严重缺陷。

有数据项目,将实际测量的数值填入格内,超过验收标准的数字用"△"圈住。如果超过企业标准但未超过国家验收标准的数字用"○"圈住。

(5)对混凝土、砂浆强度等级,可先填报告份数和编号,待试件养护至28天试压后,再对检验批进行判定和验收。应将试验报告附在验收表后边。

(6)主控项目不得出现"×",当出现打"×"时,应进行返工修理,使之达到合格。一般项目不得出现超过20%的检查点打"×",否则应进行返工修理。

(7)当采用计算机管理时,可以均采用打"√"或"×"。

4."施工单位检查评定结果"栏

施工单位自行检查评定合格后,由质量检查员填写。填写内容:可为"合格","符合要求",也可为"主控项目全部合格,一般项目符合要求"等。

质量检查员代表企业逐项检查评定合格后,应如实填表并签字,然后交监理工程师或建设单位项目专业技术负责人验收。

5."监理单位验收记录"栏

通常在验收前,监理人员应采用平行、旁站或巡回等方法进行监理,对施工质量抽查,对重要项目作见证检测,对新开工程、首件产品或样板间等进行全面检查。以全面了解所监理工程的质量水平、质量控制措施。在检验批验收时,监理工程师应与施工单位质量检查员共同检查验收。监理人员应对主控项目、一般项目按照验收规范的规定逐项抽查验收。应注意:监理工程应该独立得出是否符合要求的结论,并对得出的验收结论承担责任。

对符合验收规范的项目,填写"合格"或"符合要求",对不符合验收规范规定的项目,暂不填写,待处理后再验收,但应做出标记。

6."监理单位验收结论"栏

检验批验收表的最后一栏是"监理单位验收结论",该栏应由监理工程师或建设单位专业技术负责人填写。填写前,应对"主控项目"、"一般项目"按照验收规范的规定逐项抽查验收,独立得出验收结论。认为验收合格,应在"监理单位验收结论"栏签注"同意验收"的意见。如果检验批中含有混凝土、砂浆试件强度验收等内容,应待试验报告出来后再作判定。

4.3.3.2.1.5 检验批质量验收记录填写范例

土方开挖工程检验批质量验收记录表

GB50202－2002　　　　　　　　　　　　　　　　010101□□

01

单位(子单位)工程名称			××市××花园8号楼															
分部(子分部)工程名称			地基与基础分部												验收部位			基槽
施工单位			××市第一建筑工程公司												项目经理			×××
施工执行标准名称及编号			QB/T 010101 土方开挖工艺标准															
分包单位															分包项目经理			
施工质量验收规范的规定								施工单位检查评定记录										监理(建设)单位验收记录
项目			允许偏差或允许值(mm)															
			柱基基坑基槽	挖方场地平整 人工	挖方场地平整 机械	管沟	地(路)面基层											
主控项目	1	标高	－50	±30	±50	－50	－50	4	4	5	8	7	6	9	6	9	6	符合施工验收规范要求
	2	长度、宽度(由设计中心线向两边量)	＋200 －50	＋300 －100	＋500 －150	＋100	—	9	8	1	2	2	1	2	2	2	2	
	3	边坡	设计要求					1:0.8										
一般项目	1	表面平整度	20	20	50	20	20	4	4	5	8	7	6	9	6	9	6	
	2	基底土性	设计要求					与勘察报告相符										
施工单位检查评定结果			专业工长(施工员)				×××							施工班组长				×××
			符合施工验收规范要求,合格 项目专业质量检查员:×××　　2003年×月×日															
监理(建设)单位验收结论			验收合格 专业监理工程师:××× (建设单位项目专业技术负责人):　　2003年×月×日															

4.3.3.3 分项工程的验收

4.3.3.3.1.1 分项工程验收流程

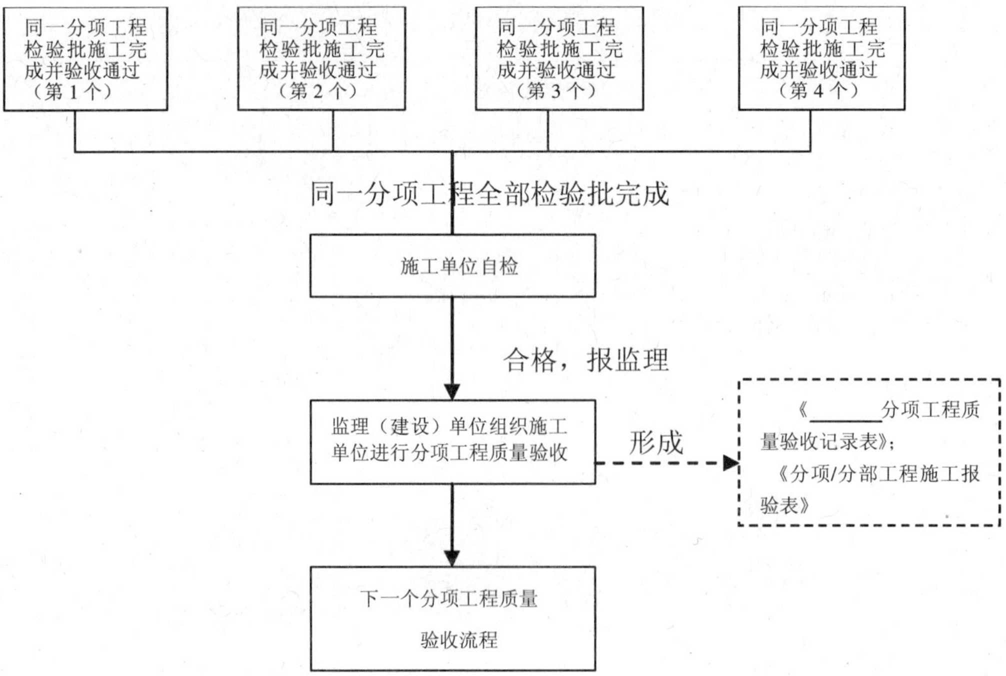

4.3.3.3.1.2 分项工程验收组织程序

施工单位先填好“分项工程的质量验收记录”（有关监理记录和结论不填），并由项目专业质量检验员和项目专业技术负责人分别在分项工程质量检验记录中相关栏目签字，然后由监理工程师组织，严格按规定程序进行验收。

分项工程应由监理工程师（建设单位项目技术负责人）组织施工单位项目专业质量（技术）负责人等进行验收。

4.3.3.3.1.3 分项工程验收的内容

1. 分项工程验收是在检验批验收合格的基础上进行，一般情况下，两者具有相同或相近的性质，只是批量的大小不同而已。因此，将有关的检验批汇集构成分项工程。通常起一个归纳整理的作用，是一个统计表，没有实质性验收内容。

2. 分项工程质量验收合格条件：

(1)分部工程所含的检验批均应符合合格质量的规定。

(2)分项工程所含的检验批的质量验收记录应完整。

4.3.3.3.1.4 分项工程质量验收记录填写要求

1. 填写分项工程验收表时的注意事项如下：

(1)检查所含检验批是否齐全，有无遗漏的部位。

(2)检查有混凝土、砂浆强度要求的检验批，到龄期后试压能否达到设计要求。

(3)检查各检验批的验收资料并作统一整理,集中登记保管,为下一步验收打下基础。

2.《分项工程质量验收记录》各栏的填写:

(1)表头部分:工程名称、结构类型、施工单位名称及项目经理及技术负责人同检验批表头的填写

(2)各检验批的名称、部位、区段等,和检验批相对应,注意要填写齐全。

(3)"施工单位检查评定结果"栏,由施工单位质量检查员填写,可以填写"√"或"符合要求"。

(4)"检查结论"栏,由施工单位项目技术负责人填写,可填"合格",然后交监理单位验收。

(5)"监理单位验收结论"栏,监理工程师应逐项审查,同意项填写"合格"或"符合要求",如有不同意项应做标记但暂不填写,待处理后再验收。对不同意向,监理工程师应指出问题,明确处理意见和完成时间。

(6)"验收结论"栏,由监理工程师填写。在确认各项验收合格后,填入"同意验收"。

4.3.3.3.1.5　分项工程质量验收记录填写范例

模板分项工程质量验收记录

工程名称	××市××花园8号楼	结构类型	框架	检验批数	5
施工单位	××市第一建筑工程公司	项目经理	×××	项目技术负责人	×××
分包单位	/	分包单位负责人	/	分包项目经理	/
序号	检验批部位、区段	施工单位评定结果		监理(建设)单位验收结论	
1	一层框架柱模板安装	符合要求		同意验收	
2	二层框架柱模板安装	符合要求		同意验收	
3	三层框架柱模板安装	符合要求		同意验收	
4	四层框架柱模板安装	符合要求		同意验收	
5	五层框架柱模板安装	符合要求		同意验收	
检查结论	模板工程施工质量符合《混凝土结构工程施工质量验收规范》的要求,分项工程合格 项目专业技术负责人:××× ×年×月×日	验收结论	同意施工单位检查结论,验收合格 监理工程师:××× (建设单位项目专业技术负责人) ×年×月×日		

4.3.3.4 分部工程的验收

4.3.3.4.1.1 分部工程验收流程

1. 子分部工程质量验收流程

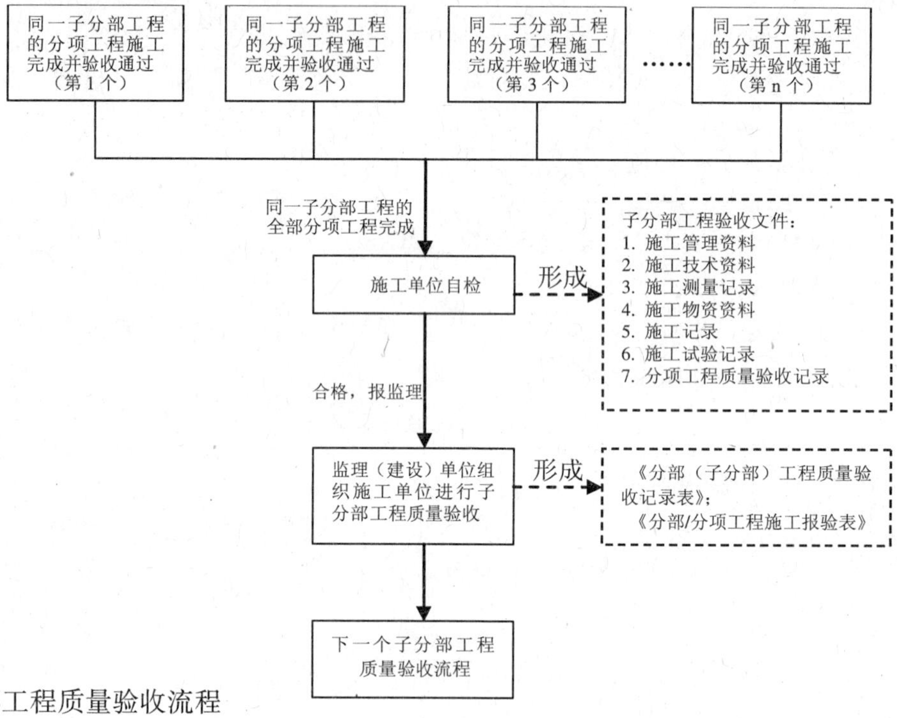

2. 分部工程质量验收流程

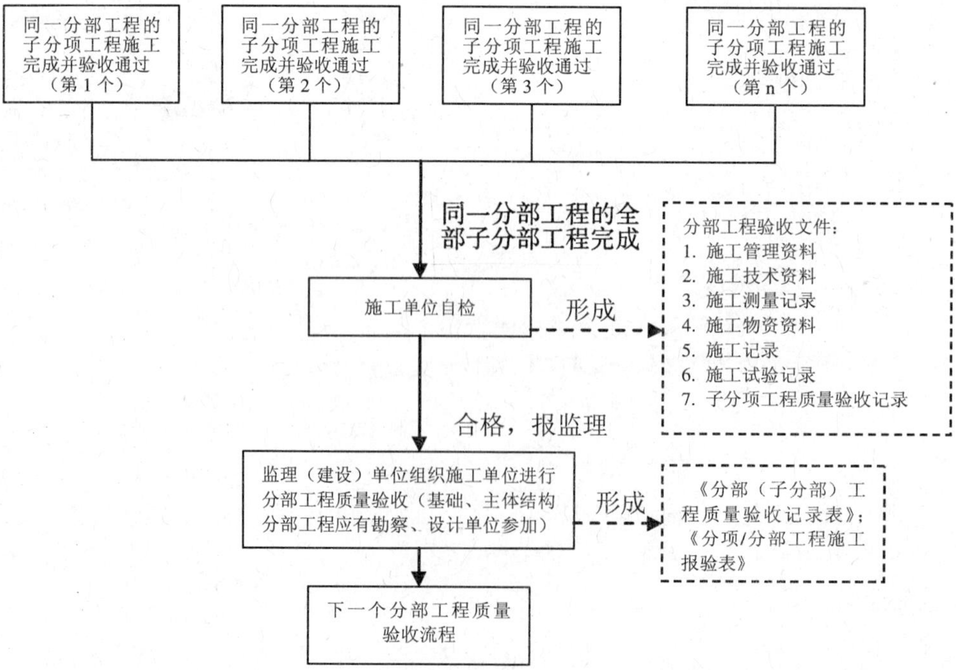

4.3.3.4.1.2 分部工程验收组织程序

分部(子分部)工程完成,施工单位自检合格后,应填报《分部(子分部)工程质量验收记录表》。该表应由项目部报施工企业技术、质量部门验收并签认后,应由总监理工程师(建设单位项目负责人)组织施工单位项目负责人和技术、质量负责人等进行验收。

地基与基础工程的勘察、设计单位工程项目负责人和施工单位技术、质量部门负责人也应参加相关分部工程验收。

地基与基础分部工程验收,由建设、监理、勘察、设计和施工单位共同进行分部工程验收,并通知建设工程质量监督机构。

4.3.3.4.1.3 分部工程验收的内容

1. 按照国家验收标准的规定,分部工程验收共有4项内容:

(1)核查各分项工程的质量。

(2)核查质量控制资料。

(3)对安全、功能项目做抽样检测。

(4)检查观感质量。

2. 分部工程验收合格条件:

(1)分部(子分部)工程所含工程的质量均应验收合格。

(2)质量控制资料应完整。

(3)地基与基础、主体结构和设备安装等分部工程有关安全及功能的检验和抽样检测结果应符合有关规定。

(4)观感质量验收应符合要求。

4.3.3.4.1.4 分部工程质量验收记录填写要求

1. 填写《分部(子分部)工程质量验收表》的注意事项

(1)核查各分部工程所含分项工程是否齐全,有无遗漏。

(2)核查技术资料是否齐全,分类整理是否符合要求。

(3)核查安全、功能的检测是否按规范、设计、合同要求全部完成。核查检测结论是否合格。

(4)对分部工程应进行观感质量检查验收。

2. 表头部分

(1)表名前应填写分部(子分部)工程的名称,然后将"分部"、"子分部"两者划掉其一。

(2)工程名称、施工单位名称要填写全称,并与检验批、分项工程验收表的工程名称一致。

(3)结构类型:填写设计文件提供的结构类型。层数应分别注明地下和地上的层数。

(4)技术、质量部门负责人:指项目的技术、质量负责人。但地基基础、主体结构及重要安装分部(子分部)工程应填施工单位的技术、质量部门负责人。

(5)分包单位:有分包时填分包单位名称。分包单位要写全称,与合同或图章一致。分包单位负责人及分包单位技术负责人,填写本项目的人员姓名。注意按规定主体结构不准分包,因此主体分部不应有分包单位。

3. "分项工程"栏

先由施工单位按顺序将分项工程名称填入,将各分项工程检验批的实际数量填入。注意应与各分项工程验收表上的检验批数量相同,并要将各分项工程验收表附后。

4.“施工单位检查评定”栏

填写施工单位对各分项工程自行检查评定的结果,可按照各分项工程验收表填写。合格的分项工程打“√”或填写“符合要求”。填写之前,应核查各分项工程是否全部都通过了验收?有无遗漏?

注意有龄期要求的试件应检查28天试压是否达到要求;有全高垂直度或总标高要求的检验项目应实际进行测量检查。当自检符合要求时打“√”。否则打“×”。有“×”的项目不能交给监理或建设单位验收,应返修合格后再提交验收。监理单位由总监理组织审查,符合要求的在验收意见栏签注“同意验收”。

5.“质量控制资料验收“栏

应按《建筑工程施工质量验收统一标准》附录G表G.0.1-2“单位(子单位)工程质量控制资料核查记录”来核查。

当确认能够基本反映工程质量情况,达到保证结构安全和使用功能的要求,该项资料即可通过验收。全部项目都通过验收,即可在施工单位检查评定栏内打“√”或标注“检查合格”。然后送监理单位或建设单位验收。总监组织审查,如认为符合要求,在“验收意见”栏内签注“同意验收”意见。

6.“安全和功能检验报告”栏

安全和功能检验,是指按规定或约定需要在竣工时进行抽样检测的项目。这些项目凡能在分部(子分部)工程验收时进行检测的,应在分部(子分部)工程验收时进行检测。具体检测项目可按《建筑工程施工质量验收统一标准》附录G表G.0.1-3“单位(子单位)工程安全和功能检验资料核查及主要功能抽查记录”中相关内容在开工之前加以确定。设计有要求或合同有约定的,按要求或约定执行。

如果每个检测项目都通过审查,施工单位即可在检查评定栏内打“√”或标注“检查合格”。由项目经理送监理单位或建设单位验收,总监理工程师或建设单位项目技术负责人应组织审查,认为符合要求,在“验收意见”栏内签注“同意验收”意见。

7.“观感质量验收”栏

新版验收规范对观感质量的评判有较大修改,规定只作定性评判,不再作量化打分。观感质量等级分为“好”、“一般”、“差”共3档。“好”、“一般”均为合格。“差”为不合格,需要修理或返工。

总监或建设单位项目专业负责人组织对观感质量进行验收,并确定观感质量等级。如认为达到“好”或“一般”,均视为合格。在“分部(子分部)工程观感质量验收意见”栏内填写“同意验收”。评为“差”的项目,应由施工单位修理或返工。由于“让步验收”意味着工程留下永久性缺陷,故应尽量避免出现这种情况。

8.“验收意见”栏

由总监理工程师与各方协商,确认符合规定,取得一致意见后,按表中各栏分项填写。可在“验收意见”各栏填入“同意验收”。

当出现意见不一致时,应由总监与各方协商,对存在的问题,提出处理意见或解决办法。待问题解决后再填表。

9. 各参加验收单位签字栏

《分部(子分部)工程质量验收表》中,制表时已经列出了需要签字的参与工程建设有关单位。应由各方参加验收的代表亲自签名,以示负责。

勘察单位需签认地基基础分部(子分部)工程,由勘察单位的项目负责人亲自签认。

设计单位需签认地基基础、主体结构及重要安装分部(子分部)工程,由设计单位的项目负责人亲自签认。

施工方总承包单位由项目经理亲自签认,有分包单位的,分包单位应签认其分包的分部(子分部)工程,由分包项目经理亲自签认。

监理单位作为验收方,由总监理工程师签认验收。未委托监理的工程,可由建设单位项目技术负责人签认验收。

4.3.3.4.1.5 分部工程质量验收记录填写范例

地基与基础分部工程质量验收记录

工程名称	××市××花园8号楼	结构类型	框架	层 数	8
施工单位	××市第一建筑工程公司	技术部门负责人	×××	质量部门负责人	×××
分包单位	/	分包单位负责人	/	分包技术负责人	/
序号	子分部(分项)工程名称	检验批数	施工单位检查评定	验收意见	
1	无支护土方	5	√	符合要求	
2	地基处理	2	√	符合要求	
3	混凝土基础	10	√	符合要求	
4	砌体基础	5	√	符合要求	
5	地下防水	4	√	符合要求	
质量控制资料		√		各子分部(分项)工程质量控制资料齐全	
安全和功能检验(检测)报告		混凝土强度实体检测达到设计要求140%		同意施工单位评定	
观感质量验收		观感质量良好		同意施工单位评定	
验收单位	分包单位	项目经理 /		年 月 日	
	施工单位	项目经理:×××		××年×月×日	
	勘察单位	项目负责人:×××		××年×月×日	
	设计单位	项目负责人:×××		××年×月×日	
	监理(建设单位)	总监理工程师:××× (建设单位项目专业负责人)		××年×月×日	

4.3.4 工程竣工图

4.3.4.1 编制竣工图的范围

工程竣工图是工程交工验收、维护、改扩建的重要依据。各类新建、改建、扩建的建筑工程，特别是地基基础、地下建筑、管线、主体结构以及设备安装等隐蔽工程，必须编制竣工图。

4.3.4.2 竣工图编制的基本规定

1. 竣工图的编制工作应由建设单位负责，以施工单位为主，由工程技术人员绘制。竣工图的编制，必须在施工过程中完成，不得在竣工后完成。要及时做好隐蔽工程验收记录，整理好设计变更文件，确保竣工图质量。竣工编制完成后，应经监理单位核实签认。

2. 建设单位委托施工单位编制竣工图，工程实行施工总包的，各施工分包单位应负责编制分包范围内的竣工图，施工总包单位除应编制自行施工的竣工图外，还应负责汇总整理各施工分包单位编制的竣工图。施工总包单位在交工时应向建设单位提交总包范围内各项工程的竣工图。建设单位在签订承发包合同时，应明确规定竣工图的编制、检验和交接等问题。

3. 工程竣工验收前，建设单位应组织督促设计单位、施工单位对各自负责编制的竣工图进行检查验收，发现有不准确或短缺的，要及时采取措施进行修改补充，否则不能交工验收。

4. 大中型建设项目和城市住宅小区建设工程的竣工图，不得小于两套，一套移交生产使用单位保管，一套原件交城建档案馆（室）长期永久保存，关系到国计民生的特别重要的建设项目，应增交一套给国家综合档案馆保存。

5. 竣工图应按单位工程，按专业、系统进行分类和整理组卷，其主要内容见附录 A。

4.3.4.3 竣工图编制要求

1. 按图施工、施工图没有变动的，竣工图编制单位在原施工图图签附近空白处加盖并签署“竣工图”章后，可作为竣工图。

2. 在施工中有一般性设计变更的，竣工图编制单位可根据设计变更，在施工图上直接改绘；如在原施工图上改绘有困难的，可另补图改绘，补图应有图名图号。利用原施工图改绘竣工图，应标明变更修改依据。加盖及签署竣工图章后，可作为竣工图。

3. 结构形式、工艺、平面布置等有重大改变，或变更部分超过图面 1/3 的，竣工图编制单位应重新绘制竣工图。重新绘制的图纸应标明变更修改依据，应有图名和图号，图号可按原图编号。重新绘制的图纸加盖及签署竣工图章后，作为竣工图。

4. 编制竣工图必须编制各专业竣工图的图纸目录，并加盖竣工图章。凡有作废、补充、增加和修改的图纸均应在施工图目录上标注清楚，即作废的图纸在目录上打掉，补充的图纸在目录上列出图名、图号。

5. 竣工图幅面上反映的图形、尺寸、结构、材质以及有关的文字说明等，必须真实反映竣工后的实际状况，做到图、文与实物一致。

6. 不同幅面的工程图纸应按现行国家标准《技术制图复制图的折叠方法》GB/T 10609.3 统一折叠成 A4 幅面（297mm * 210mm），图标栏露在外面。

4.3.4.4 竣工图绘制要求

1. 用于改绘竣工图的图纸必须是新蓝图或绘制的白图，线条清晰，反差良好，无污染、破损,不得使用复印的图纸。要保证图纸质量,做到规格统一图面整洁、字迹清楚,能满足计算机扫描的要求。

2. 编制竣工图应按照国家建筑制图规范要求绘制,字、图等应使用绘图笔、签字笔及不退色的绘图墨水。

3. 在施工蓝图上一般采用扛(划)改、叉改法,局部修改可以圈出更改部位,在原图空白处(或原图无位置,在其他图纸空白处)绘出更改内容,所有变更处都必须引划索引线并注明依据。一条设计变更、洽商内容涉及多张图纸修改,需在各张图纸上注明依据;一条设计变更、洽商内容在一张图纸上修改多处,仅需在本图的一处标注依据。

4. 在施工图上改绘,不得使用涂改液涂改、刀划、补贴等方法修改图纸。具体改绘方法可视图面、改动范围和位置、繁简程度等实际情况而定。

5. 在竣工图上修改的内容,均应用绘图方式改绘在蓝图上,可不写文字说明:如不能以绘图方式反映到蓝图上,或修改后的图纸仍然有内容无法表示清楚,可用精炼文字在图纸上加以说明。

4.3.4.5 **竣工图章的要求**

1. "竣工图章"应具有明显的"竣工图"字样,并包括施工单位、编制人、审核人、技术负责人、编制日期、监理单位、现场监理、总监。

2. 竣工图章示例如下图:

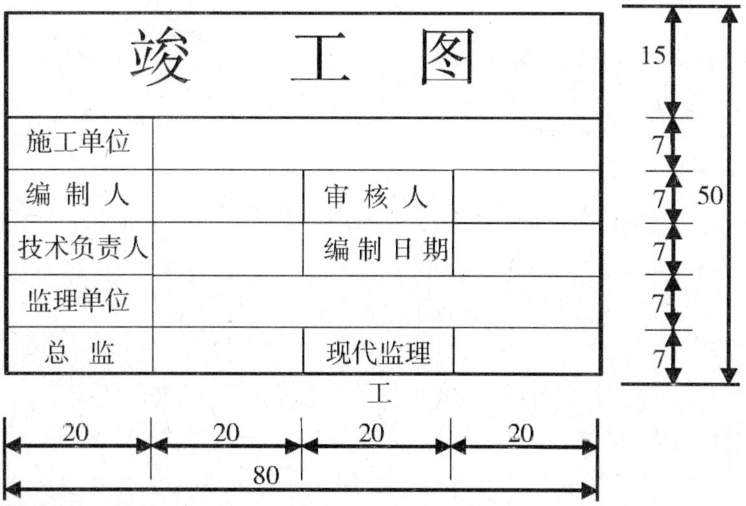

3. 竣工图章尺寸为:50mm×80mm。

4. 竣工图章使用不易褪色的红印泥,应盖在图标栏上方空白处。

5. 所有竣工图均应加盖竣工图章。

4.4 主体结构工程资料管理

4.4.1 工程技术管理资料

参照4.3.1内容。

4.4.2 工程质量控制资料

4.4.2.1 图纸会审/设计变更/洽商记录

参照4.3.2.1内容。

4.4.2.2 原材料质量证明文件和进场复试报告

4.4.2.2.1 基本规定

参照4.3.2.2.1内容。

4.4.2.2.2 质量证明文件和复验报告汇总表(通用)(C2.2.0.1)

参照4.3.2.2.2内容。

4.4.2.2.3 质量证明文件粘贴表(通用)(C2.2.0.2)

参照4.3.2.2.3内容。

4.4.2.2.4 复验(试验)报告(通用)(C2.2.0.3)

参照4.3.2.2.4内容。

4.4.2.2.5 钢筋工程

4.4.2.2.5.1 钢筋产品合格证、出厂检验报告和进场复验报告(C2.2.2.1)

钢筋必须有质量证明文件、出厂检验报告,其品种、规格、性能等应符合现行国家产品标准和设计要求。

钢筋进场时,应按现行国家标准《钢筋混凝土用热轧带肋钢筋》GB1499－2等的规定抽取试件做力学性能复验,并应有复验报告,其质量必须符合有关标准的规定。

对有抗震设防要求的框架结构,其纵向受力钢筋的进场复验,应有钢筋的抗拉强度实测值与屈服强度实测值的比值、钢筋的屈服强度实测值与强度标准值的比值计算值。

当使用进口钢材、发现钢筋脆断、焊接性能不良或力学性能显著不正常等现象时,应对该批钢筋进行化学成分检验或其他专项检验,并应有相应复验报告。

4.4.2.2.5.2 机械连接套筒产品合格证、出厂检验报告(C2.2.2.2)

钢筋连接用机械连接套筒应有质量证明文件、出厂检验报告,其品种、规格、性能等应符合现行国家标准《钢筋机械连接通用技术规程》JGJ 107和设计要求。

4.4.2.2.5.3 焊条、焊剂产品合格证、出厂检验报告和烘焙记录(C2.2.2.3)

焊条、焊剂等应有质量证明文件、中文标志及检验报告等,其品种、规格、性能等应符合现行国家产品标准和设计要求。

焊条、焊剂等在使用前,应按其产品说明书及焊接工艺文件的规定进行烘焙和存放。烘焙记录内容应包括烘焙方法、时间、测温记录、烘焙鉴定及烘焙、测温人的签字。

4.4.2.2.5.4 **半成品钢筋出厂合格证**(C2.2.2.4)

钢筋采用场外委托加工形式时,加工单位应向施工单位提供《半成品钢筋出厂合格证》,半成品钢筋进场后施工单位还应进行外观检查,如对质量产生怀疑或有其他约定时可进行力学性能的抽样复验。

钢筋加工单位应保存钢筋的原材料出厂质量证明、复验报告、接头连接试验报告等资料,并保证资料的可追溯性。

4.4.2.2.6 **混凝土工程**

4.4.2.2.6.1 **水泥合格证、出厂检验报告和进场复验报告**(C2.2.2.5)

水泥必须有质量合格证明。

水泥进场时应对其强度、安定性及其他必要的性能指标进行复验,并有复验报告,其质量必须符合现行国家标准《通用硅酸盐水泥》GB 175 等的规定。

当在使用中对水泥质量有怀疑或水泥出厂超过三个月(快硬硅酸盐水泥超过一个月)时,应进行复验,有复验报告,并按复验结果使用。

钢筋混凝土结构、预应力混凝土结构中,严禁使用含氯化物的水泥。水泥的复验报告中应有有害物含量检测内容。

4.4.2.2.6.2 **外加剂产品合格证、出厂检验报告和进场复验报告**(C2.2.2.6)

混凝土中掺用的外加剂必须有质量合格证,有相应资质的检测单位出具的检验报告,产品性能和使用说明书等,其质量及应用技术应符合现行国家标准《混凝土外加剂》GB/T8079、《混凝土外加剂应用技术规范》GB50119 等和有关环境保护的规定。

混凝土中掺用的外加剂应有复验报告。

钢筋混凝土结构所用的外加剂应有有害物含量检测报告。钢筋混凝土结构中,当使用含氯化物的外加剂时,混凝土中氯化物彩电总含量应符合现行国家标准《混凝土质量控制标准》GB 50164 的规定。预应力混凝土结构中,严禁使用含氯化物的外加剂。

4.4.2.2.6.3 **氯化物和碱总含量计算书**(C2.2.2.7)

混凝土中氯化物和碱总含量应符合现行国家标准《混凝十结构设计规范》GB 50010 和设计的要求,并有氯化物和碱总含量计算书。

4.4.2.2.6.4 **矿物掺合料出厂合格证和进场复验报告**(C2.2.2.8)

混凝土中掺用矿物掺合料应有出厂证明文件,进场后应按规范要求进行抽样复验,并应有复验报告,其质量应符合现行国家标准《用于水泥和混凝土中的粉煤灰》GB/T 1596 等的规定。

4.4.2.2.6.5 **粗细骨料进场复验报告**(C2.2.2.9)

普通混凝土所用的粗、细骨料应有复验报告,其质量应符合现行国家标准《普通混凝土用砂、石质量标准及检验方法》JGJ 52 的规定。

4.4.2.2.6.6 **拌制水水质试验报告**(C2.2.2.10)

拌制混凝土宜采用饮用水;当采用其他水源时,应对其进行水质试验,其水质应符合现行国家标准《混凝土用水标准》JGJ 63 的规定。

4.4.2.2.6.7 **预拌商品混凝土发货单(C2.2.2.11)、出厂合格证(C2.2.2.12)**

预拌商品混凝土生产厂家向施工单位提供混凝土时,应随车提供预拌商品混凝土发货单,并应在交货地点进行坍落度检查验收。发货单分正、副本,正本由供应单位保存,副本由施工单位保存,双方由签发人、验收人签字。

预拌商品混凝土生产厂家必须自浇筑时起 30 天内,向施工单位提供预拌商品混凝土出厂合格证。合格证中应有预拌混凝土出厂检验混凝土强度值、抗渗试验试验结果等。

预拌混凝土生产厂家除向施工单位提供上述资料外,还应保证以下资料的可追溯性:混凝土抗压强度试验报告、水泥出厂合格证和复验报告、砂和碎(卵)石复验报告、轻集料复验报告、外加剂和掺合料产品合格证和复验报告、配合比试配记录、混凝土坍落度测试记录(搅拌站测试记录)和原材料有害物含量复验报告。如施工单位需要索取以上资料,应在合同中予以明确。

4.4.2.2.7 **预应力工程**

4.4.2.2.7.1 **预应力筋产品合格证、出厂检验报告和进场复验报告(C2.2.2.13)**

预应力筋进场时,应按现行国家标准《预应力混凝土用钢绞线》GB/T 5224、《预应力混凝土用钢丝》GB/T 5223 等的规定抽取试件做力学性能复验,并有复验报告,其质量必须符合有关标准的规定。

无粘结预应力筋的涂包质量应符合无粘结预应力钢绞线标准的规定。当有工程经验,并经观察认为质量有保证时,可不做油脂用量和护套厚度的进场复验。

4.4.2.2.7.2 **锚具、夹具和连接器产品合格证、出厂检验报告和进场复验报告(C2.2.2.14)**

预应力筋用锚具、夹具和连接器应按设计要求采用,其性能应符合现行国家标准《预应力筋用锚具、夹具和连接器》GB/T 14370 等的规定。

对锚具用量较少的一般工程,如供货方提供有效的试验报告,可不做静载锚固性能复验。

4.4.2.2.7.3 **孔道灌浆用水泥产品合格证、出厂检验报告和进场复验报告(C2.2.2.15)**

孔道灌浆用水泥应采用普通硅酸盐水泥,并有复验报告,其要求应符合有关规定。孔道灌浆用外加剂应符合有关规定,并有复验报告。

对孔道灌浆用水泥和外加剂用量较少的一般工程,当有可靠依据时,可不做材料性能的进场复验。

4.4.2.2.7.4 **金属螺旋管产品合格证、出厂检验报告和进场复验报告(C2.2.2.16)**

预应力混凝土用金属螺旋管的尺寸和性能应符合现行国家标准的规定。

对金属螺旋管用量较少的一般工程,当有可靠依据时,可不做径向刚度、抗渗漏性能的进场复验。

4.4.2.2.8 **装配式结构工程**

4.4.2.2.8.1 **预制混凝土构件出厂合格证(C2.2.2.17)**

施工单位应保存加工单位提供的《预制混凝土构件出厂合格证》,进入现场的预制构件,其外观质量、尺寸偏差及结构性能应符合标准图或设计的要求。

预制构件加工单位应保存各种原材料(如钢筋、预应力筋、混凝土组成材料)的质量合格证明、复验报告等资料,以及混凝土的性能试验报告和有害物含量检测报告等资料,并应保证各种资料的可追溯性。

4.4.2.2.8.2 **预制构件结构性能试验报告**(C2.2.2.18)

预制构件应进行结构性能试验,并有结构性能试验报告。结构性能试验不合格的预制构件不得用于混凝土结构。

预制构件应按标准图或设计要求的试验参数及检验指标进行结构性能试验。试验内容:钢筋混凝土构件和允许出现裂缝的预应力混凝土构件进行承载力、挠度和裂缝宽度试验;不允许出现裂缝的预应力混凝土构件进行承载力、挠度和抗裂试验;预应力混凝土构件中的非预应力杆件按钢筋混凝土构件的要求进行试验。

对设计成熟、生产数量较少的大型构件,当采取加强材料和制作质量检验的措施时,可仅做挠度和裂缝宽度试验;当采取上述措施并有可靠的实践经验时,可不做结构性能试验。

4.4.2.2.9 **砌体结构工程**

4.4.2.2.9.1 **块材合格证书、出厂检测报告和进场复验报告**(C2.2.2.19)

砌体工程所用的砖、砌块、石材等材料应有产品的合格证书、产品性能检测报告。

用于承重结构的砖、砌块、石材等材料应有材料主要性能的进场复验报告。

4.4.2.2.9.2 **水泥合格证书、出厂检测报告和进场复验报告**(C2.2.2.20)

水泥应有产品的合格证书、产品性能检测报告。

水泥进场使用前应有主要性能的进场复验报告。当在使用出厂超过三个月(快硬硅酸盐水泥超过一个月)时应复查试验,并按其结果使用。

4.4.2.2.9.3 **砂浆用砂进场复验报告**(C2.2.2.21)

砂浆用砂进场后应按规定取样复验,并应有复验报告。砂浆不得含有害杂物。

人工砂、山砂及特细砂,应经试配并满足砌筑砂浆技术条件要求。

4.4.2.2.9.4 **砂浆掺合料合格证书和进场复验报告**(C2.2.2.22)

建筑石灰应有出厂质量证明文件。配制水泥石灰砂浆时,不得采用胶水硬化的石灰膏。消石灰粉不得直接使用于砌筑砂浆中。

建筑石灰进场后应按规定取样复验,并应有复验报告。

4.4.2.2.9.5 **砂浆外加剂合格证书、出厂检测报告和进场复验报告**(C2.2.2.23)

外加剂必须有质量证明书或合格证,有相应资质的检测单位出具的性能检验报告,产品性能和使用说明书等。

凡在砂浆中掺入有机塑化剂、早强剂、缓凝剂、防冻剂等外加剂,应按规定取样复验,并应有复验报告,经复验和试配符合要求后方可使用。

有机塑化剂应有砌体强度的型式检验报告。

4.4.2.2.9.6 **拌制砂浆用水水质试验报告**(C2.2.2.24)

拌制砂浆用水宜采用饮用水,当采用其他水源时,应对其进行水质试验,并有水质试验报告,其水质应符合现行国家标准《混凝土用水标准》JGJ 63 的规定。

4.4.2.2.9.7 配筋砌体钢筋合格证书、出厂检测报告和进场复验报告(C2.2.2.25)

配筋砌体钢筋应有合格证书、钢筋性能复验报告,其要求应符合有关规定。

4.4.2.2.10 钢结构工程

4.4.2.2.10.1 钢材合格证明文件、出厂检验报告和进场复验报告(C2.2.2.26)

1. 钢材应有质量合格证明文件、中文标志及检验报告等,其品种、规格、性能等应符合现行国家产品标准和设计要求。进口钢材产品持质量应符合设计和合同规定标准的要求。

2. 属于下列情况之一的钢材,应进行抽样复验,应有复验报告,其复验结果应符合现行国家产品标准和设计要求。

(1)国外进口钢材;

(2)钢材混批;

(3)板厚等于或大于 40mm,且设计有 z 向性能要求的厚板;

(4)建筑结构安全等级为一级,大跨度钢结构中主要受力构件所采用的钢材;

(5)设计有复验要求的钢材;

(6)对质量有疑义的钢材。

4.4.2.2.10.2 焊接材料合格证明文件、出厂检验报告和进场复验报告(C2.2.2.27)

1. 焊接材料应有质量合格证明文件、中文标志及检验报告等,其品种、规格、性能等应符合现行国家产品标准和设计要求。

2. 重要钢结构采用的焊接材料应进行抽样复验,应有复验报告,复验结果应符合现行国家产品标准和设计要求。

3. 焊条、焊剂、药芯焊丝等在使用前,应按其产品说明书及焊接工艺文件的规定进行烘焙和存放,并应有烘焙记录。(C2.2.2.3)

4.4.2.2.10.3 连接用紧固标准件合格证明文件、出厂检验报告和进场复验报告(C2.2.2.28)

1. 连接用紧固标准件应有产品的质量合格证明文件、中文标志及检验报告等。钢结构连接用高强度大六角头螺栓连接副、扭剪型高强度螺栓连接副、钢网架用高强度螺栓、普通螺栓、铆钉、自攻钉、拉铆钉、射钉、锚栓(机械型和化学试剂型)、地脚锚栓等紧固标准件及螺母、垫圈等标准配件,其品种、规格、性能等应符合现行国家产品标准和设计要求。

2. 高强度大六角头螺栓连接副和扭剪型高强度螺栓连接副出厂时应分别随箱带有扭矩系数和紧固轴力(预拉力)的检验报告。高强度大六角头螺栓连接副和扭剪型高强度螺栓连接副应按《钢结构结构施工质量验收规范》GB 50205 附录 B 的规定,分别检验其扭矩系数和检验预拉力,应有复验报告,其检验结果应符合规范的规定。

3. 对建筑结构安全等级为一级、跨度 40m 及以上的螺栓球节点钢网架结构,其连接高强度螺栓应进行表面硬度复验,应有复验报告,对 8.8 级的高强度螺栓其硬度应为 HRC21 ~29;10.9 级高强度螺栓其硬度应为 HRC32 ~36,且不得有裂纹或损伤。

4. 普通螺栓作为永久性连接螺栓时,当设计有要求或对其质量有疑义时,应进行螺栓实物最小拉力载荷复验,应有螺栓实物复验报告,试验方法见《钢结构结构施工质量验收规范》

GB 50205附录B，其结果应符合现行国家标准《紧固件机械性能螺栓、螺钉和螺柱》GB/T 3098.1的规定。

4.4.2.2.10.4 **焊接球合格证明文件和出厂检验报告**(C2.2.2.29)

1. 焊接球应有产品的质量合格证明文件、中文标志及检验报告等。焊接球及制造焊接球所采用的原材料，其品种、规格、性能等应符合现行国家产品标准和设计要求。

2. 焊接球焊缝应进行无损检验，应有超声波探伤报告，其质量应符合设计要求；当设计无要求时，应符合《钢结构结构施工质量验收规范》GB 5020 规定的二级质量标准。

4.4.2.2.10.5 **螺栓球合格证明文件和出厂检验报告**(C2.2.2.30)

螺栓球应有产品的质量合格证明文件、中文标志及表面探伤检验报告等。螺栓球及制造螺栓球节点所采用的原材料，其品种、规格、性能等应符合现行国家产品标准和设计要求。

4.4.2.2.10.6 **封板、锥头和套筒合格证明文件和出厂检验报告**(C2.2.2.31)

封板、锥头和套筒应有产品的质量合格证明文件、中文标志及表面探伤检验报告等。封板、锥头和套筒及制造封板、锥头和套筒所采用的原材料，其品种、规格、性能等应符合现行国家产品标准和设计要求。

4.4.2.2.10.7 **金属压型板合格证明文件和出厂检验报告**(C2.2.2.32)

1. 金属压型板应有产品的质量合格证明文件、中文标志及检验报告等。金属压型板及制造金属压型板所采用的原材料，其品种、规格、性能等应符合现行国家产品标准和设计要求。

2. 压型金属泛水板、包角板和零配件的品种、规格以及防水密封材料的性能应符合现行国家产品标准和设计要求。

4.4.2.2.10.8 **涂装材料合格证明为人所知 出厂检验报告**(C2.2.2.33)

1. 钢结构防腐涂料、稀释剂和固化剂等材料应有产品的质量合格证明文件、中文标志及检验报告等，其品种、规格、性能等应符合现行国家产品标准和设计要求。

2. 钢结构防火涂料应有产品的质量合格证明文件、中文标志及检验报告等，其品种和技术性能应符合设计，并应经过具有资质的检验机构检测符合现行国家有关标准的规定。防火涂料的粘结强度、抗压强度应符合现行国家标准《钢结构防火涂料应用技术规范》CECS 24:90 的规定。

4.4.2.2.10.9 **钢结构用橡胶垫合格证明文件和出厂检验报告**(C2.2.2.34)

钢结构用橡胶垫应有产品的质量合格证明文件、中文标志及检验报告等，其品种、规格、性能等应符合现行国家产品标准和设计要求。

4.4.2.2.10.10 **钢构件出厂合格证**(C2.2.2.35)

1. 进入现场的预制构件应有《钢构件出厂合格证》，其外观质量、尺寸偏差及结构性能应符合标准图或设计的要求。施工单位应保存加工单位提供的《钢构件出厂合格证》和进场后的检(试)验报告。

2. 预制构件加工单位应保存各种原材料的质量合格证明、复验报告等资料，以及钢构件的性能试验报告等资料，并应保证各种资料的可追溯性。

4.4.2.2.11 **木结构工程**

4.4.2.2.11.1 **木结构材料合格证和检测报告**(C2.2.2.36)

木材(含规格材、木基结构板材)、钢构件和连接件、胶合剂及层板胶合木构件等应有质量证明文件,包括产品合格证、检测报告等。

4.4.2.2.11.2 **木构件出厂合格证**(C2.2.2.37)

木制品必须是按照各自的工艺标准在专门的工厂制造,经有资质的木结构检测机构检验合格的产品,并有《木构件出厂合格证》。

4.4.2.2.11.3 **木材、木构件含水率试验报告**(C2.2.2.38)

木材、木构件应有含水率试验报告,应按国家标准《木材物理力学试验方法总则》GB/T 1928 的规定测定木构件全截面的平均含水率。

4.4.2.2.11.4 **钢构件、连接件合格证书和检测报告**(C2.2.2.39)

钢构件和连接应有强度检测报告。

4.4.2.3 **施工试验记录**

4.4.2.3.1 **基本规定**

参照4.3.2.3.1内容。

4.4.2.3.2 **施工试验报告汇总表**(C2.3.0.1)

参照4.3.2.3.2内容。

4.4.2.3.3 **施工试验报告(通用)**(C2.3.0.2)

参照4.3.2.3.3内容。

4.4.2.3.4 **钢筋工程**

4.4.2.3.4.1 **钢筋接头力学性能试验报告**(C2.3.2.1)

对工程中钢筋连接(焊接和机械连接)后的机械性能(屈服强度、抗拉强度、伸长率和冷弯),应按现行国家标准《钢筋机械连接通用技术规程》JGJ 107、《钢筋焊接及验收规程》JGJ 18 的规定抽取钢筋机械连接接头、焊接接头试件做力学性能检验,其质量应符合有关规程的规定。

4.4.2.3.4.2 **进口钢筋焊接工艺试验报告**(C2.3.2.2)

进口钢筋必须按照标准规定进行焊接工艺试验。

4.4.2.3.5 **混凝土工程**

4.4.2.3.5.1 **混凝土配合比报告**(C2.3.2.3)

1. 施工单位应根据设计要求的混凝土强度等级应请检测机构进行混凝土试配,检测机构根据试配结果出具混凝土配合比报告。不论混凝土工程量大小、强度高低,均应进行试配,并按照配比单拌制混凝土。严禁使用经验配合比。

2. 混凝土应按现行国家标准《普通混凝土配合比设计规程》JGJ 55 的有关规定,根据混凝土强度等级、耐久性和工作性等要求进行配合比设计。对有特殊要求的混凝土,其配合比设计尚应符合现行国家有关标准的专门规定。

3. 申请试配应提出混凝土的技术要求(混凝土种类:一般有塑性、流动性、大流动性、泵送、抗渗等;坍落度:设计或施工时要求的混凝土的坍落度),提供原材料的有关性能,混凝土的搅拌、施工方法和养护方法,设计有特殊要求的混凝土应特别予以详细说明。

4. 混凝土试配应在原材料试验合格后进行,并注明材料进场复验报告编号。

4.4.2.3.5.2 **混凝土试件强度试验报告(标准养护)**(C2.3.2.4)

工程留置的混凝土试件的强度指标进行测试后应出具混凝土试件强度试验报告,结构混凝土的强度等级必须符合设计要求。

4.4.2.3.5.3 **混凝土试件强度试验报告(同条件养护)**(C2.3.2.5)

1. 底模及其支架拆除时应检查同条件养护混凝土试件强度试验报告,试件的混凝土强度应符合设计有关规范要求的规定。

2. 结构构件拆模、出池、出厂、吊装、张拉及施工期间临时负荷的混凝土试件,应根据条件养护的标准尺寸试件的混凝土强度确定。

4.4.2.3.5.4 **混凝土强度评定表**(C2.3.2.6)

1. 混凝土强度应按现行国家标准《混凝土强度检验评定标准》GBJ 107 的规定分批检验评定。一个验收批的混凝土应由强度等级相同、龄期相同以及生产工艺条件和配合比基本相同的混凝土组成。对施工现场的现浇混凝土,应按单位工程的验收项目划分验收批,每个验收项目应按照现行国家标准《建筑工程施工质量验收统一标准》GB 50300 确定。

2. 预拌混凝土厂和采用现场集中搅拌混凝土的施工单位,应按规定的统计方法评定混凝土强度。对零星生产的预制构件的混凝土或现场搅拌的批量不大的混凝土,可按非统计方法评定。

4.4.2.3.5.5 **混凝土抗冻性能试验报告**(C2.3.2.7)

1. 混凝土的冬期施工时,应由检测机构对工程中留置的混凝土抗冻指标进行检测后出具混凝土抗冻性能试验报告。混凝土的冬期施工应符合现行国家标准《建筑工程冬期施工规程》JGJ 104 和施工技术方案的规定。

2. 混凝土抗冻试件,应在混凝土浇筑地点随机取样制作,并在标准条件下养护,试件的留置应符合相应标准的规定。

4.4.2.3.5.6 **混凝土非破损或局部破损试验报告**(C2.3.2.8)

当混凝土试件强度评定不合格时,可采用非破损或局部破损的检测方法,按现行国家有关标准的规定对结构构件中的混凝土强度进行推定,并作为处理的依据。

4.4.2.3.6 **预应力工程**

4.4.2.3.6.1 **预应力筋镦头强度试验报告**(C2.3.2.9)

对预应力筋镦头应进行强度试验,并有预应力筋镦头强度试验报告。钢丝镦头的强度不得低于钢丝强度标准值的98%,对钢丝镦头强度试验每批钢丝检查6个镦头试件。

4.4.2.3.6.2 **混凝土同条件养护试件试验报告**(C2.3.2.10)

预应力筋张拉或放张时,应有混凝土同条件养护试件试验报告。混凝土强度应符合设计要求;当设计无具体要求时,不应低于设计的混凝土立方抗压强度标准值的75%。

4.4.2.3.6.3 **灌孔水泥浆性能试验报告**(C2.3.2.11)

灌浆用水泥浆应有灌孔水泥浆性能试验报告。灌浆用水泥浆的水灰比不应大于0.45,搅拌后3h泌水率不宜大于2%,且不应大于3%。泌水应能在24h内全部重新被水泥浆吸收。

4.4.2.3.6.4 **灌孔水泥浆试件强度试验报告**(C2.3.2.12)

灌浆用水泥浆应进行抗压强度试验,其抗压强度不应小于30N/mm^2。

4.4.2.3.7 **装配式结构工程**

4.4.2.3.7.1 **钢筋接头力学性能试验报告**(C2.3.2.13)

预制构件与结构之间的连接应符合设计要求。连接处钢筋或埋件采用焊接或机械连接时,接头质量应符合现行国家标准《钢筋焊接及验收规程》JGJ 18、《钢筋机械连接通用技术规程》JGJ 107的要求。

4.4.2.3.7.2 **接头和拼缝试件强度试验报告**(C2.3.2.14)

装配式结构中的接头和拼缝应符合设计要求;当设计无具体要求时,对承受内力的接头和拼缝应采用混凝土浇筑,其强度等级应比构件混凝土强度等级提高一级;对不承受内力的接头和拼缝应采用混凝土或砂浆浇筑,其强度等级不应低于C_{15}或M_{15};用于接头和拼缝的混凝土或砂浆,宜采取微膨胀措施和快硬措施,在浇筑过程中应振捣密实,并应采取必要的养护措施。

4.4.2.3.8 **重要部位结构实体检测**

4.4.2.3.8.1 **结构实体混凝土强度检测报告**(C2.3.2.15)

对混凝土强度的检测,应以在混凝土浇筑地点制备并与结构实体同条件养护的试件强度为依据。混凝土强度检测用同条件养护试件的留置、养护和强度代表值应符合《混凝土结构工程施工质量验收规范》GB 50204附录D的规定。

4.4.2.3.8.2 **回弹法混凝土抗压强度检测报告**(C2.3.2.16)

对混凝土强度的检测,可根据合同的约定,采用非破损或局部破损的检测方法,按现行国家有关标准的规定进行。采用回弹法检测混凝土抗压强度时,应有回弹法混凝土抗压强度检测报告。

4.4.2.3.8.3 **钢筋保护层厚度检测报告**(C2.3.2.17)

对钢筋保护层厚度的检测,抽样数量、检验方法、允许偏差和合格条件应符合《混凝土结构工程施工质量验收规范》GB 50204附录E的规定。

4.4.2.3.9 **砌体结构工程**

4.4.2.3.9.1 **砌筑砂浆配合比报告**(C2.3.2.18)

1. 施工单位应根据设计要求的砂浆强度等级提请检测机构进行砂浆试配。检测机构根据试配结果出具砌筑砂浆配合比报告。

2. 不论砌体工程量大小,砌筑砂浆均必须进行试配确定配合比。当砌筑砂浆的组成材料有变更时,其配合比应重新确定。砂浆现场拌制时各组分材料应采用重量计量。

3. 申请试配应提供砂浆的技术要求,原材料的有关性能,砂浆的搅拌、施工方法和养护方法,设计有特殊要求的砂浆应特别予以详细说明。

4. 施工中当采用水泥砂浆代替水泥混合砂浆时,应重新确定砂浆强度等级。

5. 砂浆试配应在原材料试验合格后进行。

4.4.2.3.9.2 **砌筑砂浆试块强度试验报告**(C2.3.2.19)

1. 对工程中留置的砂浆试块的强度应进行测试,并出具砌筑砂浆试块强度试验报告。

2. 砂浆的强度等级必须符合设计要求。砌筑砂浆试块强度验收时其强度合格标准必须符合以下规定:同一验收批砂浆试块抗压强度平均值必须大于或等于设计强度等级所对应的立方体抗压强度;同一验收批砂浆试块抗压强度的最小一组平均值必须大于或等于设计强度等级所对应的立方体抗压强度的0.75倍。

4.4.2.3.9.3 **砂浆和砌体强度现场检测报告**(C2.3.2.20)

当施工中或验收时出现下列情况,可采用现场检验方法对砂浆和砌体强度进行原位检测或取样检测,并判定其强度:

1. 砂浆试块缺乏代表性或试块数量不足;
2. 对砂浆试块的试验结果有怀疑或有争议;
3. 砂浆试块的试验结果,不能满足设计要求。

4.4.2.3.10 **钢结构工程**

4.4.2.3.10.1 **焊缝超声波探声报告**(C2.3.2.21)

设计要求全焊透的一、二级焊缝,焊接球节点网架焊缝,螺栓球节点网架焊缝及圆管T、K、Y形节点相关线焊缝应采用超声波探伤进行内部缺陷的检验。其内部缺陷分级及探伤方法应分别符合现行国家标准《钢焊缝手工超声波探伤方法和探伤结果分级法》GB 11345、《焊接球节点钢网架焊缝超声波探伤方法及质量分级法》JG/T 3034.1、《螺栓球节点钢网架焊缝超声波探伤方法及质量分级法》JG/T 3034.2、《建筑钢结构焊接技术规程》JGJ 81的规定。

4.4.2.3.10.2 **焊缝射线探伤报告**(C2.3.2.22)

超声波探伤不能对缺陷做出判断时,应采用射线探伤。其内部缺陷分级及探伤方法应符合现行国家标准《钢熔化焊对接接头射线照相和质量分级》GB 3323和《建筑钢结构焊接技术规程》JGJ 81的规定。

4.4.2.3.10.3 **焊缝渗透或磁粉探伤报告**(C2.3.2.23)

当焊缝表面或近表面存在裂纹或其他缺陷等疑义时,应采用渗透或磁粉探伤检查。焊缝表面不得有裂纹、焊瘤等缺陷。一级、二级焊缝不得有表面气孔、夹渣、孤坑裂纹、电弧擦伤等缺陷。且一级焊缝不得有咬边、未焊满、根部收缩等缺陷。

4.4.2.3.10.4 **高强度螺栓连接摩擦面抗滑移系数试验报告**(C2.3.2.24)

钢结构制作和安装单位应按《钢结构工程施工质量验收规范》GB 50205附录B的规定,分别进行高强度螺栓连接摩擦面的抗滑移系数试验和复验。现场处理的构件摩擦面应单独进行摩擦面抗滑移系数试验,其结果应符合设计要求。

4.4.2.4 **隐蔽工程验收记录**

4.4.2.4.1　**基本规定**

参照4.3.2.4.1内容。

4.4.2.4.2　**隐蔽工程验收记录(通用)**(C2.4.0.1)

参照4.3.2.4.2内容。

4.4.2.4.3　**钢筋工程隐蔽验收记录**(C2.4.2.1)

钢筋工程应验收记录:钢筋的品种、规格、数量、位置等;钢筋锚固长度和连接形式、接头位置、搭接长度、接头数量、接头面积百分率,焊接接头的焊形式、焊缝长度、焊缝厚度(高度)及表面清渣等外观质量;预埋件的规格、数量、位置和固定方法;钢筋保护层厚度和弯钩角度等;钢筋垫块和绑扎;钢筋表面除锈等;配筋砌体中所用钢筋的绑扎和安装。

4.4.2.4.4　**预应力工程隐蔽验收记录**(C2.4.2.2)

预应力工程应验收记录:预应力筋的品种、规格、位置、数量,下料长度、切断方法、竖向位置偏差,固定、护套的完整性等;预应力筋锚具、夹具和连接器的品种、规格,连接点组装等;预留孔道的规格、数量、位置、形状及灌浆孔、排气兼泌水管等;锚固区局部加强构造等;设计变更和钢筋保护层厚度等。

4.4.2.4.5　**钢结构工程隐蔽验收记录**(C2.4.2.3)

钢结构工程应验收记录:地脚螺栓规格、位置、埋设方法、坚固;涂装前的构件端部铣平、焊缝坡口以及摩擦面顶紧等。

4.4.2.5　**施工记录**

4.4.2.5.1　**基本规定**

参照4.3.2.5.1内容。

4.4.2.5.2　________**施工记录(通用)**(C2.5.0.1)

参照4.3.2.5.2内容。

4.4.2.5.3　**交接检验记录**(C2.5.0.2)

参照4.3.2.5.3内容。

4.4.2.5.4　**不合格项目处理记录**(C2.5.0.3)

参照4.3.2.5.4内容。

4.4.2.5.5　**测量放线记录**

4.4.2.5.5.1　**楼层测量放线记录**(C2.5.2.1)

1. 各层测量放线应在工程定位测量放射线的基础上,依据建筑工程施工图设计给定的轴线、标高、位置进行测量放线。

2. 楼层测量内容包括轴线竖向投测控制线、各层墙柱轴线、墙柱边线、门窗洞口位置线、垂直度偏差等。楼层标高抄测内容包括楼层+0.5m水平控制线、皮数杆等。

3. 测量放线示意图的内容包括:楼层外轮廓线、楼层重要控制轴线、尺寸、相对高程等;示意图指北针方向、分楼层段的具体图名。

4.4.2.5.5.2 **建筑物沉降观测测量记录(C2.5.2.2)**

1. 为防止地基不均匀沉降引起结构破坏,按设计要求及有关规范规定,对新建工程以及受其影响的邻近建筑均要进行沉降观测,并做好沉降观测记录。沉降观测应由建设单位委托有资质的测量单位进行施工过程中及竣工后的沉降观测工作。

2. 水准点(指水准基点)的设置:在一个观测区内应设置2~3个水准基点,其位置靠近观测对象,但要设在变形影响范围以外。水准基点距建筑物、构筑物一般不宜小于25m和大于100m。水准基点要结实牢固、便于观测。

3. 沉降观测点应按设计要求布置。若设计无要求时,应以能全面反映建筑物地基变形特征,并结合岩土情况及建筑结构特点确定。点位设置应符合现行国家标准《建筑变形测量堆积》JGJ 8的要求。

4. 沉降观测宜采用闭合法,沉降观测点的精度要求和观测方法应符合现行国家标准《工程测量规范》GB 50026的规定。每次沉降观测的数据应填入水准测量记录表中,经过严格核对无误后,方能填入沉降观测记录表中,已填入的数字,不能任意涂改。水准测量记录表应作为原始资料保留。

5. 沉降观测的次数和时间应符合设计要求。当设计无明确规定时,一般建筑可在基础完成后开始观测;大型、高层建筑可在基础垫层或基础底部完成后开始观测。观测次数与间隔时间应视地基与加荷情况而定。民用建筑可每加高1~2层观测一次,工业建筑可按不同施工阶段(如回填基坑、安装柱子和屋架、砌筑墙体、设备安装等)分别进行观测。如建筑物均匀增高,应至少在增加荷载的25%、50%、75%和100%的各测一次,整个施工期间的观测不得少于5次。雨季和冬季过后应补充观测。施工过程中如暂时停工,在停工及复工时应各测一次。停工期间,可每隔2~3个月观测一次。

6. 在观测过程中,在有基础附近地面荷载突然增减、基础四周大量积水、长时间连续降雨等情况,均应及时增加观测次数。当建筑突然发生大量沉降、不均匀沉降或严重裂缝时,应立即进行逐日或几天一次的连续观测。问题严重时,应会同勘察、设计、监理(建设)单位研究并做出结论。

7. 水准仪应采用精密水准仪。每次观测时,应使用同一仪器和设备,采用相同的观测路线和方法,并应固定观测人员。

8. 施工观测结束后应提交下列成果:

(1)根据建筑物和构筑物的平面图绘制的沉降观测点布置图。

(2)沉降观测记录:即根据水准点测量出得的每个观测点高程和其逐次沉降量。

(3)根据沉降观测结果绘制的沉降量与时间、荷载关系曲线图及沉降量分布曲线图。

(4)沉降观测技术分析报告。

4.4.2.5.5.3 **建筑物垂直度、标高、全高测量记录(C2.5.2.3)**

施工单位应在结构工程完成和工程验收时,对建筑物垂直度、标高和全高进行实测并记录,填写《建筑物垂直度、标高、全高测量记录》。

4.4.2.5.6 **预应力工程施工记录**

4.4.2.5.6.1 **预应力筋张拉记录(C2.5.2.4)、电热法施加预应力记录(C2.5.2.5)**

1. 预应力筋的张拉力、张拉或放张顺序及张拉工艺应符合设计及施工技术方案的要求，并应符合现行国家标准《混凝土结构工程施工质量验收规范》GB 50204 的规定。施工中应填写《预应力筋张拉记录》(C2.5.2.4)和《电热法施加预应力记录》(C2.5.2.5)。

2. 预应力筋张拉记录内容包括预应力施工部位、预应力筋规格、平面示意图、张拉程序、应力记录、伸长量等，并应对每根预应力筋的张拉实测值进行记录。预应力筋断裂和滑脱情况可记录在备注和附图栏内。

4.4.2.5.6.2 **预应力张拉孔道灌浆记录(C2.5.2.6)**

后张法有粘结预应力筋张拉后应尽早进行孔道灌浆，孔道内水泥浆应饱满、密实。施工中应按规定填写记录，记录内容包括灌浆孔状况、水泥浆配比、灌浆压力、灌浆量及灌浆点简图。

4.4.2.5.6.3 **张拉机具设备及仪表标定记录(C2.5.2.7)**

预应力筋张拉机具设备及仪表应定期维护和校验。张拉设备应配套标定并配套使用。张拉设备的标定期限不应超过半年。当在使用过程中出现反常现象时或在千斤顶检修后，应重新标定。

4.4.2.5.7 **混凝土工程施工记录**

4.4.2.5.7.1 **混凝土浇灌申请书(C2.5.2.8)**

正式浇筑混凝土前，施工单位应检查各项准备工作(如钢筋、模板工程；水电预埋管检查；材料、设备及其他准备等)，自检合格后填写《混凝土浇灌申请书》，专业工长和质检员签字，项目负责人批准报请监理单位同意，签字盖章后方可浇筑混凝土。

4.4.2.5.7.2 **混凝土开盘鉴定表(C2.5.2.9)**

首次使用的混凝土配合比应进行开盘鉴定，其工作性应满足设计配合比的要求。开盘鉴定应由施工单位组织搅拌机组并会同监理单位，共同认定混凝土配合比报告确定的组成材料是否与现场施工所用材料相符，以及混凝土拌全物性能是否满足设计要求和施工需要。

4.4.2.5.7.3 **混凝土施工配合比通知单(C2.5.2.10)**

因混凝土生产时，砂、石的实际含水率与配合比设计时的含水率存在差异，混凝土拌制前，应测定砂、石含水率并根据测试结果调整材料用量，提出施工配合比。

4.4.2.5.7.4 **混凝土浇筑记录(C2.5.2.11)**

混凝土施工中应按规定对混凝土施工配合比及坍落度，浇筑时间，搅拌和运输方式，振捣和养护方法，浇筑混凝土量和浇筑过程进行记录。

4.4.2.5.7.5 **混凝土试件制作记录(C2.5.2.12)**

用于检查结构构件混凝土强度的试件，应在混凝土的浇筑地点随机取样制作，并在标准条件下养护，试件的留置应符合相应标准的规定。

4.4.2.5.7.6 **大体积混凝土养护测温记录(C2.5.2.13)**

大体积混凝土施工应对入模时大气温度、各测温孔温度、内外温差和裂缝进行检查和记录。大体积混凝土养护测温记录应附测温孔布置图，包括测温孔的位置、深度等。

4.4.2.5.7.7 **混凝土施工缝施工记录**(C2.5.2.14)

施工缝、后浇带的留置方法、位置应在混凝土浇筑前按设计要求和施工技术方案确定。施工时应检查留置方法、位置、接槎处理等。施工缝的处理应按施工技术方案执行。后浇带混凝土浇筑应按施工技术方案进行。

4.4.2.5.7.8 **混凝土拆模申请单**(C2.5.2.15)

1. 在拆除现浇混凝土结构板、梁、悬臂构件等底模前,专业施工工长应填写混凝土拆模申请单并附同条件混凝土试件强度报告,报项目专业技术负责人审批,并报监理工程师审核,通过后方可拆查。

2. 拆模时混凝土强度规定:当设计有要求时,应按设计要求,当设计无要求时,应按现行规范的要求。

3. 如结构型式复杂(结构跨度变化较大)或平面不规则,应附拆模平面图。

4.4.2.5.7.9 **混凝土外观质量缺陷技术处理记录**(C2.5.2.16)

1. 现浇结构拆模后,应由监理(建设)单位、施工单位对外观质量和尺寸偏差进行检查,做好记录,并应及时按施工技术方案对缺陷进行处理。

2. 现浇结构的外观质量不应有严重缺陷。对已经出现的严重缺陷,应由施工单位提出技术处理方案,并经监理(建设)单位认可后进行处理。对经处理的部位,应重新检查验收。对已经出现的一般缺陷,应由施工单位按技术处理方案进行处理,并重新检查验收。

3. 现浇结构不应有影响结构性能和使用功能的尺寸偏差。混凝土设备基础不应有影响结构性能和设备安装的尺寸偏差。对超过尺寸允许偏差且影响结构性能和安装、使用功能的部位,应由施工单位提出技术处理方案,并经监理(建设)单位认可后进行处理。对经处理的部位,应重新检查验收。

4.4.2.5.8 **砌体工程施工记录**

4.4.2.5.8.1 **砌筑砂浆试块制作记录**(C2.5.2.17)

砌筑砂浆试块,应在砂浆搅拌机出料口随机取样制作,并在标准条件下养护,试件的留置应符合相应标准的规定。冬期施工砂浆试块的留置,除应按常温规定要求外,尚应增留不少于1组与砌体同条件养护的试块,测试检验28d强度。

4.4.2.5.8.2 **抽气(风)道、垃圾道检查记录**(C2.5.2.18)

1. 建筑物抽气(风)道,包括厨房烟道和卫生间抽气道等均应全数做通(抽)风和漏风、串风试验,并填写检查记录。

2. 垃圾道应全数检查畅通情况,并做检查记录。

4.4.2.5.9 **结构构件吊装记录**(C2.5.2.19)

1. 预制混凝土构件、大型钢、木构件吊装应有构件吊装记录,吊装记录内容包括构件名称、安装位置、搁置与搭接长度、接头处理、固定方法、标高及节点连接等。

2. 构件的型号、位置、支点锚固必须符合设计要求,且无变形损坏现象;构件接头(拼缝)的混凝土(砂浆)必须浇筑密实,其强度必须达到设计要求或施工规范的规定。

3. 由于运输、堆放和吊装造成的构件变形必须矫正;垫铁规格、位置正确,与柱底面和基础接触紧贴平衡，点焊牢固，垫铁座浆的砂浆强度必须符合规定。

4. 构件吊装完成后经检查发现质量问题，应及时处理，处理后必须复验。并应在说明栏中注明。

4.4.2.5.10 钢结构工程施工记录

4.4.2.5.10.1 钢结构与基础、支座交接检查记录(C2.5.2.20)

建筑物的定位轴线、基础上柱子的定位轴线和标高、地脚螺栓(锚栓)的规格和位置、地脚螺栓(锚栓)坚固应符合设计要求。钢网架结构支座定位轴线的位置、支座锚栓的规格应符合设计要求。

4.4.2.5.10.2 建筑钢结构焊接工艺评定报告(C2.5.2.21)

施工单位对其首次采用的钢材、焊接材料、焊接方法、焊后热处理等，应进行焊接工艺试验或评定，并应根据评定报告确定焊接工艺。

安装的测量校正、高强度螺栓安装、负温度下施工及焊接工艺等，应在安装前进行工艺试验或评定，并应在此基础上制定相应的施工工艺或方案。

4.4.2.5.10.3 钢结构安装施工记录(C2.5.2.22)

钢结构主要受力构件安装应检查垂直度、侧向弯曲等安装偏差，并做施工记录。

钢结构主体结构在形成空间刚度单元并连接固定后，应检查整体垂直度和整体平面弯曲度的安装偏差，并做施工记录。

钢网架结构总拼完成后及屋面工程完成后，应检查挠度值和其他安装偏差，并做施工记录。

4.4.2.5.10.4 高强度螺栓连接副扭矩检验记录(C2.5.2.23)

高强度螺栓连接副扭矩检验含初拧、复拧、终拧扭矩的现场无损检验。施拧顺序和初拧、复拧、终拧扭矩应符合设计要求和国家标准《钢结构工程施工质量验收规范》GB 50205 和行业标准《钢结构高强度螺栓连接的设计施工及验收规程》JGJ 82 的规定。

4.4.2.5.10.5 防腐涂料涂装检查记录(C2.5.2.24)

涂装前钢材表面处理后不应有焊渣、焊疤、灰尘、油污、水和毛刺等，钢材表面除锈应符合设计要求和现行国家有关标准的规定。

用于漆膜测厚仪检查涂层厚度均应符合设计要求，当钢结构处在有腐蚀介质环境或外露且设计有要求时，应进行涂层附着力的测试。

4.4.2.5.10.6 防火涂料涂装检查记录(C2.5.2.25)

防火涂料涂装前，钢材表面除锈及防锈底漆涂装应符合设计要求和现行国家有关标准的规定。

4.4.2.5.11 木结构工程施工记录(C2.5.2.26)

应检查木桁架、梁和柱等构件的制作、安装，屋架安装允许偏差和屋盖横向支撑的完整性等，并做施工记录。

4.4.3 工程质量验收资料

4.4.3.1 检验批、分项、(子)分部的划分

4.4.3.1.1 检验批、分项、(子)分部划分原则

参照4.3.3.1.1内容。

4.4.3.1.2 主体的子分部、分项工程划分内容

1. 主体结构工程子分部、分项工程划分的内容

分部工程	子分部工程	分项工程
主体结构	混凝土结构	模板,钢筋,混凝土,预应力、现浇结构,装配式结构
	劲钢(管)混凝土结构	劲钢(管)焊接、螺栓连接、劲钢(管)与钢筋的连接,劲钢(管)制作、安装,混凝土
	砌体结构	砖砌体,混凝土小型空心砌块砌体、石砌体,填充墙砌体,配筋砖砌体
	钢结构	钢结构焊接,紧固件连接,钢零部件加工,单层钢结构安装,多层及高层钢结构安装,钢结构涂装、钢构件组装,钢构件预拼装,钢网架结构安装,压型金属板
	木结构	方木和原木结构、胶合木结构、轻型木结构,木构件防护
	网架和索膜结构	网架制作、网架安装,索膜安装,网架防火、防腐涂料

2. 主体结构工程各子分部工程与分项工程代号及相关表

分项工程 \ 子分部工程		01 混凝土结构	02 劲钢(管)砼结构	03 砌体结构	04 钢结构	05 木结构	06 网架和索膜
序号	名称						
1	模板(安装、预制构件、拆除)(Ⅰ)(Ⅱ)(Ⅲ) 010601,020101						
2	钢筋(加工、连接)(Ⅰ)(Ⅱ) 010602,020102	●					
3	混凝土(原材料及配合比施工)(Ⅰ)(Ⅱ) 010603,020103	●					
4	预应力(原材料、制安、放张封锚)(Ⅰ)(Ⅱ)(Ⅲ) 020104	●					
5	现浇结构(结构、基础)(Ⅰ)(Ⅱ) 010604,020105	●					
6	装配式结构(预制构件、装配)(Ⅰ)(Ⅱ) 020106	●					
7	砖砌体 010701,020301			●			
8	混凝土小型空心砌块砌体 010702,020302			●			

续表

	分项工程	子分部工程	01 混凝土结构	02 劲钢(管)砼结构	03 砌体结构	04 钢结构	05 木结构	06 网架和索膜
9	石砌体	010704,020303			●			
10	填充墙砌体	020304			●			
11	配筋砖砌体	010703,020305			●			
12	钢结构焊接(Ⅰ)(Ⅱ)	010901,020401				●		
13	坚固件连接	010902,020402				●		
14	钢零部件加工	010903,020403				●		
15	单层钢构件安装	020404				●		
16	多层钢构件安装	020405				●		
17	钢构件组装	020406				●		
18	钢构件预拼装	020407				●		
19	钢网架安装	020408				●		
20	压型金属板安装	020409				●		
21	防腐涂料涂装	010905,020410				●	●	
22	防火涂料涂装	010906,020411				●	●	
23	木屋盖工程(方木和原木)						●	
24	胶合木结构						●	
25	轻型木结构(规格材、钉连接)						●	
26	木结构防腐、防虫、防火						●	
27								
28								

注:有●号者为该子分部工程所含的分项工程

4.4.3.2　检验批的验收

4.4.3.2.1.1　检验批验收流程

参照4.3.3.2.1.1内容。

4.4.3.2.1.2　检验批验收组织程序

参照4.3.3.2.1.2内容。

4.4.3.2.1.3 检验批验收的内容

参照4.3.3.2.1.3内容。

4.4.3.2.1.4 检验批质量验收记录填写要求

参照4.3.3.2.1.4内容。

4.4.3.2.1.5 检验批质量验收记录填写范例

砖砌体(混水)工程检验批质量验收记录表

GB50203-2002

020301□□

单位(子单位)工程名称			××市××花园8号楼											
分部(子分部)工程名称			砖砌体子分部工程							验收部分			一层1-19/A-D轴	
施工单位	××市第一建筑工程公司									项目经理			×××	
施工执行标准名称及编号			QB/T 020301 砖砌体工程施工工艺标准											
施工质量验收规范的规定				施工单位检查评定记录										监理(建设)单位验收记录
主控项目	1	砖强度等级	设计要求MU	√										符合要求
	2	砂浆强度等级	设计要求M	√										符合要求
	3	水平灰缝砂浆饱满度	≥80%	8	9	8	7	8	9	8	9	8	8	符合要求
	4	斜槎留置	第5.2.3条	√										符合要求
	5	直槎拉结筋及接槎处理	第5.2.4条	√										符合要求
	7	垂直度(每层)	≤5mm	2	2	3	1	2	1	4	2	3	2	符合要求
一般项目	1	组砌方法	第5.3.1条	√										符合要求
	2	水平灰缝厚度10mm	8~12mm	8	9	8	8	8	9	8	9	8	8	符合要求
	3	基础顶面、楼面标高	±15mm	8	9	8	7	8	9	8	9	8	8	符合要求
	4	表面平整度(混水)	8mm	5	2	3	3	1	2	2	3	2	1	符合要求
	5	门窗洞口高度宽	+5mm	1	2	1	1	4	4	5	5	6	6	符合要求
	6	外墙上下窗口偏移	20mm	8	9	8	7	8	9	8	9	8	8	符合要求
	7	水平灰缝平直度(混水)	10mm	4	1	5	6	5	6	6	7	7	8	符合要求
施工单位检查评定结果			专业工长(施工员)	×××						施工班组长			×××	
			符合施工质量验收规范要求。 项目专业质量检查员:××× ××年×月×日											
监理(建设)单位验收结论			验收合格 专业监理工程师:××× (建设单位项目专业技术负责人): ××年×月×日											

4.4.3.3 分项工程的验收

4.4.3.3.1.1 分项工程验收流程

参照4.3.3.3.1.1内容。

4.4.3.3.1.2 分项工程验收组织程序

参照4.3.3.3.1.2内容。

4.4.3.3.1.3 分项工程验收的内容

参照4.3.3.3.1.3内容。

4.4.3.3.1.4 分项工程质量验收记录填写要求

参照4.3.3.3.1.4内容。

4.4.3.3.1.5 分项工程质量验收记录填写范例

模板分项工程质量验收记录

工程名称	××市××花园8号楼	结构类型	框架	检验批数	5
施工单位	××市第一建筑工程公司	项目经理	×××	项目技术负责人	×××
分包单位	/	分包单位负责人	/	分包项目经理	/
序号	检验批部位、区段	施工单位评定结果		监理(建设)单位验收结论	
1	一层框架柱模板安装	符合要求		同意验收	
2	二层框架柱模板安装	符合要求		同意验收	
3	三层框架柱模板安装	符合要求		同意验收	
4	四层框架柱模板安装	符合要求		同意验收	
5	五层框架柱模板安装	符合要求		同意验收	
检查结论	模板工程施工质量符合《混凝土结构工程施工质量验收规范》的要求,分项工程合格 项目专业技术负责人:××× × 年×月×日		验收结论	同意施工单位检查结论,验收合格 监理工程师:××× (建设单位项目专业技术负责人) × 年×月×日	

4.4.3.4 分部工程的验收

4.4.3.4.1.1 分部工程验收流程

参照4.3.3.4.1.1内容。

4.4.3.4.1.2 分部工程验收组织程序

参照4.3.3.4.1.2内容。

4.4.3.4.1.3 分部工程验收的内容

参照4.3.3.4.1.3内容。

4.4.3.4.1.4 分部工程质量验收记录填写要求

参照4.3.3.4.1.4内容。

4.4.3.4.1.5 分部工程质量验收记录填写范例

主体分部工程质量验收记录

工程名称	××市××花园8号楼	结构类型	框架	层 数	8
施工单位	××市第一建筑工程公司	技术部门负责人	×××	质量部门负责人	×××
分包单位	/	分包单位负责人	/	分包技术负责人	/
序号	子分部(分项)工程名称	检验批数	施工单位检查评定	验收意见	
1	混凝土结构	8	√	符合要求	
2	砌体基础结构	8	√	符合要求	
3					
4					
5					
6					
7					
8					
质量控制资料		√		各子分部(分项)工程质量控制资料齐全	
安全和功能检验(检测)报告		混凝土强度实体检测达到设计要求140%		同意施工单位评定	
观感质量验收		观感质量良好		同意施工单位评定	
验收单位	分包单位		项目经理:/	年 月 日	
验收单位	施工单位		项目经理:×××	××年×月×日	
验收单位	勘察单位		项目负责人:×××	××年×月×日	
验收单位	设计单位		项目负责人:×××	××年×月×日	
验收单位	监理(建设单位)		总监理工程师:××× (建设单位项目专业负责人)	××年×月×日	

4.4.4 工程竣工图

参照4.3.4的内容。

4.5 建筑装饰装修工程资料管理

4.5.1 工程技术管理资料

参照4.3.1内容。

4.5.2 工程质量控制资料

4.5.2.1 图纸会审/设计变更/洽商记录

参照4.3.2.1内容。

4.5.2.2 原材料质量证明文件和进场复试报告

4.5.2.2.1 基本规定

参照4.3.2.2.1内容。

4.5.2.2.2 ______质量证明文件和复验报告汇总表(通用)(C2.2.0.1)

参照4.3.2.2.2内容。

4.5.2.2.3 ______质量证明文件粘贴表(通用)(C2.2.0.2)

参照4.3.2.2.3内容。

4.5.2.2.4 ______复验(试验)报告(通用)(C2.2.0.3)

参照4.3.2.2.4内容。

4.5.2.2.5 地面工程

4.5.2.2.5.1 基层材质合格证明文件、检测报告和复验报告

4.5.2.2.5.1.1 基土土质检查记录(C2.2.3.1)

基土施工前应对土质进行检查,并有土质检查记录。严禁用淤泥、腐植土、冻土、耕植土、膨胀土和含有有机物质大于8%的土作为填土。

4.5.2.2.5.1.2 灰土垫层的材质检查记录(C2.2.3.2)

熟化石灰颗粒粒径不得大于5mm;粘土(或粉质粘土、粉土)内不得含有有机物质,颗粒粒径不得大于15mm。

4.5.2.2.5.1.3 砂垫层和砂石垫层的材质合格证明文件及检测报告(C2.2.3.3)

砂和砂石不得含有草根等有机杂质;砂应采用中砂;石子最大粒径不得大于垫层厚度的2/3。

4.5.2.2.5.1.4 碎石垫层和碎砖垫层的材质合格证明文件及检测报告(C2.2.3.4)

碎石的强度应均匀,最大粒径不应大于垫层厚度的2/3;碎砖不应采用风化、酥松、夹有有机杂质的砖料，颗粒粒径不应大于60mm。

4.5.2.2.5.1.5 **三合土垫层的材质合格证明文件及检测报告**(C2.2.3.5)

熟化石灰颗粒粒径不得大于5mm；砂应用中砂，并不得含有草根等有机物质；碎砖不应采用风化、酥松和有机杂质的砖料，颗粒粒径不应大于60mm。

4.5.2.2.5.1.6 **炉渣垫层的材质合格证明文件及检测报告**(C2.2.3.6)

炉渣内不应含有有机杂技和未燃尽的煤块，颗粒粒径不应大于40mm，且颗粒粒径在5mm及其以下的颗粒不得超过总体积的40%；熟化石灰颗粒粒径不得大于5mm。

4.5.2.2.5.1.7 **水泥混凝土垫层的材质合格证明文件、检测报告和复验报告**(C2.2.3.7)

水泥进场应有笔验报告；采用的粗骨料，其最大粒径不应大于垫层厚度的2/3，含泥量不应大于2%；砂为中粗砂，其含泥量不应大于3%。

4.5.2.2.5.1.8 **找平层的材质合格证明文件、检测报告和复验报告**(C2.2.3.8)

水泥进场应有复验报告；采用碎石或卵石的粒径不应大于其厚度的2/3，含泥量不应大于2%；砂为中粗砂，其含泥量不应大于3%。

4.5.2.2.5.1.9 **隔离层材质合格证明文件、检测报告和复验报告**(C2.2.3.9)

隔离层材质必须符合设计要求和国家产品标准的规定。隔离层的防水材料应经有资质的检测单位复验，复验要求应符合有关规定。

4.5.2.2.5.1.10 **填充层的材质合格证明文件及检测报告**(C2.2.3.10)

填充层应按设计要求选用材料，其密度和导热系数应符合国家有关产品标准的规定。

4.5.2.2.5.2 **整体面层材质合格证明文件、检测报告和复验报告**

4.5.2.2.5.2.1 **水泥混凝土面层材质合格证明文件、检测报告和复验报告**(C2.2.3.11)

水泥进场应有复验报告，采用硅酸盐水泥，普通硅酸盐水泥，其强度等级不应小于32.5，不同品种、不同强度等级的水泥严禁混用砂应为中粗砂，当采用三屑时，其粒径尖为1~5mm，且含泥量不应大于3%。粗骨料最大粒径不应大于面层厚度的2/3，细石混凝土面层采用的石子粒径不应大于15mm。

4.5.2.2.5.2.2 **水磨石面层材质合格证明文件、检测报告和复验报告**(C2.2.3.12)

水泥进场应有复验报告，其强度等级不应小于32.5；石粒应采用坚硬可磨白云石、人理石等岩石加工而成，石粒应洁净无杂物，其粒径除特殊要求外应为6~15mm；颜料应采用耐光、耐碱的矿物原料，不得使用酸性颜料。

4.5.2.2.5.2.3 **水泥钢(铁)屑面层材质合格证明文件、检测报告和复验报告**(C2.2.3.13)

水泥进场应有复验报告，其强度等级不应小于32.5；钢(铁)屑的粒径应为1~5mm；钢(铁)屑中不应有其他杂质，使用前应去油除锈，冲洗干净并干燥。

4.5.2.2.5.2.4 **防油渗面层材质合格证明文件、检测报告和复验报告**(C2.2.3.14)

混凝土所有的水泥应有复验报告，应采用普通硅酸盐水泥，其强度等级应不小于32.5；碎石应采用花岗岩或石英石，严禁使用松散多孔和吸水率大的石子，粒径为5~15mm，其最大粒径不应大于20mm,含泥量不应大于1%;砂应为中砂,洁净无杂物,其细度模数应为2.3~2.;掺入的外加剂和防油渗剂应符合产品质量标准。防油渗涂料应具有耐油、耐磨耐火和粘结性能。

4.5.2.2.5.2.5 不发火(防爆的)的面层材质合格证明文件、检测报告和复验报告(C2.2.3.15)

水泥进场应有复验报告,应采用普通硅酸盐水泥,其强度等级不应小于35.5;采用的碎石应选用大理石、白云石或其他颜料加工而成,含泥量不应大于3%,有机物含量不应大于0.5%;面层分格的嵌条应采用不发生火花的材料配制。

4.5.2.2.5.3 板块面层材质合格证明文件、检测报告和复验报告

4.5.2.2.5.3.1 砖面层材质合格证明文件及检测报告(C2.2.3.16)

所用板块的品种、质量必须符合设计要求;面层采用胶粘剂在结合层上粘贴砖面层时,胶粘剂选用应符合现行国家标准《民用建筑工程室内环境污染控制规范》GB 50325的规定。

4.5.2.2.5.3.2 大理石、花岗岩面层材质合格证明文件及检测报告(C2.2.3.17)

所用板块的品种、质量应符合设计要求;必须符合现行国家行业标准《天然石材产品放射防护分类控制标准》JC 518中有关材料有害物质的限量规定,进场应有检测报告。

4.5.2.2.5.3.3 预制水泥混凝土板块、水磨石板块材质合格证明文件及检测报告(C2.2.3.18)

预制板块的强度等级、规格、质量应符合设计要求;水磨石板块尚应符合现行国家行业标准《建筑水磨石制品》JC/T 507的规定。

4.5.2.2.5.3.4 料石面层材质合格证明文件及检测报告(C2.2.3.19)

料石面层的材质应符合设计要求;条石的强度等级应大于Mu60,块石的强度等级应大于Mu30。

4.5.2.2.5.3.5 塑料板面层材质合格证明文件及检测报告(C2.2.3.20)

所用的塑料板块和卷材的品种、规格、颜色、等级应符合设计要求和现行国家标准的规定;胶粘剂选用应符合现行国家标准《民用建筑工程室内环境污染控制规范》GB 50325的规定。其产品应按基层材料和面层材料使用的相容性要求,并通过试验确定。

4.5.2.2.5.3.6 活动地板面层材质合格证明文件及检测报告(C2.2.3.21)

活动地板面层的材质必须符合设计要求,且应具有耐磨、防潮、粗燃、耐污染、耐老化和导静电等特点。

4.5.2.2.5.3.7 地毯面层材质合格证明文件(C2.2.3.22)

地毯的品种、规格、颜色、花色、胶料和辅料及其材质必须符合设计要求和现行国家地毯产品标准的规定。

4.5.2.2.5.3.8 木搁栅、垫木、毛地板材质检查记录(C2.2.3.23)

木搁栅、垫木、毛地板采用木材的树种、选材标准和铺设时木材含水率以及防腐、防蛀处理等,均应符合现行国家标准《木结构工程施工质量验收规范》GB 50206的有关规定。所选用的材料,进场时应对其断面尺寸、含水率等主要指标进行抽检,抽检数量应符合产品标准的规定。

4.5.2.2.5.3.9　**实木地板材质合格证明文件及检测报告**(C2.2.3.24)

实木地板应采用具有商品检验合格证的产品,其产品类别、型号、适用树种、检验规则以及技术条件等均应符合现行国家标准《实木地板块》GB/T 15036.1 ~2 的规定。实木地板面层所采用的材质和铺设时的木材含水率必须符合设计要求。

4.5.2.2.5.3.10　**实木复合地板材质合格证明文件及检测报告**(C2.2.3.25)

实木复合地板采用具有商品检验合格证的产品,其技术等级及质量要求均应符合现行国家标准的规定。

4.5.2.2.5.3.11　**中密度(强化)复合地板材质合格证明文件及检测报告**(C2.2.3.26)

中密度(强化)复合地板应采用具有商品检验合格证的产品,其技术等级及质量要求均应符合现行国家标准的规定。

4.5.2.2.5.3.12　**竹地板材质合格证明文件及检测报告**(C2.2.3.27)

竹地板应经严格选材、硫化、防腐、防蛀处理,并采用具有商品检验合格证的产品,其技术等级及质量要求均应符合现行国家行业标准《竹地板》GB/T 20240 的规定。

4.5.2.2.5.3.13　**胶粘剂和涂料质量合格证明文件及检测报告**(C2.2.3.28)

胶粘剂和涂料应符合现行国家标准《民用建筑工程室内环境污染控制规范》GB 50325 的规定。

4.5.2.2.6　**抹灰工程**

4.5.2.2.6.1　**一般抹灰材料产品合格证书和复验报告**(C2.2.3.29)

一般抹灰所用材料的品种和性能应符合设计要求。水泥的凝结时间和安定性复验应合格,并应有复验报告。

4.5.2.2.6.2　**装饰抹灰材料产品合格证书和复验报告**(C2.2.3.30)

装饰抹灰工程所用材料的品种和性能应符合设计要求。水泥的凝结时间和安定性复验应合格,并应有复验报告。

4.5.2.2.6.3　**清水砌体勾缝所用水泥复验报告**(C2.2.3.31)

清水砌体勾缝所用水泥的凝结时间和安定性复验应合格,并应有复验报告。

4.5.2.2.7　**门窗工程**

4.5.2.2.7.1　**木门窗产品合格证书和复验报告**(C2.2.3.32)

木门窗的品种、类型、规格、开启方向应符合设计要求。制作木门窗的木材品种、材质等级及人造木板的甲醛含量应符合设计要求;人造木板的甲醛含量应进行复验,并应有复验报告。

4.5.2.2.7.2　**金属门窗产品合格证书、性能检测报告和复验报告**(C2.2.3.33)

金属门窗的品种、类型、规格、尺寸、性能、开启方向及铝合金门窗的型材壁厚应符合设计要求。建筑外墙金属窗必须进行抗风压性能、空气渗透性能和雨水渗透性能复验,并应有复验报告。

4.5.2.2.7.3 **塑料门窗产品合格证书、性能检测报告和复验报告**(C2.2.3.34)

颜料门窗的品种、类型、规格、尺寸、开启方向应符合设计要求,内衬增强型钢的壁厚及设置应符合现行国家产品标准的质量要求。建筑外墙塑料窗必须进行抗风压性能、空气渗透性能和雨水渗透性能复验,并应有复验报告。

4.5.2.2.7.4 **特种门生产许可证、产品合格证书和性能检测报告**(C2.2.3.35)

特种门的质量和各项性能应符合设计要求。特种门必须有生产许可证。

4.5.2.2.7.5 **玻璃产品合格证书、性能检测报告**(C2.2.3.36)

玻璃的品种、规格、尺寸、色彩、图案和涂膜朝向应符合设计要求。单块玻璃大于1.5m^2 时必须使用安全玻璃。

4.5.2.2.8 **吊顶工程**

4.5.2.2.8.1 **暗龙骨吊顶材料产品合格证书、性能检测报告和复验报告**(C2.2.3.37)

饰面材料的材质、品种、规格应符合设计要求。吊杆、龙骨的材质、规格应符合设计要求,金属吊杆、龙骨应经过表面防腐处理;木吊杆、龙骨应进行防腐、防火处理。采用的人造木板应进行甲醛含量复验,并应有复验报告。

4.5.2.2.8.2 **明龙骨吊顶材料产品合格证书、性能检测报告和复验报告**(C2.2.3.38)

饰面材料的材质、品种、规格、图案和颜色应符合设计要求。当饰面材料为玻璃板时,应使用安全玻璃或采取可靠的安全措施。吊杆、龙骨的材质、规格应符合设计要求,金属吊杆、龙骨应进行表面防腐处理,木龙骨应进行防腐、防火处理。采用的人造木板必须进行甲醛含量复验,并应有复验报告。

4.5.2.2.9 **轻质隔墙工程**

4.5.2.2.9.1 **板材隔墙产品合格证书和性能检测报告**(C2.2.3.39)

板材的品种、规格、性能、颜色应符合设计要求。有隔声、隔热、阻燃、防潮等特殊要求的工程,板材应有相应性能等级的检测报告。

4.5.2.2.9.2 **骨架隔墙产品合格证书、性能检测报告和复验报告**(C2.2.3.40)

骨架隔墙所用龙骨、配件、墙面板、填充材料及嵌缝材料的品种、规格、性能和木材的含水率应符合设计要求。有隔声、隔热、阻燃、防潮等特殊要求的工程,材料应有相应性能等级的检测报告。采用的人造木板必须进行甲醛含量复验,并应有复验报告。

4.5.2.2.9.3 **活动隔墙产品合格证书、性能检测报告和复验报告**(C2.2.3.41)

活动隔墙所用墙板、配件等材料的品种、规格、性能和木材的含水率应符合设计要求。有阻燃、防潮等特性要求的工程,材料应有相应性能等级的检测报告。采用的人造木板必须进行甲醛含量复验,并应有复验报告。

4.5.2.2.9.4 **玻璃隔墙产品合格证书和性能检测报告**(C2.2.3.42)

工程所用材料的品种、规格、性能、图案和颜色应符合设计要求。玻璃板隔墙应使用安全玻璃。

4.5.2.2.10 **饰面板(砖)工程**

4.5.2.2.10.1 **饰面板产品合格证书、性能检测报告和复验报告**(C2.2.3.43)

饰面板的品种、规格、颜色和性能应符合设计要求,木龙骨、木饰面板和塑料饰面板的燃烧性能等级应符合设计要求。室内用花岗岩必须进行放射性复验,并应有复验报告。

4.5.2.2.10.2 **饰面砖产品合格证书、性能检测报告和复验报告**(C2.2.3.44)

饰面砖的品种、规格、图案、颜色和性能应符合设计要求。饰面砖粘贴工程的找平、防水、粘结和勾缝材料应符合设计要求及现行国家产品标准的有关规定。粘贴用水泥应进行凝结时间、安定性和抗压强度复验,并应有复验报告。外墙用陶瓷面砖应进行吸水率复验,并应有复验报告。寒冷地区外墙用陶瓷面砖还应进行抗冻性复验,并应有复验报告。

4.5.2.2.11 **涂饰工程**

4.5.2.2.11.1 **水性涂料产品合格证书和性能检测报告**(C2.2.3.45)

涂料的品种、型号和性能应符合设计要求。

4.5.2.2.11.2 **溶剂型涂料产品合格证书和性能检测报告**(C2.2.3.46)

涂料的品种、型号和性能应符合设计要求。

4.5.2.2.12 **裱糊与软包工程**

4.5.2.2.12.1 **裱糊材料产品合格证书和性能检测报告**(C2.2.3.47)

壁纸、墙布的种类、规格、图案、颜色和燃烧性能等级必须符合设计要求及现行国家标准的有关规定。

4.5.2.2.12.2 **软包材料产品合格证书和性能检测报告**(C2.2.3.48)

软包面料、内衬材料及边框的材质、颜色、图案、燃烧性能等级和木材的含水率应符合设计要求及现行国家标准有有关规定。

4.5.2.2.13 **细部工程**

4.5.2.2.13.1 **橱柜材料产品合格证书、性能检测报告和复验报告**(C2.2.3.49)

橱柜制作与安装所用材料的材质和规格、木材的燃烧性能等级和含水率、花岗岩的放射性及人造木板的甲醛含量应符合设计要求及现行国家标准的有关规定。室内用花岗岩必须进行放射性复验,并有复验报告。采用的人造木板必须进行甲醛含量复验,并应有复验报告。

4.5.2.2.13.2 **窗帘盒、窗台板和散热器罩材料合格证书、性能检测报告和复验报告**(C2.2.3.50)

窗帘盒、窗台板和散热器罩抽作与安装所使用材料的材质和规格、木材的燃烧性能等级和含水率、花岗岩的放射性及人造木板的甲醛含量应符合设计要求及现行国家标准的有关规定。室内用花岗岩必须进行放射性复验,并应有复验报告。采用的人造木板必须进行甲醛含量复验,并应有复验报告。

4.5.2.2.13.3 **门窗套材料产品合格证书、性能检测报告和复验报告**(C2.2.3.51)

门窗套制作与安装所使用材料的材质、规格、花纹和颜色,木材的燃烧性能等级和含水率,花岗岩的放射性及人造木板甲醛含量应符合设计要求及现行国家标准的有关规定。室内用花岗岩必须进行放射性复验,并应有复验报告采用的人造木板必须进行甲醛含量复验,并应有复验报告。

4.5.2.2.13.4 **护栏和扶手材料产品合格证书和性能检测报告**(C2.2.3.52)

护栏和扶手制作与安装所使用材料的材质、规格和木材、塑料的燃烧性能等级应符合设计要求。护栏玻璃应使用公称厚度不小于12mm的钢化玻璃或钢化夹层玻璃。

4.5.2.2.13.5 **花饰产品合格证书**(C2.2.3.53)

花饰制作与安装所作用材料的材质、规格应符合设计要求。

4.5.2.2.14 **幕墙工程**

4.5.2.2.14.1 **钢材、铝合金型材产品合格证书、性能检测报告和复验报告**(C2.2.3.54)

幕墙工程使用的钢材、铝合金型材应有产品合格证书和力学性能检验报告,进口材料应有尽有国家商检部门的商检证。铝合金型材应有硬度和涂膜厚度的检测报告。

4.5.2.2.14.2 **硅酮结构胶产品合格证书、性能检测报告和复验报告**(C2.2.3.55)

硅酮结构胶应有质量保证书、产品合格证和认定证书,必须是中性硅酮结构密封胶,其性能必须符合《建筑用硅酮结构密封胶》GB 16776 的规定。进口硅酮结构胶还应有国家商检部门的商检证。硅酮结构胶应有尽有国家认可的检测机构出具的与实际工程用基材的相容性检验报告,双组份硅酮结构胶应有尽有均匀性和肃离试验报告,并应对邵氏硬度、标准条件拉伸粘结性能进行复验,并应有复验报告。

4.5.2.2.14.3 **密封材料及衬垫材料产品合格证书、性能检测报告和复验报告**(C2.2.3.56)

密封材料及衬垫材料应有产品合格证。密封胶应有国家认可的检测机构出具的与实际工程用基材的相容性检验报告。石材用密封胶应进行污染性复验,并应有复验报告。

4.5.2.2.14.4 **连接件、吊夹具、配件产品合格证书和性能检测报告**(C2.2.3.57)

连接件应有产品合格证、镀锌工艺处理质量证书,全玻幕墙玻璃吊夹具应有力学性能检验报告,螺栓、螺母、滑撑、限位器、门窗配件应有产品合格证,铆钉应有力学性能检验报告。

4.5.2.2.14.5 **防火材料产品合格证书和性能检测报告**(C2.2.3.58)

防火材料应有产品合格证书、材料耐火检验报告。

4.5.2.2.14.6 **玻璃产品合格证书和性能检测报告**(C2.2.3.59)

玻璃应有产品合格证,进口玻璃应有国家商检部门的商检证。中空玻璃应有型式检验报告,热反射玻璃应有光学性能检验报告,安全玻璃应有安全性能检测报告,并按有关规定取样复验,并应有复验报告。

4.5.2.2.14.7 **金属幕墙金属板产品合格证书、性能检测报告和复验报告**(C2.2.3.60)

金属幕墙所用的金属板应有产品合格证书、性能检测报告。铝塑复合板应对其剥离强度进行复验,并应有复验报告。

4.5.2.2.14.8 **8 石材幕墙石材产品合格证书、性能检测报告和复验报告**(C2.2.3.61)

石材幕墙所用的石材产品应有产品合格证书、性能检测报告。并应对石材的弯曲强度,寒冷地区石材的耐冻融性,室内用花岗岩的放射性进行复验,并应有复验报告。

4.5.2.3 施工试验记录

4.5.2.3.1 基本规定

参照4.3.2.3.1内容。

4.5.2.3.2 施工试验报告汇总表(C2.3.0.1)

参照4.3.2.3.2内容。

4.5.2.3.3 ________施工试验报告(通用)(C2.3.0.2)

参照4.3.2.3.3内容。

4.5.2.3.4 地面工程

4.5.2.3.4.1 土壤试验报告(C2.3.3.1)

素土回填、灰土及砂石垫层、砂石地基必须按层回填,按层试验,进行干密度指标测试,并应有取样位置示意图,取点分布应符合规定。设计图纸未标明控制最小干密度的应通过击实试验确定。

4.5.2.3.4.2 土壤击实试验报告(C2.3.3.2)

为确定回填的控制最小干密度,应对回填土进行击实试验,并应有土壤击实试验报告。设计图纸未标明控制最小干密度的应通过击实试验确定。

4.5.2.3.5 门窗工程

4.5.2.3.5.1 外窗气密性、水密性、耐风压试验报告(C2.3.3.3)

建筑外墙金属窗、塑料窗安装,必须提交工程所采用的金属窗、塑料窗产品的空气渗透性能、雨水渗透性能和风压变形性能的试验报告。

4.5.2.3.5.2 平面内变形性能试验报告(C2.3.3.4)

如设计要求,建筑外墙金属窗、塑料窗还应提交平面内变形性能试验报告。

4.5.2.3.6 饰面板(砖)工程

4.5.2.3.6.1 后置埋件拉拔试验报告(C2.3.3.5)

饰面板安装工程的预埋件(或后置埋件),应进行现场拉拔强度试验,现场拉拔强度必须符合设计要求。

4.5.2.3.6.2 外墙饰面砖样板的粘结强度试验报告(C2.3.3.6)

外墙饰面砖粘贴前和施工过程中,均应在相同基层上做样板件,并对样板的饰面粘结强度进行试验,其试验方法和结果判定应符合现行国家标准《建筑工程饰面砖粘结强度检验标准》JGJ 110的规定。

4.5.2.3.7 幕墙工程

4.5.2.3.7.1 幕墙气密性、水密性、耐风压试验报告(C2.3.3.7)

玻璃幕墙安装,必须提交工程所采用的玻璃幕墙产品的空气渗透性能、雨水渗透性能和风压变形性能的试验报告，还应根据设计要求，提交平面内变形性能试验报告。

4.5.2.3.7.2　**锚栓拉拔强度试验报告**(C2.3.3.8)

幕墙安装工程的锚栓，应进行现场拉拔强度试验，现场拉拔强度必须符合设计要求。

4.5.2.3.7.3　**防雷装置连接测试记录**(C2.3.3.9)

幕墙工程的避雷接地装置完成后，应对其安全及功能效果进行检测，并有测试记录。

4.5.2.3.8　**室内环境检测报告**(C2.3.3.10)

1. 民用建筑工程及室内装修工程，须按照现行国家标准《民用建筑工程室内环境控制规范》GB 50325 的要求，在工程完工至少 7 天以后，工程交付使用前，对室内环境污染物浓度进行检测。

2. 建设单位应委托具有相应资质的检测机构进行室内环境污染物浓度检测，并出具室内环境检测报告。室内环境污染物浓度检测应包括氡(Rn－222)、甲醛、氨、苯和总挥发性有机化合物(TVOC)的检测。

4.5.2.4　**隐蔽工程验收记录**

4.5.2.4.1　**基本规定**

参照 4.3.2.4.1 内容。

4.5.2.4.2　**隐蔽工程验收记录(通用)**(C2.4.0.1)

参照 4.3.2.4.2 内容。

4.5.2.4.3　**地面工程隐蔽验收记录**(C2.4.3.1)

地面工程应验收记录：地面垫层(灰土、炉渣、三合土)、基层、找平层、隔离层防水层、填充层、地龙骨等所用的材料品种、规格及施工方法，垫层及隔热材料、填充层的铺设厚度和密实度，地面铺设方式、坡标高、表面情况、密封处理、粘结情况等；防水层与墙体、地漏、管道根部等连接做法。

4.5.2.4.4　**抹灰工程隐蔽验收记录**(C2.4.3.2)

抹灰工程应验收记录：抹灰前基层表面的清除和洒水润湿；抹灰总厚度大于或等于 35mm 时的加强措施(分层厚度)；不同材料基体交接处的加强措施，当采用加强网时，加强网与基体的搭接宽度；加强构造的材料规格、铺设、固定、搭接等。

4.5.2.4.5　**门窗工程隐蔽验收记录**(C2.4.3.3)

门窗工程应验收记录：门窗预埋件和锚固件、螺栓的规格、数量、位置、间距、埋设方式、与框的连接方式，门窗框与主体连接部位的防腐、嵌填处理，密封材料的粘结等；塑料门窗内衬增强型材的壁厚及设置是否符合现行国家产品标准的要求。

4.5.2.4.6　**吊顶工程隐蔽验收记录**(C2.4.3.4)

吊顶工程应验收记录：吊顶内的吊杆、龙骨、吊件的材质、规格、安装间距及连接方式、固定方法；金属吊杆、龙骨的表面防腐处理；木龙骨防火、防腐处理；填充材料和吸声材料的品种、堆积、铺设的厚度、固定方法等；吊杆龙骨的安装质量、牢固程度是否符合规范规定。

4.5.2.4.7 轻质隔墙工程隐蔽验收记录(C2.4.3.5)

轻质隔墙工程应验收记录:轻质隔墙的骨架龙骨、预埋件、连接件、拉结筋的材质、规格、位置、安装间距、数量、连接方法;木龙骨及木面板的防火、防腐处理;填充材料的设置(材料是否干燥,填充是否密实、均匀,是否下附);门窗洞口等部位加强龙骨的位置是否正确、牢固;边框龙骨与周边墙体及顶棚连接是否牢固,安装是否规范;隔墙板材所用接缝材料的品种及接缝方法。

4.5.2.4.8 饰面板(砖)工程隐蔽验收记录(C2.4.3.6)

饰面板(砖)工程应验收记录:饰面板(砖)安装的预埋件(或后置埋件)、连接件的数量、规格、位置、连接方法和防腐处理,后置埋件的现场拉拔强度是否符合设计要求;厨房、厕所、墙裙等部位的防水层处理;湿作业法粘贴的石材防碱背涂处理;防水层、找平层的构造做法等。

4.5.2.4.9 涂饰工程隐蔽验收记录(C2.4.3.7)

涂饰工程应检查验收记录基层处理情况:旧装修层清除及涂刷界面剂,基层涂刷抗碱封闭底漆,基层的含水率和腻子的使用等。

4.5.2.4.10 裱糊与软包工程隐蔽验收记录(C2.4.3.8)

裱糊工程应检查验收记录基层处理情况:旧装修层清除及涂刷界面剂,基层涂刷抗碱封闭底漆,基层的含水率,腻子的使用,基层表面平整度、立面垂直度及阴阳角方正应达到高级抹灰的要求,基层表面颜色应一致。

4.5.2.4.11 细部工程隐蔽验收记录(C2.4.3.9)

细部工程应验收记录:细部工程中橱柜、护栏和扶手等的预埋件(或后置埋件)和连接件的数量、规格、位置、连接方式、防腐处理以及护栏与预埋件的连接节点是否符合设计要求。

4.5.2.4.12 幕墙工程隐蔽验收记录(C2.4.3.10)

幕墙工程应验收记录:幕墙工程的各种预埋件、连接件、坚固件的数量、规格、位置、连接方法和防腐处理;幕墙的构件之间以及构件与主体结构的连接节点的安装和防腐处理;其安装质量是否牢固,连接是否符合设计及规范要求;当无预埋件而采用其他方式可靠连接时,是否通过试验确定其承载力,有无试验报告。幕墙的防火、保温、防潮材料的设置及质量;幕墙的防雷装置是否与主体结构防雷装置可靠连接。幕墙四周、幕墙与主体结构之间间隙节点的处理、封口的安装;幕墙伸缩缝、沉降缝、防震缝及墙面转角节点和安装;幕墙防雷接地节点的安装等。

4.5.2.5 施工记录

4.5.2.5.1 基本规定

参照4.3.2.5.1内容。

4.5.2.5.2 ________施工记录(通用)(C2.5.0.1)

参照4.3.2.5.2内容。

4.5.2.5.3 交接检验记录(C2.5.0.2)

参照4.3.2.5.3内容。

4.5.2.5.4 不合格项目处理记录(C2.5.0.3)

参照4.3.2.5.4内容。

4.5.2.5.5　样板间(件)施工记录(C2.5.3.1)

建筑装饰装修工程施工前应有主要材料的样板或做样板或做样板间(件),并应经有关各方确认。

4.5.2.5.6　防水工程试水检查记录(C2.5.3.2)

1. 凡有防水要求的浴室、卫生间、厨房、预制外墙板等工程,均应在工程完工后,进行防水工程试水检查验收,并认真做好记录。

2. 浴室、卫生间、厨房等有防水要求的房间地面,在防水工程完成和竣工验收时应进行蓄水试验。

4.5.2.5.7　幕墙工程施工记录

4.5.2.5.7.1　幕墙注胶检查记录(C2.5.3.3)

硅酮结构胶注胶应做施工记录,注胶应饱满、密实、连续、均匀、无气泡,宽度和厚度应符合设计要求和技术标准规定。注胶的温度、湿度应符合现行国家标准《建筑装饰装修工程质量验收规范》GB 50210 的规定。

4.5.2.5.7.2　幕墙淋水检查记录(C2.5.3.4)

玻璃幕墙转角、上下、侧边、封口及与周边墙体的连接构造应满足密封防水要求,应进行淋水试验,并填写《防水工程试水检查试验记录》。幕墙淋水试验方法及要求见现行国家标准《玻璃幕墙工程质量检验标准》JGJ/T 139 附录 C。

4.5.2.5.7.3　玻璃应力检验记录(C2.5.3.5)

检验幕墙安装质量应用表面应力检测仪检查玻璃表面应力。

4.5.3　工程质量验收资料

4.5.3.1　检验批、分项、(子)分部的划分

4.5.3.1.1　检验批、分项、(子)分部划分原则

参照 4.3.3.1.1 内容。

4.5.3.1.2　建筑装饰装修工程的子分部、分项工程划分内容

装饰装修工程子分部、分项工程划分的内容如下:

装饰装修工程各子分部工程与分项工程相关表

分项工程 \ 子分部工程			01 建筑地面	02 抹灰	03 门窗	04 吊顶	05 轻质隔墙	06 饰面板(砖)	07 幕墙	08 涂饰	09 裱糊与软包	10 细部
序号	名　称											
1	基层(基土垫层)工程(Ⅰ)	030101	●									

续表

分项工程	子分部工程		01 建筑地面	02 抹灰	03 门窗	04 吊顶	05 轻质隔墙	06 饰面板(砖)	07 幕墙	08 涂饰	09 裱糊与软包	10 细部
2	基层(灰土垫层)工程(Ⅱ)	030101	●									
3	基层(砂层和砂石垫层)工程(Ⅲ)	030101	●									
4	基层(碎石垫层和碎砖垫层)工程(Ⅳ)	030101	●									
5	基层(三合土垫层)工程(Ⅴ)	030101	●									
6	基层(炉渣垫层)工程(Ⅵ)	030101	●									
7	基层(水泥混凝土垫层)工程(Ⅶ)	030101	●									
8	基层(找平层)工程(Ⅷ)	030101	●									
9	基层(隔离层)工程(Ⅸ)	030101	●									
10	基层(填充层)工程(Ⅹ)	030101	●									
11	水泥混凝土面层工程	030102	●									
12	水磨石面层工程	030103	●									
13	水泥钢屑面层工程	030104	●									
14	防油渗面层工程	030105	●									
15	不发火(防爆)面层工程	030106	●									
16	砖面层工程	030107	●									
17	大理石和花岗石面层工程	030108	●									
18	预制板面层工程	030109	●									
19	料石面层工程	030110	●									
20	塑料板面层工程	030111	●									
21	活动地板面层工程	030112	●									
22	地毯面层工程	030113	●									
23	实木地板面层工程	030114	●									
24	实木复合地板面层工程	030115	●									

续表

子分部工程 / 分项工程			01 建筑地面	02 抹灰	03 门窗	04 吊顶	05 轻质隔墙	06 饰面板(砖)	07 幕墙	08 涂饰	09 裱糊与软包	10 细部
25	中密度(强化)复合地板面层工程	030116	●									
26	竹地板面层工程	030117	●									
27	一般抹灰工程	030201		●								
28	装饰抹灰工程	030202		●								
29	清水墙砌体勾缝工程	030203		●								
30	木门窗制作与安装工程	030301			●							
31	金属门窗(钢、铝合金、涂色镀锌板门窗)	030302			●							
32	塑料门窗	030303			●							
33	特种门窗	030304			●							
34	门窗玻璃安装	030305			●							
35	暗龙骨吊顶	030401				●						
36	明龙骨吊顶	030402				●						
37	板材隔墙	030501					●					
38	骨架隔墙	030502					●					
39	活动隔墙	030503					●					
40	玻璃隔墙	030504					●					
41	饰面板安装	030601						●				
42	饰面砖粘贴	030602						●				
43	玻璃幕墙	030701							●			
44	金属幕墙	030702							●			
45	石材幕墙	030703							●			
46	水性涂料涂饰	030801								●		
47	溶剂形涂料涂饰	030802								●		

续表

子分部工程 / 分项工程			01 建筑地面	02 抹灰	03 门窗	04 吊顶	05 轻质隔墙	06 饰面板(砖)	07 幕墙	08 涂饰	09 裱糊与软包	10 细部
48	美术涂料涂饰	030803								●		
49	裱糊	030901									●	
50	软包	030902									●	
51	橱框制作与安装	031001										●
52	窗帘盒、窗台板和散热器罩制作与安装	031002										●
53	门窗套制作与安装	031003										●
54	护栏和扶手制作与安装	031004										●
55	花饰制作与安装	031005										●
56												
57												
58												
59												
60												

注:有●号者为该子分部工程所含的分项工程

4.5.3.2　检验批的验收

4.5.3.2.1.1　检验批验收流程

参照4.3.3.2.1内容。

4.5.3.2.1.2　检验批验收组织程序

参照4.3.3.2.2内容。

4.5.3.2.1.3　检验批验收的内容

参照4.3.3.2.3内容。

4.5.3.2.1.4　检验批质量验收记录填写要求

参照4.3.3.2.1内容。

4.5.3.2.1.5　检验批质量验收记录填写范例

一般抹灰工程检验批质量验收记录表
GB50210 -2001

030201□□

<table>
<tr><td colspan="3">单位(子单位)工程名称</td><td colspan="3">××市××花园8号楼</td></tr>
<tr><td colspan="3">分部(子分部)工程名称</td><td colspan="2">抹灰子分部工程</td><td>验收部位</td><td>一层1-19/A-D轴</td></tr>
<tr><td colspan="2">施工单位</td><td colspan="3">××市第一建筑工程公司</td><td>项目经理</td><td>×××</td></tr>
<tr><td colspan="3">施工执行标准名称及编号</td><td colspan="4">QB/T030201 一般抹灰工程施工工艺标准</td></tr>
<tr><td colspan="2">分包单位</td><td colspan="3"></td><td>分包项目经理</td><td></td></tr>
<tr><td colspan="4">施工质量验收规范的规定</td><td colspan="2">施工单位检查评定记录</td><td>监理(建设)单位验收记录</td></tr>
<tr><td rowspan="4">主控项目</td><td>1</td><td>基层表面</td><td>第4.2.2条</td><td colspan="2">√</td><td rowspan="4">符合要求</td></tr>
<tr><td>2</td><td>材料品种和性能</td><td>第4.2.3条</td><td colspan="2">√</td></tr>
<tr><td>3</td><td>操作要求</td><td>第4.2.4条</td><td colspan="2">√</td></tr>
<tr><td>4</td><td>层粘结及面层质量</td><td>第4.2.5条</td><td colspan="2">√</td></tr>
<tr><td rowspan="6">一般项目</td><td>1</td><td>表面质量</td><td>第4.2.6条</td><td colspan="2">√</td><td rowspan="6">符合要求</td></tr>
<tr><td>2</td><td>细部质量</td><td>第4.2.7条</td><td colspan="2">√</td></tr>
<tr><td>3</td><td>层与层间材料要求层总厚度</td><td>第4.2.8条</td><td colspan="2">√</td></tr>
<tr><td>4</td><td>分格缝</td><td>第4.2.9条</td><td colspan="2">√</td></tr>
<tr><td>5</td><td>滴水线(槽)</td><td>第4.2.10条</td><td colspan="2">√</td></tr>
<tr><td>6</td><td>允许偏差</td><td>第4.2.11条</td><td colspan="2">√</td></tr>
<tr><td colspan="3" rowspan="2">施工单位检查评定结果</td><td>专业工长(施工员)</td><td>×××</td><td>施工班组长</td><td>×××</td></tr>
<tr><td colspan="4">符合施工质量验收规范要求

项目专业质量检查员:××× ××××年×月×日</td></tr>
<tr><td colspan="3">监理(建设)单位验收结论</td><td colspan="4">验收合格

专业监理工程师:×××
(建设单位项目专业技术负责人): ××××年×月×日</td></tr>
</table>

4.5.3.3 分项工程的验收

4.5.3.3.1.1 分项工程验收流程

参照4.3.3.3.1.1内容。

4.5.3.3.1.2 分项工程验收组织程序

参照4.3.3.3.1.2内容。

4.5.3.3.1.3 分项工程验收的内容

参照4.3.3.3.1.3内容。

4.5.3.3.1.4 分项工程质量验收记录填写要求

参照4.3.3.3.1.4内容。

4.5.3.3.1.5 分项工程质量验收记录填写范例

(略)

4.5.3.4 分部工程的验收

4.5.3.4.1.1 分部工程验收流程

参照4.3.3.4.1.1内容。

4.5.3.4.1.2 分部工程验收组织程序

参照4.3.3.4.1.2内容。

4.5.3.4.1.3 分部工程验收的内容

参照4.3.3.4.1.3内容。

4.5.3.4.1.4 分部工程质量验收记录填写要求

参照4.3.3.4.1.4内容。

4.5.3.4.1.5 分部工程质量验收记录填写范例

(略)

4.5.4 工程竣工图

参照4.3.4的内容。

4.6 建筑屋面工程资料管理

4.6.1 工程技术管理资料

参照4.3.1内容。

4.6.2 工程质量控制资料

4.6.2.1　图纸会审/设计变更/洽商记录

参照4.3.2.1内容。

4.6.2.2　原材料质量证明文件和进场复试报告

4.6.2.2.1　基本规定

参照4.3.2.2.1内容。

4.6.2.2.2　______质量证明文件和复验报告汇总表(通用)(C2.2.0.1)

参照4.3.2.2.2内容。

4.6.2.2.3　质量证明文件粘贴表(通用)(C2.2.0.2)

参照4.3.2.2.3内容。

4.6.2.2.4　______复验(试验)报告(通用)(C2.2.0.3)

参照4.3.2.2.4内容。

4.6.2.2.5　屋面找平层材料出厂合格证、质量检验报告和复验报告(C2.2.4.1)

找平层的材料质量必须符合设计要求和本规程的有关规定。

4.6.2.2.6　屋面保温材料出厂合格证、质量检验报告和复验报告(C2.2.4.2)

保温材料的堆积密度或表观密度、导热系数以及板材的强度、吸水率,必须符合设计要求。保温材料应按规定抽样复验,并应有现场抽样复验报告。

4.6.2.2.7　防水卷材出厂合格证、质量检验报告和复验报告(C2.2.4.3)

卷材防水层所用卷材及其配套材料,必须符合设计要求。沥青防水卷材、高聚物改性沥青防水卷材、合成高分子防水卷材、石油沥青、沥青玛脂进场后,应按规定抽样复验,并应有现场抽样复验报告。

4.6.2.2.8　防水涂料、胎体增强材料出厂合格证、质量检验报告和复验报告(C2.2.4.4)

涂膜防水屋面的防水涂料和胎体增强材料必须符合设计要求。高聚物改性沥青防水涂料、合成高分子防水涂料、胎体增强材料进场后,应按规定抽样复验,并应有现场抽样复验报告。

4.6.2.2.9　刚性防水屋面材料出厂合格证、质量检验报告和复验报告(C2.2.4.5)

细石混凝土的原材料必须符合设计要求和有关要求。嵌缝密封材料的质量必须符合设计要求,改性石油沥青密封材料、合成高分子密封材料进场后,应按规定抽样复验,并应现场抽样复验报告。

4.6.2.2.10　瓦屋面材料出厂合格证或质量检验报告(C2.2.4.6)

平瓦及其脊瓦、油毡瓦的质量必须符合设计要求。金属板材及其辅助材料的规格和质量必须符合设计要求。

4.6.2.2.11　隔热屋面材料出厂合格证或质量检验报告(C2.2.4.7)

架空隔热构件应合格证或试验报告,制品的质量符合设计要求,严禁有断裂和露筋等缺陷。蓄水屋面、种植屋面的防水层应采用耐腐蚀、耐霉烂、耐穿刺性能好的材料。

4.6.2.3　施工试验记录

4.6.2.3.1 基本规定

参照4.3.2.3.1内容。

4.6.2.3.2 施工试验报告汇总表(C2.3.0.1)

参照4.3.2.3.2内容。

4.6.2.3.3 施工试验报告(通用)(C2.3.0.2)

参照4.3.2.3.3内容。

4.6.2.3.4 细石混凝土强度试验报告(C2.3.4.1)

屋面工程的找平层、防水层细石混凝土应进行强度试验,其强度等级不低于C20。

4.6.2.3.5 保温层含水率检验报告(C2.3.4.2)

屋面保温层的含水率应进行试验,其含水率必须符合设计要求。

4.6.2.4 隐蔽工程验收记录

4.6.2.4.1 基本规定

参照4.3.2.4.1内容。

4.6.2.4.2 隐蔽工程验收记录(通用)(C2.4.0.1)

参照4.3.2.4.2内容。

4.6.2.4.3 屋面工程隐蔽验收记录(C2.4.4.1)

屋面工程应验收记录:基层、找平层、保温层、防水层、隔离层材料的品种、规格、厚度、铺贴方式、搭接宽度、接缝处理、粘结情况;附加层、天沟、檐沟、檐口、水落口、泛水、变形缝和伸出屋面管道的防水构造细部做法,隔离层设置、密封处理部位等。

4.6.2.5 施工记录

4.6.2.5.1 基本规定

参照4.3.2.5.1内容。

4.6.2.5.2 施工记录(通用)(C2.5.0.1)

参照4.3.2.5.2内容。

4.6.2.5.3 交接检验记录(C2.5.0.2)

参照4.3.2.5.3内容。

4.6.2.5.4 不合格项目处理记录(C2.5.0.3)

参照4.3.2.5.4内容。

4.6.2.5.5 防水工程试水检查记录(C2.5.4.1)

1. 屋面工程应在工程完工后,进行防水工程试水检查验收,并认真做好记录。

2. 屋面工程完工后,应对细部构造(屋面天沟、檐沟、檐口、泛水、水落口、变形缝、伸出屋面管道等)、接缝处保护层进行雨期观察或淋水、蓄水检查。

4.6.3 工程质量验收资料

4.6.3.1 检验批、分项、(子)分部的划分

4.6.3.1.1 检验批、分项、(子)分部划分原则

参照4.3.3.1.1内容。

4.6.3.1.2 屋面工程的子分部、分项工程划分内容

1. 屋面工程的分部、分项工程划分的内容

分部工程	子分部工程	分项工程
建筑屋面	卷材防水屋面	保温层,找平层,卷材防水层,细部构造
	涂膜防水屋面	保温层,找平层,涂膜防水层,细部构造
	刚性防水屋面	细石混凝土防水层,密封材料嵌缝,细部构造
	瓦屋面	平瓦屋面,波瓦屋面,油毡瓦屋面,金属板屋面,细部构造
	隔热屋面	架空屋面,蓄水屋面,种植屋面

2. 屋面工程各子分部工程与分项工程代号及相关表

分项工程 \ 子分部工程			01 卷材防水屋面	02 涂膜防水屋面	03 刚性防水屋面	04 瓦屋面	05 隔热屋面
序号	名　称						
1	保温层	040101,040201	●	●			
2	找平层	040102,040202	●	●			
3	卷材防水层	040103	●				
4	涂膜防水层	040203		●			
5	细石混凝土防水层	040301			●		
6	密封材料嵌缝	040302			●		
7	平瓦屋面	040401				●	
8	油毡瓦屋面	040402				●	
9	金属板材屋面	040403				●	
10	细部构造	040104,040204,040203,040404	●	●	●	●	
11	架空屋面	040501					●
12	蓄水屋面	040502					●
13	种植屋面	040503					●

注:有●号者为该子分部工程所含的分项工程

4.6.3.2 检验批的验收

4.6.3.2.1.1 检验批验收流程

参照4.3.3.2.1内容。

4.6.3.2.1.2 检验批验收组织程序

参照4.3.3.2.2内容。

4.6.3.2.1.3 检验批验收的内容

参照4.3.3.2.3内容。

4.6.3.2.1.4 检验批质量验收记录填写要求

参照4.3.3.2.1内容。

4.6.3.2.1.5 检验批质量验收记录填写范例

屋面保温层检验批质量验收记录表

GB50207－2002

040101□□

040201□□

<table>
<tr><td colspan="5">单位(子单位)工程名称</td><td colspan="11">××市××花园8#楼</td></tr>
<tr><td colspan="5">分部(子分部)工程名称</td><td colspan="7">屋面</td><td colspan="3">验收部位</td><td>1－19/A－D</td></tr>
<tr><td colspan="2">施工单位</td><td colspan="10">××市第一建筑工程公司</td><td colspan="3">项目经理</td><td>×××</td></tr>
<tr><td colspan="5">施工执行标准名称及编号</td><td colspan="11">现行施工规范</td></tr>
<tr><td colspan="2">分包单位</td><td colspan="10"></td><td colspan="3">分包项目经理</td><td></td></tr>
<tr><td colspan="5">施工质量验收规范的规定</td><td colspan="10">施工单位检查评定记录</td><td>监理(建设)单位验收记录</td></tr>
<tr><td rowspan="2">主控项目</td><td>1</td><td colspan="2">材料质量</td><td>设计要求</td><td colspan="10">√</td><td rowspan="2"></td></tr>
<tr><td>2</td><td colspan="2">保温层含水率</td><td>设计要求</td><td colspan="10">√</td></tr>
<tr><td rowspan="4">一般项目</td><td>1</td><td colspan="2">保温层铺设</td><td>第4.2.10条</td><td colspan="10">√</td><td rowspan="4"></td></tr>
<tr><td>2</td><td colspan="2">倒置式屋面保护层</td><td>第4.2.12条</td><td colspan="10">√</td></tr>
<tr><td rowspan="2">3</td><td rowspan="2">保温层厚度允许偏差</td><td>松散、整体</td><td>+10%，-5%</td><td>4</td><td>5</td><td>6</td><td>6</td><td>4</td><td>4</td><td>5</td><td>7</td><td>8</td><td></td></tr>
<tr><td>板块</td><td>±5%</td><td>3</td><td>4</td><td>3</td><td>2</td><td></td><td>2</td><td>3</td><td>3</td><td></td><td></td></tr>
<tr><td colspan="4" rowspan="2">施工单位检查评定结果</td><td>专业工长(施工员)</td><td colspan="7">×××</td><td colspan="3">施工班组长</td><td>×××</td></tr>
<tr><td colspan="12">项目专业质量检查员：××× × 年 × 月 × 日</td></tr>
<tr><td colspan="4">监理(建设)单位验收结论</td><td colspan="12">专业监理工程师：×××
(建设单位项目专业技术负责人)：××× × 年 × 月 × 日</td></tr>
</table>

4.6.3.3　分项工程的验收

4.6.3.3.1.1　分项工程验收流程

参照4.3.3.3.1.1内容。

4.6.3.3.1.2　分项工程验收组织程序

参照4.3.3.3.1.2内容。

4.6.3.3.1.3　分项工程验收的内容

参照4.3.3.3.1.3内容。

4.6.3.3.1.4　分项工程质量验收记录填写要求

参照4.3.3.3.1.4内容。

4.6.3.3.1.5　分项工程质量验收记录填写范例

（略）

4.6.3.4　分部工程的验收

4.6.3.4.1.1　分部工程验收流程

参照4.3.3.4.1.1内容。

4.6.3.4.1.2　分部工程验收组织程序

参照4.3.3.4.1.2内容。

4.6.3.4.1.3　分部工程验收的内容

参照4.3.3.4.1.3内容。

4.6.3.4.1.4　分部工程质量验收记录填写要求

参照4.3.3.4.1.4内容。

4.6.3.4.1.5　分部工程质量验收记录填写范例

（略）

4.6.4　工程竣工图

参照4.3.4的内容。

4.7　建筑节能工程资料管理

4.7.1　工程技术管理资料

参照4.3.1内容。

4.7.2　工程质量控制资料

4.7.2.1　图纸会审/设计变更/洽商记录

参照4.3.2.1内容。

4.7.2.2 原材料质量证明文件和进场复试报告

4.7.2.2.1 基本规定

参照4.3.2.2.1内容。

4.7.2.2.2 ________质量证明文件和复验报告汇总表(通用)(C2.2.0.1)

参照4.3.2.2.2内容。

4.7.2.2.3 ________质量证明文件粘贴表(通用)(C2.2.0.2)

参照4.3.2.2.3内容。

4.7.2.2.4 ________复验(试验)报告(通用)(C2.2.0.3)

参照4.3.2.2.4内容。

4.7.2.2.5 墙体材料质量证明文件、性能检测报告或型式检验报告和复验报告(C2.2.5.1)

1. 用于墙体节能工程的材料、构件等,其品种、规格应符合设计要求和相关标准的规定。墙体节能工程使用的保温隔热材料,其导热系数、密度、抗压强度或压缩强度、燃烧性能应符合设计要求。

2. 当墙体节能工程采用外保温定型产品或成套技术时,须有型式检验报告,其型式检验报告中应包括安全性和耐候性检验。采用预制保温墙板现场安装的墙体,保温墙板应型式检验报告,型式检验报告中应包含安装性能的检验。

3. 墙体节能工程采用的保温材料和粘结材料等,进场时应对其下列性能进行复验,复验应为见证取样送检。

(1)保温材料的导热系数、密度、抗压强度或压缩强度;

(2)粘结材料的粘结强度;

(3)增强网的力学性能、抗腐蚀性能。

4.7.2.2.6 幕墙材料、构件质量证明文件及性能检测报告和复验报告(C2.2.5.2)

1. 用于幕墙节能工程的材料、构件等,其品种、规格应符合设计要求和相关标准的规定。幕墙节能工程使用的保温隔热材料,其导热系数、密度、燃烧性能应符合设计要求。幕墙玻璃的传热系数、遮阳系数、可见光透射比、中空玻璃露点应符合设计要求。

2. 当幕墙节能工程采用隔热型材时,隔热型材生产厂家应提供型材所使用的隔热材料的力学性能和热变形性能试验报告。

3. 幕墙节能工程使用的材料、构件进场时,应对其下列性能进行复验,复验应为见证取样送检。

(1)保温材料导热系数、密度;

(2)幕墙玻璃:可见光透射比、传热系数、遮阳系数、中空玻璃露点;

(3)隔热型材:抗拉强度、抗剪强度。

4.7.2.2.7 门窗产品质量证明文件、性能检测报告和进行复验报告(C2.2.5.3)

1. 用于节能工程的外门窗,其品种、规格等等应符合设计要求和相关标准的规定。建筑外窗的气密性、保温性能、中空玻璃露点、玻璃遮阳系数、可见光透射比应符合设计要求。

2. 建筑外窗进入施工现场时,应对其气密性、传热系数、玻璃遮阳系数、可见光透射比、中空玻璃露点性能进行复验,复验应为见证取样送检。

4.7.2.2.8 屋面保温隔热材料的合格证、技术性能报告和复验报告(C2.2.5.4)

1. 用于屋面的保温隔热材料,其品种、规格应符合设计要求和有关标准的规定。保温隔热材料的导热系数、密度抗压强度或压缩强度、燃烧性能应符合设计要求。

2. 屋面节能工程使用的保温隔热材料,进场时应对其导热系数、密度、抗压强度或压缩强度、燃烧性能进行复验,复验应为见证取样送检。

4.7.2.2.9 地面保温、隔热材料的产品合格证、技术性能报告和复验报告(C2.2.5.5)

1. 用于地面节能工程的保温隔热材料,其品种、规格应符合设计要求和有关标准的规定。保温材料的导热系数、密度、抗压强度或压缩强度、燃烧性能应符合设计要求。

2. 地面节能工程采用的保温材料,进场时应对其导热系数、密度、抗压强度或压缩强度、燃烧性能进行复验,复验应为见证取样送检。

4.7.2.2.10 采暖设备、材料等质量证明文件、性能检测报告和复验报告(C2.2.5.6)

1. 采暖系统节能工程采用的散热设备、阀门、仪表、管材、保温材料的类型、材质、规格应符合设计要求,其质量证明文件及技术性能参数应符合现行国家有关标准和规定。

2. 采暖系统节能工程采用的散热器和保温材料等进场时,应对其下列性能进行复验,复验应为见证取样送检。

(1)散热器的单位散热量、金属热强度;

(2)保温材料的导热系数、密度、吸水率。

4.7.2.2.11 通风与空调设备、材料质量证明文件、性能检测报告和复验报告(C2.2.5.7)

1. 通风与空调系统节能工程所使用的设备、管道、阀门、仪表、绝热材料等产品的类型、材质、规格应符合设计要求,其质量证明文件及技术性能参数应符合现行国家有关标准和规定。

2. 风机盘管机组和绝热材料进场时,应对其下列性能进行复验,复验应为见证取样送检。

(1)风机盘管机组供冷量、供热量、风量、出口静压、噪声及功率;

(2)绝热材料的导热系数、密度吸水率。

4.7.2.2.12 空调与采暖系统冷热源及管网系统材料质量证明文件和复验报告(C2.2.5.8)

1. 空调与采暖系统冷热源设备及其辅助设备、阀门、仪表、绝热材料等产品的类型、材质、规格应符合设计要求,其质量证明文件及技术性能参数应符合现行国家有关标准和规定。

2. 空调与采暖系统冷热源及管网系统的绝热管道、绝热材料进场时,应对绝热材料的导热系数、密度、吸水率进行复验,复验应为见证取样送检。

4.7.2.2.13 照明光源、灯具等质量证明文件及性能检测报告和复验报告(C2.2.5.9)

1. 照明光源和灯具及其附属装置的选择必须符合设计要求,其质量证明文件及技术性能参数应符合现行国家有关标准和规定。

2. 低压配电系统选择的电缆、电线截面不得低于设计值,进场时应对其截面和每芯导体电阻值进行复验,复验应为见证取样送检。

4.7.2.3 施工试验记录

4.7.2.3.1 基本规定

参照4.3.2.3.1 内容。

4.7.2.3.2 施工试验报告汇总表(C2.3.0.1)

参照4.3.2.3.2 内容。

4.7.2.3.3 ________施工试验报告(通用)(C2.3.0.2)

参照4.3.2.3.3 内容。

4.7.2.3.4 墙体节能工程

1. 粘接强度试验报告(C2.3.5.1)

保温板材与基层及各构造层之间的粘结或连接必须牢固。粘结强度和连接方式应符合设计要求。保温板材与基层的粘结强度应做现场拉拔试验。

2. 预埋或后置锚固件拉拔力试验报告(C2.3.5.2)

当墙体节能工程的保温层采用预埋或后置锚固件固定时,锚固件数量、位置、锚固深度和拉拔力应符合设计要求。后置锚固件应进行锚固力现场拉拔试验。

3. 保温浆料同条件试件试验报告(C2.3.5.3)

当外墙采用保温浆料做保温层时,应在施工中制作同条件试件,检测其导热系数、干密度和压缩强度。

4.7.2.3.5 幕墙气密性能检测报告(C2.3.5.4)

幕墙的气密性能应符合设计规定的等级要求。当幕墙面积大于 300m^2 或建筑外墙面积50%时,应现场抽取材料和配件,在检测试验室安装制作试件进行气密性能检测,检测结果应符合设计规定的等级要求。

4.7.2.3.6 门窗气密性能检测报告(C2.3.5.5)

外窗的气密性能应符合设计规定的等级要求,应对其气密性现场实体检测,检测结果应满足设计要求。

4.7.2.3.7 采暖系统试运转和调试报告(C2.3.5.6)

采暖系统安装完成后,应在采暖期内与热源进行联合试运转和调试。联合试运转和调试结果应符合设计要求,采暖房间温度相对于设计温度不得低于2℃,且不高于1℃。

4.7.2.3.8 通风与空调系统试运转和调试报告(C2.3.5.7)

通风与空调系统安装完毕,应进行通风机和空调机组等设备的单机试运转和调试,并应进行系统的风量平衡调试。单机试运转和调试结果应符合设计要求;系统的总风量与设计风量的允许偏差不应大于10%,风口的风量与设计风量的允许偏差不应大于15%。

4.7.2.3.9 空调与采暖系统冷热源及管网系统试运转和调试报告(C2.3.5.8)

空调与采暖系统的冷热源和辅助设备及其管道和管网系统安装完毕后,冷热源和辅助设备必须进行单机试运转及调试;冷热源和辅助设备必须同建筑物室内空调或采暖系统进行联合试运转及调试,单机、系统试运转及调试结果应符合设计要求。

4.7.2.3.10 配电与照明系统试运转和调试报告(C2.3.5.9)

1. 工程安装完成后应对低压配电系统进行调试,调试合格后应对低压配电电源质量进行检测。

2. 在通电试运行中,应测试并记录照明系统的照度和功率密度值。

4.7.2.3.11 建筑节能工程现场检测

1. 围护结构现场实体检测报告(C2.3.5.10)

建筑围护结构施工完成后,应对围护结构的外墙节能构造和外窗气密性进行现场实体检测。当条件具备时,也可直接对围护结构的传热系数进行检测。

2. 系统节能性能检测报告(C2.3.5.11)

采暖、通风与空调、配电与照明工程安装完成后,应进行系统节能性能的检测。受季节影响未进行的节能性能检测项目应在保修期内补做。

4.7.2.4 隐蔽工程验收记录

4.7.2.4.1 基本规定

参照4.3.2.4.1内容。

4.7.2.4.2 隐蔽工程验收记录(通用)(C2.4.0.1)

参照4.3.2.4.2内容。

4.7.2.4.3 墙体节能工程隐蔽验收记录(C2.4.5.1)

墙体节能工程应对保温层除着的基层及其表面处理,保温板粘结或固定,锚固件,增强网铺设,墙体热桥部位处理,预置保温板或预制保温墙板的板缝及构造节点,现场喷涂或灌注有机类保温材料的界面,被封闭的保温材料厚度,保温隔热砌块填充体等部位或内容进行隐蔽工程验收,并应有详细的文字记录和必要的图像资料。

4.7.2.4.4 幕墙节能工程隐蔽验收记录(C2.4.5.2)

幕墙节能工程施工中应对封闭的保温材料厚度和固定方式,幕墙周边与墙体接缝处保温材料的填充,构造缝、沉降缝,隔汽层,热桥部位、断热节点,单元式幕墙板块间的接缝构造,冷凝水收集和排放构造,幕墙的通风换气装置等部位或内容进行隐蔽工程验收,并应有详细的文字记录和必要的图像资料。

4.7.2.4.5 门窗节能工程隐蔽验收记录(C2.4.5.3)

外门窗工程施工中,应对门窗框与墙体接缝处的保温材料填充进行隐蔽工程验收,并应有详细的文字记录和必要的图像资料。

4.7.2.4.6 屋面节能工程隐蔽验收记录(C2.4.5.4)

屋面保温隔热工程应对基层,保温层的敷设方式、厚度和板材缝隙填充质量,屋面热桥部位,隔气层等部位进行隐蔽工程验收,并应有详细的文字记录和必要的图像资料。

4.7.2.4.7 地面节能工程隐蔽验收记录(C2.4.5.5)

地面节能工程应对基层,被封闭的保温材料厚度,保温材料粘结,隔断热桥部位等部位进行隐蔽工程验收,并应有详细的文字记录和必要的图像资料。

4.7.2.4.8 采暖、通风与空调节能工程隐蔽验收记录(C2.4.5.6)

采暖、通风与空调、冷热源和辅助设备及其管道、室外管网应随施工进度对与节能有关的隐蔽部位或内容进行验收,并应有详细的文字记录和必要的图像资料。

4.7.2.5 施工记录

4.7.2.5.1 基本规定

参照4.3.2.5.1内容。

4.7.2.5.2 ________施工记录(通用)(C2.5.0.1)

参照4.3.2.5.2内容。

4.7.2.5.3 交接检验记录(C2.5.0.2)

参照4.3.2.5.3内容。

4.7.2.5.4 不合格项目处理记录(C2.5.0.3)

参照4.3.2.5.4内容。

4.7.2.5.5 保温材料施工记录(C2.5.5.1)

保温隔热材料厚度应符合设计要求,其厚度采用钢针插入或剖开尺量检查。

4.7.2.5.6 幕墙冷凝水收集和排放装置通水试验记录(C2.5.3.2)

幕墙冷凝水收集和排放应通畅,并不得渗漏。

4.7.2.5.7 天窗、采光屋面淋水检查记录(C2.5.3.3)

天窗、采光屋面的安装尖牢固,坡度正确,封闭严密,嵌缝处不得渗漏。

4.7.3 工程质量验收资料

4.7.3.1 检验批、分项、(子)分部的划分

4.7.3.1.1 检验批、分项、(子)分部划分原则

参照4.3.3.1.1内容。

4.7.3.1.2 建筑节能工程的子分部、分项工程划分内容

建筑节能工程子分部、分项工程划分的内容如下:

分部工程	分项工程	主要验收内容
建筑节能	墙体节能工程	主体结构基层;保温材料;饰面层等
	幕墙节能工程	主体结构基层;隔热材料;保温材料;隔汽层;幕墙玻璃;单元式幕墙板块;通风换气系统;遮阳设施;冷凝水收集排放系统等
	门窗节能工程	门;窗;玻璃;遮阳设施等
	屋面节能工程	基层;保温隔热层;保护层;防水层;面层等
	地面节能工程	基层;保温层;保护层;面层等
	采暖节能工程	系统制式;散热器;阀门与仪表;热力入口装置;保温材料;调试等
	通风与空气调节节能工程	系统制式;通风与空调设备;阀门与仪表;绝热材料;调试等
	空调与采暖系统冷热源及管网节能工程	系统制式;冷热源设备;辅助设备;管网;阀门与仪表;绝热;保温材料;调试等
	配电与照明节能工程	低压配电电源;照明光源、灯具;附属装置;控制功能;调试等
	监测与控制节能工程	冷、热原系统的监测控制系统;空调水系统的监测控制系统;通风与空调系统的监测控制系统;监测与计量装置;供配电的监测控制系统;照明自动控制系统;综合控制系统等

4.7.3.2　检验批的验收

4.7.3.2.1.1　检验批验收流程

参照4.3.3.2.1内容。

4.7.3.2.1.2　检验批验收组织程序

参照4.3.3.2.2内容。

4.7.3.2.1.3　检验批验收的内容

参照4.3.3.2.3内容。

4.7.3.2.1.4　检验批质量验收记录填写要求

参照4.3.3.2.1内容。

4.7.3.2.1.5　检验批质量验收记录填写范例

(略)

4.7.3.3　分项工程的验收

4.7.3.3.1.1　分项工程验收流程

参照4.3.3.3.1.1内容。

4.7.3.3.1.2　分项工程验收组织程序

参照4.3.3.3.1.2内容。

4.7.3.3.1.3 **分项工程验收的内容**

参照4.3.3.3.1.3内容。

4.7.3.3.1.4 **分项工程质量验收记录填写要求**

参照4.3.3.3.1.4内容。

4.7.3.3.1.5 **分项工程质量验收记录填写范例**

(略)

4.7.3.4 **分部工程的验收**

4.7.3.4.1.1 **分部工程验收流程**

参照4.3.3.4.1.1内容。

4.7.3.4.1.2 **分部工程验收组织程序**

参照4.3.3.4.1.2内容。

4.7.3.4.1.3 **分部工程验收的内容**

参照4.3.3.4.1.3内容。

4.7.3.4.1.4 **分部工程质量验收记录填写要求**

参照4.3.3.4.1.4内容。

4.7.3.4.1.5 **分部工程质量验收记录填写范例**

(略)

4.7.4 工程竣工图

参照4.3.4的内容。

4.8 建筑给水排水及采暖工程资料管理

4.8.1 工程技术管理资料

参照4.3.1内容。

4.8.2 工程质量控制资料

4.8.2.1 **图纸会审/设计变更/洽商记录**

参照4.3.2.1内容。

4.8.2.2 **原材料质量证明文件和进场复试报告**

4.8.2.2.1 **基本规定**

参照4.3.2.2.1内容。

4.8.2.2.2 ______质量证明文件和复验报告汇总表(通用)(C2.2.0.1)

参照4.3.2.2.2内容。

4.8.2.2.3 质量证明文件粘贴表(通用)(C2.2.0.2)

参照4.3.2.2.3内容。

4.8.2.2.4 ______复验(试验)报告(通用)(C2.2.0.3)

参照4.3.2.2.4内容。

4.8.2.2.5 材料、配件进场检查验收记录(C2.2.6.1)

1. 给水、排水及采暖工程采用的主要材料、配件应进行进场验收,办理进场检查验收手续。材料进场检查验收应有检查结论,确认符合设计、标准规范规定要求,才能在工程中使用。

2. 材料、配件进场后,应监理(建设)单位会同施工单位及时分批次进行进场检查验收,并填写《材料、配件进场检查验收记录》。主要验收内容包括:

(1)材料、配件出厂质量证明文件及检测报告是否齐全;

(2)实际进场数量、规格和型号等,是否满足设计和施工计划要求;

(3)外观质量是否满足规定;

(4)按规定需试验检测的材料、配件是否按要求进行取样;

(5)拟使用部位。

4.8.2.2.6 主要材料质量证明文件及性能检测报告

4.8.2.2.6.1 各类管材、管件、板材应有产品质量证明合格证书及性能检测报告(C2.2.6.2),其中给水管道应有材料卫生性能检验报告

4.8.2.2.6.2 调压装置、水位计、热交换器、补偿器、疏水器、除污器、过滤器等应有产品质量合格证及相关性能检测报告(C2.2.6.3),水表和热量表、燃气计量表还应有计量检定证书

4.8.2.2.6.3 阀门、安全阀、减压阀应有产品合格证及调试报告(C2.2.6.4)

4.8.2.2.6.4 防腐材料、保温材料应有产品质量合格证和材质性能检测报告(C2.2.6.5)

4.8.2.2.6.5 燃气管道、管件、设备应有尽有出厂质量合格证(C2.2.6.6),燃具应采用符合现行国家标准并经国家主管部门认可的检测机构检测合格的产品

4.8.2.2.7 设备开箱检查验收记录(C2.2.6.7)

1. 给水、排水及采暖工程使用的订设备进场后,应按购货合同规定进行验收,填写《设备开箱检查验收记录》,并应有检查结论,确认符合设计、标准规范规定,才能在施工中使用。

2. 设备开箱检查验收应由监理(建设)单位会同施工单位进行进场检查验收,按照设备清单、施工图纸、设备技术标准,经专业监理师核查确认。主要检查内容包括:

(1)设备主体及附件、备件的规格、型号是否符合设计图纸要求;

(2)设备主体、附件、备件产品合格证、技术性能报告、说明书是否齐全;

(3)设备主体外观检查应无损伤及变形,油漆完整无损;

(4)设备内部的电器设备应检查电器装置及元件、绝缘瓷件是不齐全,有无损伤、裂纹等缺陷。

4.8.2.2.8 主要设备质量证明文件及性能检测报告

4.8.2.2.8.1 给水设备、排水设备热水设备、采暖设备、消防设备质量证明文件(C2.2.6.8)

4.8.2.2.8.2 中水设备、游泳池系统设备质量证明文件(C2.2.6.9)

4.8.2.2.8.3 各类成套开(闭)式水箱(罐)、分(集)水器、压力容器、锅炉及附属设备证明文件(C2.2.6.10)

4.8.2.2.8.4 卫生洁具质量证明文件(C2.2.6.11),其中性能检测报告应有环保指标

4.8.2.2.8.5 散热器质量证明文件(C2.2.6.12)

4.8.2.2.9 安装、使用维护说明书

主要设备、器具应有安装使用说明书。

4.8.2.3 施工试验记录

4.8.2.3.1 基本规定

参照4.3.2.3.1内容。

4.8.2.3.2 施工试验报告汇总表(C2.3.0.1)

参照4.3.2.3.2内容。

4.8.2.3.3 ________施工试验报告(通用)(C2.3.0.2)

参照4.3.2.3.3内容。

4.8.2.3.4 管道、设备强度及严密性试验记录(C2.3.6.1)

1. 管道、设备强度及严密性试验是指对室内外输送各种介质的承压管道、设备、阀门和密闭箱罐,在安装前、施工过程中和系统完成后所进行的强度及严密性试验,各种承压管道系统和设备均应进行水压试验。

(1) 安装前的强度及严密性试验:包括散热器、阀门、密闭水箱(水罐)。

(2) 施工过程中的强度及严密性试验:包括地下直埋及地沟、墙槽、竖井、封闭的楼面夹层、吊顶内等各种承压暗装管道。施工过程中可按楼层、部位进行隐蔽试验和分段试验。

(3) 系统完成后的强度及严密性试验:包括生活饮用水、热水给水、中水给水、消防消火栓、消防喷洒和其他消防管道等系统,采暖、蒸汽管道系统,煤气管道系统和整体锅炉、分汽缸、分(集)水器、换热器、省煤器安装后的水压试验。

2. 各类承压管道设备的强度和严密性试验应按设计要求进行;当设计无要求时,应符合施工质量验收规范的规定。

4.8.2.3.5 管道(设备)灌(满)水试验记录(C2.3.6.2)

1. 为了保证非承压管道系统和设备,包括开式水箱、卫生洁具、安装在室内的雨水管道,不渗不漏、满足使用功能要求,在系统和设备安装完毕后,对于暗装、直埋或有绝热层的室内外排水管道隐蔽前,必须进行灌(满)水试验,并做记录。

2. 灌水试验的方法、标准:

(1)暗装或埋地的排水管道在隐蔽前必须做灌水试验,其灌水高度应不低于底层卫生器具的上边缘或底层地面高度。满水 15min 水面下降后,再灌满观察 5min,液面不降,管道及接口无渗漏为合格。

(2)对于 ±0.000 以上的排水管道应按设计或规范要求,分楼层做灌水试验(根据灌水试验需要可每层装立管检查口)。

(3) 安装在室内的雨水管道安装后应做灌水试验,灌水高度必须到每根立管最上部的雨水斗。灌满水后,持续时间 1h 不渗不漏为合格。

(4) 室外排水管道埋设前必须做灌水试验,按排水检查井分段进行,试验水头应以试验段上游管顶加 1m。试验时间不少于 30min,逐段观察,管接口无渗漏。

(5)敞口水箱安装后应做满水试验,灌满水静置 24h 观察,不渗不漏为合格。

4.8.2.3.6 给排水管道通水试验记录(C2.3.6.3)

1. 为了保证使用功能,室内外给水(冷、热)系统,中水及游泳池水系统,卫生洁具、地漏及地面清扫口及室内外排水系统安装完成后交付使用前应分系统(区、段)进行通水试验,并做好记录。

2. 室内给水系统通水试验时检查各配水点的配水龙头、阀门开启是否灵活,出水是否正常。检查其排水效果,管腔是否通畅,系统各连接部位是否渗漏。排水系统通水试验应使用清水通水,通水量要达到设计最大额定流量。在连续排放的情况下,逐个检查卫生器具、各排水口、接口和全部排水管段,系统不渗漏,排水畅通为合格。

3. 试验记录详细记录试验过程、通水流量、通水持续时间、排水管段各部位有无渗漏和堵塞等。

4.8.2.3.7 室内排水管道通球试验记录(C2.3.6.4)

1. 为防止室内排水管道堵塞、确保使用功能,对室内排水管道必须做通球试验,室内排水主立管及水平干管管道均应达到 100% 的通球率,通球球径不小于排水管管径的 2/3。

2. 通球试验在室内排水系统安装完成且灌水、通水试验合格后进行。

3. 通球试验时,皮球(木球)从排水立管顶羰及横干管始羰投下,并注入一定水量于管内,使球顺利流入与该排水管道相应的检查井内为合格。如遇堵塞,应查明位置进行疏通。

4.8.2.3.8 管道系统冲(吹)洗(脱脂)检验记录(C2.3.6.5)

1. 为保证管网内洁净,清除管腔内积存的脏物、杂质和积水,使管网畅通,进而满足各种不同用途管网的使用功能,各种承压管道在试验合格后、交付使用前必须进行吹洗试验。采暖系统试压合格后,应对系统进行冲洗,清扫过滤器及除污器。设计有要求时还应做脱脂处理。

2. 管道系统冲(吹)洗(脱脂)检验项目有:

(1) 室内给水管网。包括生活给水、生活热水、中水及游泳池系统给水、消防喷淋及消火栓管网。

(2) 采暖系统管网。

(3) 室内蒸汽管网、热水管网、燃气管网。

(4) 室外给水、消防、热力管网、燃气管网。

4.8.2.3.9 **生活给水系统冲洗(消毒)检验记录**(C2.3.6.6)

1. 为保证水质的使用安全,生活给水系统管道在交付使用前必须冲洗和消毒,并经有资质的检测机构取水样进行检验,符合现行国家标准《生活饮用水卫生标准》GB 5749 方可使用。

2. 生活给水系统应有饮用水水质检测报告。

4.8.2.3.10 **卫生器具通(满)水试验记录**(C2.3.6.7)

1. 为检验卫生器具的使用功能是否正常,卫生器具交工前应做满水和通水试验。

2. 卫生顺具包括室内污水盆、洗涤盆、洗面(手)盆、洗槽、浴盆、淋浴器、大便器、小便器、小便槽、大便槽、妇女卫生盆、化验盆、排水栓、地漏等,所有的卫生器具均应做通水试验,带溢流孔、溢流管的卫生器具还应做满水试验。

4.8.2.3.11 **消火栓试射试验记录**(C2.3.6.8)

1. 为检验室内消火栓的使用效果,室内消火栓给水系统在安装完成后应做消火栓试射试验,并做好记录。

2. 消火栓试射试验应选取屋顶层(或水箱间内)试验消火栓和首层取两处消火栓分别做实地试射检查。屋顶试验消火栓试射测量压力(当建筑高度不超过100m时,试验消火栓静水压应不低于0.07MPa,当建筑高度超过100m时应不低于0.15MPa),首层两处消火栓试射试验两股充实水柱同时到达本消火栓应达到的最远点的能力,达到设计要求为合格(首层两处消火栓的两股充实水柱同时可到达楼层的任何部位)。

4.8.2.3.12 **设备单机试运转记录**(C2.3.6.9)

1. 为保证系统的安全、正常运行,设备在安装完成后,应进行单机试运转试验,并做好记录。

2. 给排水、采暖与燃气工程需做单机试运转试验的设备,包括锅炉及辅助设备,水处理系统设备,采暖系统设备,机械排水系统设备,给水系统设备,热水系统设备,消防系统设备,消火栓系统设备,自动喷水系统设备等。

3. 设备试运转遵守设备技术文件要求、设计要求和规范的规定。经检验一般应满足下列要求:

(1) 设备旋转方向正确,运行平稳、无卡阻和异常声响,无抖动和跑偏现象。

(2)润滑情况均匀,油位不低于油标下限。加热或冷却系统畅通、无泄漏。

(3)坚固件无松动现象,皮带松紧及链条张力适度,各回转部位回转灵活。

(4)滑动轴承和滚动轴承的温升应符合设计文件、设备技术说明书或规范规定的温升限定值。

(5) 风机和水泵在设计负荷下连续运转2h,滑动轴承最高温度不得超过70度,滚动轴承最高温度不得超过80度。

4.8.2.3.13 **系统试运转调试记录**(C2.3.6.10)

采暖系统、水处理系统应进行试运转及调试,并做记录。采暖系统冲洗完成后应对系统充水、加热并调试,系统运行稳定后对每个采暖房间进行室温测试,室温应满足设计要求。室外供热管道冲洗完成后应通水加热,进行运行和调试,测量各建筑物热力入口处供回水温度及压力。

4.8.2.3.14 **水池满水试验记录**(C2.3.6.11)

1. 水池施工完毕应按设计要求进行满水试验,如果设计未注明要求应按现行国家标准《给水排水构筑物施工及验收规范》GBJ 141 进行试验。满水试验中进行外观检查,不得有漏水现象。

2. 水池满水试验应在混凝土或砖石砌体砂浆已达到设计强度,防水层、防腐层和回填土施工之前进行。

3. 水池满水试验过程中,需要了解水池沉降量时,应进行水池满水沉降量的观测,观测结果应符合水池设计沉降量的要求。

4.8.2.3.15 **污泥消化池气密性试验记录**(C2.3.6.12)

1. 污泥消化池应按设计要求进行满水和气密性试验。如果设计未注明要求,应按现行国家标准《给水排水构筑物施工及验收规范》GBJ 141 进行试验。

2. 处理构筑物消化池满水试验合格后,必须进行气密性试验。气密性试验压力宜为消化池工作压力的1.5倍;24h 的气压降不应超过试验压力的20%。气密性试验方法应符合现行国家标准《给水排水构筑物施工及验收规范》GBJ 141 附录二的规定,并填写污泥消化池气密性试验记录。

4.8.2.3.16 **锅炉烘炉、煮炉和试运行记录**(C2.3.6.13~15)

锅炉及其附属设备全部安装装完,经过管道水压试验、单项设备试运转合格、炉墙砌完干燥一定时间后,方具备烘炉、煮炉和试运行条件。

4.8.2.3.17 **管道焊接检验记录**(C2.3.6.16)

锅炉本体管道及管体焊接检验按现行国家标准《建筑给水排水及采暖工程施工质量验收规范》GB 50242 的要求。焊缝无损检验应由有资质的检测单位进行。

4.8.2.4 **隐蔽工程验收记录**

4.8.2.4.1 **基本规定**

参照4.3.2.4.1内容。

4.8.2.4.2 **隐蔽工程验收记录(通用)**(C2.4.0.1)

参照4.3.2.4.2内容。

4.8.2.4.3 **直埋、暗敷管道和设备隐蔽验收记录**(C2.4.6.1)

直埋于地下或敷设于结构中、敷设于沟槽、管井、不进人吊顶内的给水、排水、雨水、采暖、燃气、消防管道和相关设备,以及有防水要求的套管,应检查管材、管件、阀门、设备的材质与型号,安装位置、标高、坡度、接口位置、充径位置;防水套管的定位及尺寸;管道连接方法及质量;附件使用、支架固定、焊接情况,以及是否已按照要求进行强度、严密性冲洗等试验。

4.8.2.4.4 **绝热、防腐管道和设备隐蔽验收记录**(C2.4.6.2)

有绝热防腐要求的给水、排水、采暖、燃气、消防、喷淋管道和相关设备,应检查绝热方式、绝热材料的材质与规格、绝热管道与支吊架之间的防结露措施、防腐处理材料及做法等。

4.8.2.4.5 **热力管道埋地隐蔽验收记录**(C2.4.6.3)

埋地的采暖、热水、燃气管道,在保温层、保护层完成后,所在部位进行回填之前,应检查安装位置、标高、坡度;支架做法;保温层、保护层设置等。

4.8.2.5 **施工记录**

4.8.2.5.1 **基本规定**

参照4.3.2.5.1内容。

4.8.2.5.2 ________**施工记录(通用)**(C2.5.0.1)

参照4.3.2.5.2内容。

4.8.2.5.3 **交接检验记录**(C2.5.0.2)

参照4.3.2.5.3内容。

4.8.2.5.4 **不合格项目处理记录**(C2.5.0.3)

参照4.3.2.5.4内容。

4.8.2.5.5 **设备基础交接检查记录**(C2.5.6.1)

设备安装前应由土建和设备安装部门施工员、质检员依照图纸及规范要求,对其设备基础的尺寸、平面位置、标高、强度以及预埋(留)件位置等进行交接复核检查。

4.8.2.5.6 **管道配件安装记录**(C2.5.6.2)

明敷给水、中水、热水、排水以及采暖管道、配件施工安装情况应进行记录,记录内容应包括管道型号、规格、数量,管道位置,管道连接方式,管道防腐,管道固定方式,管内、外污物清理等内容。

4.8.2.5.7 **卫生器具安装记录**(C2.5.6.3)

应对卫生器具及给水配件的安装位置、标高、固定方式、接口处的连接及处理进行记录。

4.8.2.5.8 **水泵等设备安装记录**(C2.5.6.4)

主要设备安装检查记录内容及要求:安装设备位号及型号规格,应准确表达;安装固定的方式;单台设备安装的水平度、垂直度,同一系统的各台设备直线度应符合规范或生产厂家的技术文件规定;设备严密无渗漏、间隙均匀、无异常现象。

4.8.2.5.9 **补偿器预拉伸安装记录**(C2.5.6.5)

1. 为妥善补偿采暖系统、热水系统、供热管网中的管道伸缩,避免因此而导致的管道破坏,补偿器的型号规格、安装位置及固定支架的位置和构造必须符合设计要求。补偿器应按设计要求或产品说明书进行预拉伸,并做记录。成品补偿器出厂前已做预拉伸的,应有相关的证明文件。

2. 管道膨胀伸长量按下式计算:$\triangle L = L \cdot \alpha(t_2 - t_1) * 103$

式中:$\triangle L$——管道的热伸长量(mm);

α——管材的膨胀系数(m/m·℃),对于一般钢管 $\alpha = 12 * 10 - 6$m/m·℃;

L——管道的计算长度(m);

t_2——输送介质的最高温度；

t_1——管道安装时的环境温度。

4.8.3 工程质量验收资料

4.8.3.1 检验批、分项、(子)分部的划分

4.8.3.1.1 检验批、分项、(子)分部划分原则

参照4.3.3.1.1内容。

4.8.3.1.2 给排水、采暖工程的子分部、分项工程划分内容

1. 给排水、采暖工程子分部、分项工程划分的内容

分部工程	子分部工程	分项工程
建筑给排水及采暖	室内给水系统	给水管道及配件安装、室内消火栓系统安装、给水设备安装、管道防腐、绝热
	室内排水系统	排水管道及配件安装、雨水管道及配件安装
	室内热水供应系统	管道及配件安装、辅助设备安装、防腐、绝热
	卫生器具安装	卫生器具安装、卫生器具给水配件安装、卫生器具排水管道安装
	室内采暖系统	管道及配件安装、辅助设备及散热器安装、金属辐射板安装、低温热水地板辐射采暖系统安装、系统水压试验及调试、防腐、绝热
	室外给水管网	给水管道安装、消防水泵接合器及室外消火栓安装、管沟及井室
	室外排水管网	排水管道安装、排水管沟与井池
	室外供热管网	管道及配件安装、系统水压试验及调试、防腐、绝热
	建筑中水系统及游泳池系统	建筑中水系统管道及辅助设备安装、游泳池水系统安装
	供热锅炉及辅助设备安装	锅炉安装、辅助设备及管道安装、安全附件安装、烘炉、煮炉和试运行、换热站安装、防腐、绝热

2. 给排水及采暖工程各子分部工程与分项工程代号及相关表

建筑给水、排水与采暖分部工程各子分部工程与分项工程相关表

子分部工程 / 分项工程			01 室内给水系统	02 室内排水系统	03 室内热水供应系统	04 卫生器具安装	05 室内采暖管网	06 室外给水管网	07 室外排水管网	08 室外供热管网	09 建筑中水系统及游泳池系统	10 供热锅炉及辅助设备安装
序号	名　　称											
1	室内给水管道及配件安装	050101	●									

续表

分项工程 \ 子分部工程			01 室内给水系统	02 室内排水系统	03 室内热水供应系统	04 卫生器具安装	05 室内采暖管网	06 室外给水管网	07 室外排水管网	08 室外供热管网	09 建筑中水系统及游泳池系统	10 供热锅炉及辅助设备安装
2	室内消火栓安装	050102	●									
3	给水设备安装	050103	●									
4	室内排水管道及配件安装	050201		●								
5	雨水管道及配件安装	050202		●								
6	室内热水管道及配件安装	050301			●							
7	热水供应系统辅助设备安装	050302			●							
8	卫生器具及给水配件安装	050401,050402				●						
9	卫生器具排水管道安装	050403				●						
10	室内采暖管道及配件安装	050501					●					
11	室内采暖辅助设备及散热器、金属辐射板安装	050502,050503					●					
12	低温热水地板辐射采暖系统安装	050504					●					
13	室外给水管道安装	050601						●				
14	室外消防水泵结合器、消火栓安装	050602						●				
15	管沟及井室	050603						●				
16	室外排水管道安装	050701							●			
17	室外排水管沟及井池	050702							●			
18	室外供热管网安装	050801								●		
19	建筑中水系统及游泳池系统安装	050901,050902									●	
20	锅炉安装	051001										●
21	锅炉辅助设备安装(Ⅰ)	051002										●
22	锅炉辅助设备工艺管道安装(Ⅱ)	051002										●
23	锅炉安全附件安装	051003										●
24	换热站安装	051004										●
25												

注:有●号者为该子分部工程所含的分项工程

4.8.3.2　检验批的验收

4.8.3.2.1.1　检验批验收流程

参照 4.3.3.2.1 内容。

4.8.3.2.1.2　检验批验收组织程序

参照 4.3.3.2.2 内容。

4.8.3.2.1.3　检验批验收的内容

参照 4.3.3.2.3 内容。

4.8.3.2.1.4　检验批质量验收记录填写要求

参照 4.3.3.2.1 内容。

4.8.3.2.1.5　检验批质量验收记录填写范例

（略）

4.8.3.3　分项工程的验收

4.8.3.3.1.1　分项工程验收流程

参照 4.3.3.3.1.1 内容。

4.8.3.3.1.2　分项工程验收组织程序

参照 4.3.3.3.1.2 内容。

4.8.3.3.1.3　分项工程验收的内容

参照 4.3.3.3.1.3 内容。

4.8.3.3.1.4　分项工程质量验收记录填写要求

参照 4.3.3.3.1.4 内容。

4.8.3.3.1.5　分项工程质量验收记录填写范例

（略）

4.8.3.4　分部工程的验收

4.8.3.4.1.1　分部工程验收流程

参照 4.3.3.4.1.1 内容。

4.8.3.4.1.2　分部工程验收组织程序

参照 4.3.3.4.1.2 内容。

4.8.3.4.1.3　分部工程验收的内容

参照 4.3.3.4.1.3 内容。

4.8.3.4.1.4　分部工程质量验收记录填写要求

参照 4.3.3.4.1.4 内容。

4.8.3.4.1.5　分部工程质量验收记录填写范例

（略）

4.8.4 工程竣工图

参照4.3.4的内容。

4.9 建筑电气工程资料管理

4.9.1 工程技术管理资料

参照4.3.1内容。

4.9.2 工程质量控制资料

4.9.2.1 图纸会审/设计变更/洽商记录

参照4.3.2.1内容。

4.9.2.2 原材料质量证明文件和进场复试报告

4.9.2.2.1 基本规定

参照4.3.2.2.1内容。

4.9.2.2.2 ________质量证明文件和复验报告汇总表(通用)(C2.2.0.1)

参照4.3.2.2.2内容。

4.9.2.2.3 ________质量证明文件粘贴表(通用)(C2.2.0.2)

参照4.3.2.2.3内容。

4.9.2.2.4 ________复验(试验)报告(通用)(C2.2.0.3)

参照4.3.2.2.4内容。

4.9.2.2.5 材料、配件进场检查验收记录(C2.2.7.1)

1. 电气工程采用的订材料、配件就进行进场验收,办理进场检查验收手续。材料进场检查验收应有检查结论,确认符合设计、标准规范规定要求,才能在工程中使用。

2. 材料、配件进场后,应由监理(建设)单位会同施工单位及时分批次进行进场检查验收,并填写《材料、配件进场检查验收记录》。主要验收内容包括:

(1)材料、配件出厂质量证明文件及检测报告是否齐全;

(2)实际进场数量、规格型号等,是否满足设计和施工计划要求;

(3)外观质量是否满足规定要求;

(4)按规定需复检的材料、配件是否进行取样;

(5)拟使用部位。

4.9.2.2.6 主要材料、配件质量证明文件及性能检测报告

1. 电线、电缆、照明灯具、开关、插座、风扇及附件应有产品出厂合格证、“CCC”认证标志和认证证书复印件。电线、电缆还应有性能检测报告、生产许可证(C2.2.7.2)。

2. 导管、线槽、电缆桥架、钢制灯柱、混凝土电杆应有产品出厂合格证和材质证明书(C2.2.7.3)。

3. 裸母线、裸导线、电缆头部件及接线端子应有出厂产品合格证(C2.2.7.4)。

4. 镀锌制品(支架、横担、接地极、避雷用型钢等)和外线金具应有出厂产品合格证和镀锌质量证明书(C2.2.7.5)。

5. 封闭母线、插接母线应有出厂产品合格证、性能检测报告、安装技术文件、"CCC"认证标志和认证证书复印件(C2.2.7.6)。

6. 电度表在安装前应送有相应检定资格的试验单位全数检定,并应提供检定记录(C2.2.7.7)。

4.9.2.2.7 **设备开箱检查验收记录**(C2.2.7.8)

1. 电气工程使用的主要设备进场后,应按购货合同规定进行验收,填写《设备开箱检查验收记录》,并应有尽有检查结论,确认符合设计、规范标准规定,才能在施工中使用。

2. 设备开箱检查验收应由监理(建设)单位会同施工单位进行进场检查验收,按照设备清单、施工图纸、设备技术标准,经专业监理工程师核查确认。主要检查内容包括:

(1)设备主体及附件、备件的规格、型号是否符合设计图纸要求;

(2)设备主体、附件、备件产品合格证、技术文件资料、说明书是否齐全;

(3)设备主体外观检查应无损伤及变形,油漆完整无损;

(4)设备内部应检查电器装置及元件、绝缘瓷件是否齐全,有无损伤、裂纹等缺陷。

4.9.2.2.8 **主要设备质量证明文件及性能检测报告**

1. 电力变压器、柴油发电机组、高压成套配电柜、蓄电池柜、不间断电源柜、控制柜(屏、台)应有出厂产品合格证、生产许可证及性能检测试验记录(C2.2.7.9)。

2. 低压成套配电柜、动力、照明配电箱(盘、柜)应有产品出厂合格证、生产许可证、"CCC"认证标志和认证证书复印件及性能检测试验记录(C2.2.7.10)。

3. 电动机、电加热器、电动执行机构和低压开关设备,应有产品出厂合格证、生产许可证、产品性能检测报告、"CCC"认证标志和认证证书复印件(C2.2.7.11)。

4.9.2.2.9 **安装、使用维护说明书**(C2.2.7.12)

主要设备、器具应有安装使用及维护说明书。

4.9.2.3 **施工试验记录**

4.9.2.3.1 **基本规定**

参照4.3.2.3.1内容。

4.9.2.3.2 **施工试验报告汇总表**(C2.3.0.1)

参照4.3.2.3.2内容。

4.9.2.3.3 ________**施工试验报告(通用)**(C2.3.0.2)

参照4.3.2.3.3内容。

4.9.2.3.4 **电气接地电阻测试记录**(C2.3.7.1)

1. 电气接地电阻测试是保证用户的人身安全和用电设备正常运行以及保护建筑物的重要

检测事项之一。电气接地电阻测试范围包括设备及系统的防雷接地、保护接地、工作接地、防静电接地及设计有要求的接地电阻测试。

2. 电气接地电阻测试应符合下列要求：

(1)电气接地电阻测试一般在电气安装工程完成，施工单位自检合格后，填写电气接地电阻测试记录，申报监理(建设)单位复查。

(2)接地电阻的测试应根据现行国家标准《电气装置安装工程接地装置施工验收规范》GB 50169规定，在测试前首先要分清是哪一类接地，并必须对隐蔽部分的情况进行全面了解，确定接地装置的位置，并绘制接地装置平面示意图。

(3)选择合适的仪表。测试仪表要在检定有效期内；雨后不应立即测量接地电阻，否则测量结果无效。

(4)接地电阻的电阻值，应根据实测值按不同测试季节和测试环境等因素换算确定，并与设计值相比较，做出正确判断。

4.9.2.3.4.1 避雷接地电阻测试记录(C2.3.7.2)

避雷接地装置工程完成后，应对其安全及功能效果进行自检，并有测试记录。

4.9.2.3.4.2 线路、插座、开关接地测试记录(C2.3.7.3)

1. 线路、开关、插座安装完毕，试送电前应检查其接地情况。

2. 接地(PE)或接零(PEN)支线必须单独与接地(PE)或接零(PEN)干线相连接，不得串联连接。

3. 插座的接地端子不得与零线端子连接。同一场所的三相插座，接线的相序应一致。接地或接零线在插座间不得串联连接。

4. 照明箱内分别设置零线(PEN)和保护地线(PE)汇流排，且地线连接可靠。

5. 检验时应分层或分区进行，不符合要求部分应做好记录，提出处理意见，复查合格后，将整改合格部分填写续表。

4.9.2.3.5 电气绝缘电阻测试记录(C2.3.7.4)

1. 绝缘电阻测试是保证电气设备及线路安全运行的重要步骤。电气绝缘电阻测试的范围主要包括电气设备和动力、照明线路及其他必须摇测绝缘电阻的内容。

2. 电气绝缘电阻测试应符合下列要求：

(1) 电气绝缘电阻测试施工单位自检合格后，填写电气绝缘电阻测试记录，申报监理(建设)单位复查。

(2) 电气设备绝缘电阻的测试，根据现行国家标准《电气装置安装工程电气设备交接试验标准》GB 50150 要求，不同设备有不同的绝缘电阻测试规定，且采用兆欧表的电压等级也有相应的规定。

(3)电气配线系统绝缘电阻测试，需测试两次。第一次测试记录是在配线工程穿线、焊接包头后，第二次测试是在电气设备安装完毕后、通电调试前再进行一次全面测试。即配管及管内穿线分项质量验收前和单位工程质量竣工验收前，应分别按系统回路进行测试，不得遗漏。

(4) 电气设备线路的绝缘电阻测试应按系统、层段、回路进行，不得遗漏。

4.9.2.3.6 **低压电器交接试验记录**(C2.3.7.5)

1. 现场单独安装的低压电器安装完毕后,应进行交接试验,合格后方可通电试运行。

2. 试验标准或条件:

(1)绝缘电阻:用500V兆欧摇测,低压电器连同所连接电缆及二次回路的绝缘电阻值不应小于1兆欧;在比较潮湿的场所,绝缘电阻值不小于0.5兆欧。

(2)低压电器动作情况:对采用电动机或液压、气压传动方式操作的电器,除产品另有规定外,当电压、液压或气压在额定值的85%至110%范围内,电器应可靠动作。

(3)低压电器采用的脱扣器的整定应符合下述规定:各类过电流脱扣器、失压和分励脱扣器、延时装置等,应按使用要求进行整定,其整定值误差不得超过产品技术条件的规定。

(4)测量电阻器和变阻器的直流电阻值:其差值符合产品技术条件规定。

4.9.2.3.7 **高压电气设备和布线系统交接试验报告**(C2.3.7.6)

1. 高压电气设备安装完毕后必须进行交接试验合格才可以通电试运行。500KV及以下新安装高压电气设备和布线系统及继电保护系统的交接试验,应由具有相应资质的检测单位进行试验并做好交接试验记录,交接试验项目和标准必须符合《电气装置安装工程电气设备交接试验标准》GB 50150的规定。

试验要求:各种开关在正常情况下,合开到位,信号灯、电铃等显示准确,鸣响正常。接触器、断电器等接触紧密、动作可靠,并注意开合时有无异常声音和较大振动,有无异味、过热、漏电、放电等不良现象。

2. 继电保护、自动、远动、通讯、测量、整流装置以及电气设备的机械部分等的交接试验,应分别按有关标准或规范的规定进行。

4.9.2.3.7.1 **交流电动机测试记录**(C2.3.7.7)

1. 100kW以上的交流电动机需做交流电动机测试记录。

2. 交流电动机测试应符合现行国家标准《电气装置安装工程电气设备交接试验标准》GB 50150第五章的规定。

4.9.2.3.7.2 **电力电缆线路试验记录**(C2.3.7.8)

1. 电力电缆的试验项目应包括下列内容:绝缘电阻;直流耐压试验及泄漏电流测量;检查电缆线路的相位;充油电缆的绝缘油试验。

2. 测试应符合现行国家标准《电气装置安装工程电气设备交接试验标准》GB 50150第十七章的规定。

4.9.2.3.7.3 **油压开关试验记录**(C2.3.7.9)

4.9.2.3.7.4 **互感器试验报告**(C2.3.7.10)

4.9.2.3.8 **发电机交接试验记录**(C2.3.7.11)

发电机交接试验应符合现行国家标准《电气装置安装工程电气设备交接试验标准》GB 50150第二章至第四章的规定,并填写记录,办理签章手续。

4.9.2.3.9 **电气器具通电安全测试记录**(C2.3.7.12)

1. 电气器具通电安全检查是确保安全运行的必要条件之一。电气器具安装完成后,按层、按部位(户)全数进行通电安全检查。电气器具通电安全检查内容应包括接线情况、开关、灯具、插座和地线等。

2. 电气器具通电安全检查,应由施工单位会同监理(建设)单位代表进行,应做到分楼门、单元、层数、户别逐一通电安全检查。

3. 电气器具通电安全检查的内容:开关型号是否统一,开关通断位置是否一致,开关是否能切断相线;灯具及其配件是否齐全,相线应接在中心触点的端子上,零线应接在螺纹的端子上;插座应左零右火,地线接上;地线是否连通到接地干线。

4.9.2.3.10 电气照明通电试运行记录(C2.3.7.13)

1. 电气照明系统安装调试完毕后,在投入使用前必须进行通电试运行,同时应做好试运行的测试工作。电气照明通电试运行应按现行国家标准《建筑电气工程施工质量验收规范》GB 50303的规定执行。

2. 通电试运行必须在线路绝缘电阻测试达标后进行。照明系统以供电系统即电源进户线为系统进行通电试运行。

3. 电气照明通电试运行要求:

(1) 照明系统通电试运行前,灯具回路控制应与照明配电箱及回路的标识一致,开关与灯具控制顺序相对应,风扇的转向及调速开关正常。

(2) 公用建筑物照明系统通电连续试运行应为24h,每隔2h时做一次记录,共13次;民用住宅照明系统通电连续试运行时间应为8h,每隔2h对运行状态做一次记录,共记录5次。

(3)试运行时系统内的所有灯具均应开启,并同时投入运行,且连续试运行时间内无故障。

(4) 试运行应用总进线柜的总开关开始供电,不应甩掉总柜及总开关柜,而使用性能不能接受考验的开关供电。

(5) 建筑物照明通电试运行应在电气器具通电安全检查完后进行。

4.9.2.3.11 电气设备空载试运行记录(C2.3.7.14)

1. 电气动力系统安装调试完毕后,在投入使用前必须对各系统进行通电试运行,同时应做好试运行的测试工作。电气设备的空载度运行应按现行国家标准《建筑电气工程施工质量验收规范》GB 50303 的规定执行。

2. 通电试运行必须在线路绝缘电阻测试达标后进行。动力系统以每台设备即电动机在空载状态下进行通电试运行。

3. 电气设备空载试运行要求:

(1) 成套配电(控制)柜、台、箱、盘的运行电压、电流应正常,各种仪表指示正常。

(2) 电动机应试通电,检查转向和机械转动有无异常情况;可空载试运行的电动机,时间一般为2h ,每1h 记录1 次,空载电流共记录3 次,且检查机身和轴承的温升。

(3) 交流电动机空载状态下可启动次数及间隔单应符合产品的技术条件要求;无要求时,连续启动2 次的时间间隔不应少于5min,再次启动应在电动机冷却至常温下。空载状态下运行,应记录电流、电压、温度、运行时间等有关数据,且应符合建筑设备或工艺装置的空载状态(不投料)运行的要求。

(4) 电动执行机构的动作方向及指示,应与工艺装置的设计要求保持一致。

4.9.2.3.12　**电气动力工程负荷试运行记录(C2.3.7.15)**

建筑电气动力工程的负荷试运行,施工单位依据电气设备及相关建筑设备的种类、特性,编制试运行方案或作业指导书,监理单位审查确认后执行。

4.9.2.3.13　**漏电开关模拟试验记录(C2.3.7.16)**

1. 动力和照明工程的漏电保护装置应全数做模拟动作试验,并符合设计要求的额定值。照明配电箱内漏电保护装置动作电流不大于30mA,动作时间不大于0.1s,其他设备的动作电流应符合设计要求,且动作时间不大于0.1s。

2. 漏电开关模拟试验应使用漏电开关检测仪,并在检定有效期内。

3. 漏电开关安装完毕后,应由施工单位会同监理(建设)单位进行模拟试验。

4.9.2.3.14　**大容量电气线路结点测温记录(C2.3.7.17)**

1. 大容量(630A及以上)导线、母线连接处或开关,在设计计算负荷运行情况下应做温度抽测记录,温升稳定且不大于设计值。

2. 负荷试运行时,大电流电气线路结点温升测量应使用红外线遥测温度仪,并在检定有效期内。

4.9.2.3.15　**避雷带支架拉力测试记录(C2.3.7.18)**

1. 避雷带的每个支持件应做垂直拉力试验,每个支持件应能承受大于49N(5kg)的垂直拉力。

2. 避雷带应平正顺直,固定点支持件间距均匀,固定可靠。

4.9.2.3.16　**大型灯具牢固性试验记录(C2.3.7.19)**

1. 大型灯具应在预埋螺栓、吊杆或吊顶上嵌入式安装的专用骨架等物件上安装,吊钩圆钢直径不应小挂销直径且不小于6mm。

2. 大型灯具的固定及悬吊装置,应按灯具重量的2倍进行过载试验。试验重物宜离开地面30cm左右,试验时间为15min。

3. 凡是设计要求做承载试验的花灯、吊灯、手术无影灯等大型灯具的固定及悬吊装置,均应全数进行过载试验。

4.9.2.4　**隐蔽工程验收记录**

4.9.2.4.1　**基本规定**

参照4.3.2.4.1内容。

4.9.2.4.2　**隐蔽工程验收记录(通用)(C2.4.0.1)**

参照4.3.2.4.2内容。

4.9.2.4.3　**直埋电气导管隐蔽验收记录(C2.4.7.1)**

埋于结构内的各种电气导管,应检查导管的品种、规格、位置、弯扁度、弯曲半径、连接、跨接地线、防腐、管盒固定、管口处理、敷设情况、保护层、需焊接部位的焊接质量等。

4.9.2.4.4　**钢筋避雷引下线隐蔽验收记录(C2.4.7.2)**

利用结构钢筋作为避雷引下线,应检查轴线位置、钢筋数量、规格、搭接长度、焊接质量,与接地极、避雷网、均压环等连接点的焊接情况。

4.9.2.4.5 **等电位及均压环隐蔽验收记录(C2.4.7.3)**

等电位及均压环暗埋,应检查使用材料的品种、规格、安装位置、连接方法、连接质量、保护层厚度等。

4.9.2.4.6 **接地极装置隐蔽验收记录(C2.4.7.4)**

接地极装置埋设,应检查接地极的位置、间距、数量、材质、埋深,接地极的连接方法、连接质量、防腐情况等。

4.9.2.4.7 **金属门窗、幕墙避雷引下线隐蔽验收记录(C2.4.7.5)**

金属门窗、幕墙与避雷引下线的连接,应检查连接材料的品种、规格,连接位置和数量,连接方法和质量等。

4.9.2.4.8 **不进人吊顶内电气导管、线槽隐蔽验收记录(C2.4.7.6)**

不进人吊顶内的电气导管,应检查导管的品种、规格、位置、弯扁度、弯曲半径、连接、跨接地线、防腐,需焊接部位的焊接质量,管盒固定、管口处理、固定方法、固定间距等。

不进人吊顶内的线槽,应检查材料品种、规格、位置、连接、接地、防腐、固定方法、固定间距及与其他管线的位置关系等。

4.9.2.4.9 **直埋、不进人电缆沟敷设电缆隐蔽验收记录(C2.4.7.7)**

直埋电缆应检查电缆的品种、规格、埋设方法、埋深、弯曲半径、标桩埋设情况等。

不进人的电缆沟敷设电缆,应检查电缆的品种、规格、弯曲半径、固定方法、固定间距、标识情况等。

4.9.2.4.10 **伸缩缝及沉降缝处补偿装置隐蔽验收记录(C2.4.7.8)**

应检查线路经过建筑物伸缩缝及沉降缝处的补偿装置。

4.9.2.5 **施工记录**

4.9.2.5.1 **基本规定**

参照4.3.2.5.1内容。

4.9.2.5.2 **施工记录(通用)(C2.5.0.1)**

参照4.3.2.5.2内容。

4.9.2.5.3 **交接检验记录(C2.5.0.2)**

参照4.3.2.5.3内容。

4.9.2.5.4 **不合格项目处理记录(C2.5.0.3)**

参照4.3.2.5.4内容。

4.9.2.5.5 **工序交接检查记录(C2.5.7.1)**

工序交接应输相应交接确认手续,确认记录应根据具体工程特点选取如下项目:架空线路及杆上电气设备安装,变压器、箱式变电所安装,成套配电柜、控制柜(屏、台)和动力、照明配电箱(盘)安装,柴油发电机组安装,低压电气动力设备试验和试运行,裸母线、封闭母线、插接式母线安装,电缆桥架安装和桥架内电缆敷设,电缆在沟风、竖井内支架上敷设,电线导管、电缆导管和线槽敷设,电线、电缆穿管及线槽敷设,电缆头制作接线,照明灯具安装,照明系统的测试和通电试运行,接地装置安装,引下线安装,等电位连接,防雷接地系统测试等内容。

4.9.2.5.6 明敷导管、配线、桥架安装及敷线记录(C2.5.7.2)

明敷电气导管、配线、桥架安装、桥架内敷线施工应对安装情况进行必要记录,其记录内容应包括导管、桥架的型号、规格及数量,敷设的位置、标高、固定方式,连接的方式等。

4.9.2.5.7 电动机抽芯检查记录(C2.5.7.3)

1. 除电动机随带技术文件说明不允许在施工现场抽芯检查外,有下列情况之一的电动机应抽芯检查:

(1)出厂时间已超过制造厂保证期限,无保证期限的已超过出厂时间 1 年以上;

(2)外观检查、电气试验、手动盘转和试运转,有异常情况。

2. 抽芯检查场所应干净通风,温度应在允许范围内。

4.9.3 工程质量验收资料

4.9.3.1 检验批、分项、(子)分部的划分

4.9.3.1.1 检验批、分项、(子)分部划分原则

参照 4.3.3.1.1 内容。

4.9.3.1.2 建筑电气工程的子分部、分项工程划分内容

1. 建筑电气工程子分部、分项工程划分的内容

分部工程	子分部工程	分 项 工 程
建筑电气	室外电气	架空线路及杆上电气设备安装,变压器、箱式变电所安装,成套配电柜、控制柜(屏、台)和动力、照明配电箱(盘)及控制柜安装,电线、电缆导管和线槽敷设,电线、电缆穿管和线槽敷设,电缆头制作、导线连接和线路电气试验,建筑物外部装饰灯具、航空障碍标志灯和庭院路灯安装,建筑照明通电试运行,接地装置安装
	变配电室	变压器、箱式变电所安装,成套配电柜、控制柜(屏、台)和动力、照明配电箱(盘)安装,裸母线、封闭母线、插接式母线安装,电缆沟内和电缆竖井内电缆敷设,电缆头制作、导线连接和线路电气试验,接地装置安装,避雷引下线和变配电室接地干线敷设
	供电干线	裸母线、封闭母线、插接式母线安装,桥架安装和桥架内电缆敷设,电缆沟内和电缆竖井内电缆敷设,电线、电缆穿管和线槽敷线,电缆头制作、导线连接和线路电气试验

续表

分部工程	子分部工程	分项工程
建筑电气	电气动力	成套配电柜、控制柜(屏、台)和动力、照明配电箱(盘)及安装,低压电动机、电加热器及电动执行机构检查、接线,低压电气动力设备检测、试验和空载试运行,桥架安装和桥架内电缆敷设,电线、电缆导管和线槽敷设,电线、电缆穿管和线槽敷线,电缆头制作、导线连接和线路电气试验,插座、开关、风扇安装
	电气照明安装	成套配电柜、控制柜(屏、台)和动力、照明配电箱(盘)安装,电线、电缆导管和线槽敷设,电线、电缆导管和线槽敷线,槽板配线,钢索配线,电缆头制作、导线连接和线路电气试验,普通灯具安装,专用灯具安装,插座、开关、风扇安装,建筑照明通电试运行
	备用和不间断电源安装	成套配电柜、控制柜(屏、台)和动力、照明配电箱(盘)安装,柴油发电机组安装,不间断电源的其它功能单元安装,裸母线、封闭母线、插接式母线安装,电线、电缆导管和线槽敷设,电线、电缆导管和线槽敷线,电缆头制作、导线连接和线路电气试验,接地装置安装
	防雷及接地安装	接地装置安装,避雷引下线和变配电室接地干线敷设,建筑物等电位连接,接闪器安装

2. 建筑电气工程各子分部工程与分项工程代号及相关表

子分部工程 / 分项工程		01	02	03	04	05	06	07
		室外电气安装工程	变配电室安装工程	供电干线安装工程	电气动力安装工程	电气照明安装工程	备用和不间断电源安装工程	防雷及接地装置安装工程
序号	名称							
1	架空线路及杆上电气设备安装 060101	●						
2	变压器、箱式变电所安装 060102,060201	●	●					
3	成套配电柜、控制柜(屏、台)和动力、照明配电箱(盘)安装(Ⅰ)060103,060202,060601(Ⅱ)060401,(Ⅲ)060501	●	●		●	●	●	
4	低压电动机、电加热器及电动执行机构检查接线 060402				●			
5	柴油发电机组安装 060602						●	
6	不间断电源安装 060603						●	

续表

子分部工程 分项工程		01 室外电气安装工程	02 变配电室安装工程	03 供电干线安装工程	04 电气动力安装工程	05 电气照明安装工程	06 备用和不间断电源安装工程	07 防雷及接地装置安装工程
7	低压电气动力设备试验和试运行 060403				●			
8	裸母线、封闭母线、插接式母线安装 060203,060301,060604		●	●			●	
9	电缆桥架安装和桥架内电缆敷设 060302,060404			●	●			
10	电缆沟内和电缆竖井内电缆敷设 060204,060303		●	●				
11	电线导管、电缆导管和线槽敷设（Ⅰ）060304，060405，060502，060605（Ⅱ）060104	●		●	●	●	●	
12	电线、电缆穿管和线槽敷线 060105，060305，060406，060503,060606	●		●	●	●	●	
13	槽板配线 060504					●		
14	钢索配线 060505					●		
15	电缆头制作、接线和线路绝缘测试 060106，060205，060306，060407,060506,060607	●	●	●	●	●	●	
16	普通灯具安装 060507					●		
17	专用灯具安装 060508					●		
18	建筑物景观照明灯、航空障碍标志灯和庭院灯安装 060107,060509	●				●		
19	开关、插座、风扇安装 060408，060510				●	●		
20	建筑物照明通电试运行 060108,060511	●				●		
21	接地装置安装 060109,060206，060606,060701	●	●				●	●

续表

子分部工程 / 分项工程		01 室外电气安装工程	02 变配电室安装工程	03 供电干线安装工程	04 电气动力安装工程	05 电气照明安装工程	06 备用和不间断电源安装工程	07 防雷及接地装置安装工程
22	避雷引下线和变配电室接地干线敷设 (Ⅰ)060702,(Ⅱ)060207		●					●
23	接闪器安装 060704							●
24	建筑物等电位联结 060703							●

注:有●号者为该子分部工程所含的分项工程

4.9.3.2 检验批的验收

4.9.3.2.1.1 检验批验收流程

参照4.3.3.2.1内容。

4.9.3.2.1.2 检验批验收组织程序

参照4.3.3.2.2内容。

4.9.3.2.1.3 检验批验收的内容

参照4.3.3.2.3内容。

4.9.3.2.1.4 检验批质量验收记录填写要求

参照4.3.3.2.1内容。

4.9.3.2.1.5 检验批质量验收记录填写范例

(略)

4.9.3.3 分项工程的验收

4.9.3.3.1.1 分项工程验收流程

参照4.3.3.3.1.1内容。

4.9.3.3.1.2 分项工程验收组织程序

参照4.3.3.3.1.2内容。

4.9.3.3.1.3 分项工程验收的内容

参照4.3.3.3.1.3内容。

4.9.3.3.1.4 分项工程质量验收记录填写要求

参照4.3.3.3.1.4内容。

4.9.3.3.1.5 分项工程质量验收记录填写范例

(略)

4.9.3.4　分部工程的验收

4.9.3.4.1.1　分部工程验收流程

参照4.3.3.4.1.1内容。

4.9.3.4.1.2　分部工程验收组织程序

参照4.3.3.4.1.2内容。

4.9.3.4.1.3　分部工程验收的内容

参照4.3.3.4.1.3内容。

4.9.3.4.1.4　分部工程质量验收记录填写要求

参照4.3.3.4.1.4内容。

4.9.3.4.1.5　分部工程质量验收记录填写范例

（略）

4.9.4　工程竣工图

参照4.3.4的内容。

4.10　通风与空调工程资料管理

4.10.1　工程技术管理资料

参照4.3.1内容。

4.10.2　工程质量控制资料

4.10.2.1　图纸会审/设计变更/洽商记录

参照4.3.2.1内容。

4.10.2.2　原材料质量证明文件和进场复试报告

4.10.2.2.1　基本规定

参照4.3.2.2.1内容。

4.10.2.2.2　________质量证明文件和复验报告汇总表(通用)（C2.2.0.1）

参照4.3.2.2.2内容。

4.10.2.2.3　质量证明文件粘贴表(通用)（C2.2.0.2）

参照4.3.2.2.3内容。

4.10.2.2.4　复验(试验)报告（通用)（C2.2.0.3）

参照4.3.2.2.4内容。

4.10.2.2.5　材料、配件进场检查验收记录(C2.2.8.1)

1. 通风与空调工程采用的主要材料、配件应进行进场验收,有进场检查验收手续。材料进场检查验收应有检查结论,确认符合设计、标准规范规定要求,才能在施工中使用。

2. 材料、配件进场后,应由监理(建设)单位会同施工单位及时分批次进行进场检查验收,并填写《材料、配件进场检查验收记录》。主要验收内容包括:

(1)材料、配件出厂质量证明文件及检测报告是否齐全;

(2)实际进场数量、规格和型号等,是否满足设计和施工计划要求;

(3)外观质量是否满足设计要求或规范规定;

(4)需复检的材料、配件是否进行取样;

(5)拟使用部位。

4.10.2.2.6　主要材料质量证明文件及性能检测报告

1. 成品风管、风道应有质量证明文件及性能检测报告(C2.2.8.2)。风管必须通过工艺性的检测或验证,进行强度和严密性验收。金属风管(钢板、不锈钢板、铝板等)、非金属风管(硬聚氯乙烯板、有机玻璃钢、无机玻璃钢等)、复合材料风管、防火风管的材料品种、规格、性能与厚度等应符合设计和现行国家产品标准的规定。

2. 风口、风阀、排风罩、消声器应有产品合格证和其他质量合格证明(C2.2.8.3)。

4.10.2.2.6.1　管道、管件、阀门等应有质量证明文件(C2.2.8.4)

4.10.2.2.6.2　油漆、防腐材料、绝热材料等应有质量证明文件(C2.2.8.5)

4.10.2.2.6.3　角钢等金属支架应有材料质量证明文件(C2.2.8.6)

4.10.2.2.7　设备开箱检查验收记录(C2.2.8.7)

1. 通风与空调工程使用的主要设备进场后,应按购货合同进行验收,按单位工程分专业填写《设备开箱检查验收记录》,并应有检查结论,确认符合设计、标准规范规定,才能在施工中使用。

2. 设备开箱检查验收应由监理(建设)单位会同施工单位进行进场检查验收,按照设备清单、施工图纸、设备技术标准,经专业监理工程师核查确认。主要检查内容包括:

(1)设备主体及附件、备件的规格、型号是否符合设计图纸要求;

(2)附件、备件、产品合格证、技术文件资料、说明书是图纸要求;

(3)设备主体外观检查应无损伤及变形,油漆完整无损;

(4)设备内部的电器设备应检查电器装置及元件、绝缘瓷件是否齐全,有无损伤、裂纹等缺陷。

4.10.2.2.8　主要设备质量证明文件及性能检测报告

1. 通风机、空调机组、除尘器、过滤器、空气净化设备、加热器、加(去)湿机(器)、风机盘管、热交换设备、空气幕、装配式洁净室,应有产品合格证及性能报告(C2.2.8.8)。

2. 制冷机组、热泵机组、冰蓄冷设备,应有产品合格证及性能报告(C2.2.8.9)。

3. 空调水处理设备、水泵、阀门、疏水器、分(集)水器、水箱、冷却塔应有出厂产品合格证及性能报告(C2.2.8.10)。

4.10.2.2.9　安培、使用维护说明书(C2.2.8.11)

主要设备应有安装使用说明书。

4.10.2.3　**施工试验记录**

4.10.2.3.1　**基本规定**

参照4.3.2.3.1内容。

4.10.2.3.2　**施工试验报告汇总表**(C2.3.0.1)

参照4.3.2.3.2

4.10.2.3.3　________**施工试验报告(通用)**(C2.3.0.2)

参照4.3.2.3.3

4.10.2.3.4　**管道、设备强度及严密性试验记录**(C2.3.8.1)

1. 空调制冷系统及空调水系统管道与设备安装完毕,外观检查合格后,应按设计要求进行压力试验。设计无要求的,试验应符合《通风与空调工程施工质量验收规范》GB 50243的要求。并做好《管道、设备强度及严密性试验记录》。

2. 输送各种介质的承压管道、设备、阀类及密闭水箱(罐)、燃气管道设备等安装前均应有单项强度试验记录,要求管道按不同类型、不同系统、不同施工部位分别填写。其他参见给排水工程的要求。

3. 燃气管道的吹扫和压力试验应用压缩空气或氮气,严禁用水。

4. 其他要求见第4.8.2.3.4条。

4.10.2.3.5　**管道(设备)罐(满)水试验记录**(C2.3.8.2)

1. 空调水系统中水箱、集水缸、分水缸、储冷罐等必须做满水试验和水压试验,试验结果应符合设计要求和规范规定。凝结水系统采用充水试验,应以不渗漏为合格。

2. 其他要求见第4.8.2.3.5条。

4.10.2.3.6　**管道系统冲(吹)洗(脱脂)检验记录**(C2.3.8.3)

1. 冷热水及冷却水管道在交付使用前须进行冲洗,冲洗时用自来水,应以系统设计流量或不低于1.5m/s的流速进行,水冲洗应连续进行,以排出口水色和透明度与入口水目测一致,无可见杂物为合格。

2. 制冷系统吹扫排污应采用压力为0.6MPa的干燥压缩空气或氮气,用浅色布检查5min,无污物为合格。系统吹扫干净后,应将系统中阀门的阀芯拆下清洗干净。

3. 净化空调系统制作完成的风管应进行第二次清洗,经检查达到要求后封口。

4. 系统冲洗前应将管道安装的流量指示器、滤网、温度计、恒温阀等污物通过的设施(附件)临时拆除,待冲洗合格后再安装好。

5. 试验时分部位进行一次,整个系统进行一次,冷(热)水及冷却水系统在系统冲洗排污合格后,再循环试运行2h以上,且水质正常后才能与制冷机组、空调设备相连接。设计有要求时还应做脱脂处理。

4.10.2.3.7　**设备单机试运转记录**(C2.3.8.4)

通风与空调系统的各类水泵、风机、冷水机组、冷却塔、空调机组、新风机组等设备在安装完毕后,应进行单机试运转及调试,并做好记录。

1. 水泵试运行：

(1) 水泵试运行在设计负荷下连续运转不应少于2h。

(2) 运行中叶轮旋转方向正确，不应有异常振动和声响，壳体密封处不得渗漏，坚固连接部位不应松动。

(3) 轴封的温升应正常，无特殊要求的情况下，普通填料泄漏量不得大于60mL/h，机械密封的泄漏量不得大于5mL/h。

(4) 电机电流和功率不应超过额定值。

2. 风机、空调机组、风冷热泵等设备试运行：

(1) 通风机试运行前，必须加上适度的润滑油，并检查各项安全措施，叶轮旋转方向必须正确，且无卡阻和碰擦现象，运行功率符合设备技术文件规定。产生的噪声不应超过产品说明书的规定值。

(2) 在额定转速下连续试运行2h后，轴承温升应正常。

(3) 冷却塔本体应稳固，无异常振动，其噪声应符合设备技术文件的规定，冷却塔风机与冷却水系统循环试运行不少于2h，运行应无异常情况。

3. 制冷机组、单元式空调机组的试运转，应符合设备技术文件规定和现行国家标准《制冷设备、空气分离设备安装工程施工及验收规范》GB 50274 的有关规定，正常运转不应少于8h。

4. 电控防火、防排烟风阀(口)的手动、电动操作应灵活、可靠，信号输出正确。

5. 风机盘管试运行中，风机盘管机组的在速、温控开关的动作应正确，并与机组运行状态一一对应。

4.10.2.3.8 系统试运转调试记录(C2.3.8.5)

1. 通风与空调工程安装完毕，必须进行系统的测定和调整(简称调试)。系统调试应包括下列项目：设备单机试运转及调试；系统无生产负荷下的联合试运转及调试；全数检查。

2. 系统调试应由施工单位负责，监督，可在建设和设计单位参与和配合下进行，施工企业应具有专业检测人员和符合有关标准规定的测试仪器。

3. 系统调试前，施工单位应编制调试方案，报送专业监理工程师审核批准；调试结束后应提供完整的调试资料和报告。

4. 通风与空调工程系统无生产负荷的联合试运行及调试，应在制冷设备和通风与空调设备单机试运转合格后进行。空调系统带冷(热)源的正常联合试运转不应少于8h，当竣工季节与设计条件相差较大时，仅做不带冷(热)源试运转。通风、除尘系统的连续试运转不应少于2h。

5. 净化空调系统运行前应在回风、新风的吸入口处和粗、中效过滤器前设置临时用过滤器(如无纺布等)，实行对系统的保护。净化空调系统的检测和调整，应在系统进行全面清扫，且已运行24h及以上达到稳定后进行。

洁净室洁净度的检测，应在空态或静态下进行或按合约规定。室内洁净度检测时，人员不宜多于3人，均必须穿与洁净室洁净度等级相适应的洁净工作服。

6. 系统调试内容和要求以及调试结论的判定依据应符合现行国家标准《通风与空调工程施工质量验收规范》GB 50243 第11章的规定。

7. 系统试运转调试符合要求后，监理(建设)、施工单位以及参加试运转调试技术负责人应在记录上签字盖章以示确认。

4.10.2.3.9 风管漏光测试记录(C2.3.8.6)

1. 中、低压风管系统安装完成后,应按设计要求及规范规定进行严密性检验,由施工单位会同监理(建设)单位进行漏光检测,并做好风管漏光检测记录。

2. 风管漏光检测以主干管为主,在加工工艺得到保证的前提下,中、低压风管系统可采用漏光法检测。检测抽检率为5%,且不得少于1个系统。低压系统风管以每10m接缝漏光点不大于2处,且100m接缝平均不大于16处为合格;中压系统风管每10m接缝漏光点不大于1处,且100m接缝平均不大于8处为合格。

4.10.2.3.10 风管漏风测试记录(C2.3.8.7)

1. 风管系统安装完成后,应按设计要求和规范规定,按风管系统类别进行强度及严密性检验。风管漏风量应符合设计要求与现行国家标准《通风与空调工程施工质量验收规范》GB 50243第4.2.5条的规定,风管严密性检验方法应符合现行国家标准《通风与空调工程施工质量验收规范》GB 50243第6.2.8条的规定。

2. 检测漏风量必须用检定合格的测试装置。

4.10.2.3.11 除尘器、空调机漏风测试记录(C2.3.8.8)

1. 现场组装的除法器壳体和现场组装的组合式空气调节机组应做漏风量检测,并填写检测记录。

2. 除尘器、空调机漏风量的测试方法和要求,应符合现行国家标准《通风与空调工程施工质量验收规范》GB 50243中第7.2.3条和第7.2.24条。

4.10.2.3.12 各房间室内风量、温度测量记录(C2.3.8.9)

1. 通风与空调工程无生产负荷联合试运转时,应分系统的,将同一系统内各房间室内风量、室内温度进行测量调整,并做记录。

2. 各房间室内风量、温度测试调整应符合现行国家标准《通风与空调工程质量验收规范》GB50243中第11.2.3条、第11.2.5条、第11.3.2条的规定。

4.10.2.3.13 空调管网风量平衡调试记录(C2.3.8.10)

1. 通风与空调工程进行无生产负荷试运转时,应分系统的,将同一系统内的各测点的风压、风速、风量进行测试和调整,进行风口和系统的风量平衡,并做好记录。

2. 同一系统内的各测点的风压、风速、风量进行测试和调整,应符合现行国家标准《通风与空调工程施工质量验收规范》GB 50243中第11.2.3条、第11.2.5条、第11.3.2条的规定。

3. 风口的实际风量,为风口断面的平均风速乘以风口净面积。

4. 应写明各房间名称及风口测点编号,为使表格更能反映填写情况,必须在备注栏内附各部位的平面图或透视图,标明系统位置、风口位置、风口编号。

4.10.2.3.14 空调系统试运转调试记录(C2.3.8.11)

1. 通风与空调工程进行无生产负荷联合试运转及调试时,应对空调系统总风量进行测量调整,并做记录。

2. 空调系统总风量的测量和调整,应符合现行国家标准《通风与空调工程施工质量验收规范》GB 50243 中第 11.2.3 条、第 11.2.5 条的规定。

4.10.2.3.15 **空调水系统试运转调试记录**(C2.3.8.12)

1. 通风与空调工程进行无生产负荷联合试运转及调试时,应对空调冷(热)水、冷却水总流量、供回水温度进行测量调整,并做好记录。

2. 空调水系统试运转调试,应符合现行国家标准《通风与空调工程施工质量验收规范》GB 50243 中第 11.2.3 条、第 11.3.3 条的规定。

4.10.2.3.16 **制冷系统气密性试验记录**(C2.3.8.13)

1. 应对制冷系统的工作性能进行试验并做好记录。

2. 制冷设备的各项严密性试验和试运行的技术数据,均应符合设备技术文件的规定。对组装式的制冷机组和现场充注制冷剂的机组,必须进行吹污、气密性试验、真空试验和充注制冷剂检漏试验,其相应的技术数据必须符合产品技术文件和有关现行国家标准、规范的规定。

3. 制冷管道系统在试运行时应进行强度、气密性试验及真空试验,且必须合格。

4. 制冷机组本体的安装、试验、试运转及验收,除了应符合现行国家标准《通风与空调工程施工质量验收规范》GB 50243 之外,还应符合现行国家标准《制冷设备、空气分离设备安装工程施工及验收规范》GB 50274 有关条文规定。

4.10.2.3.17 **净化空调系统测试记录**(C2.3.8.14)

1. 净化空调系统无生产负荷试运转时,应对系统中的高效过滤器进行泄漏测试,并对室内洁净度进行测定并做好记录。

2. 净化空调系统运行前,应在加风、新风的吸入口处和粗、中效过滤器前设置临时用过滤器,实施对系统的保护。

3 净化空调系统的检测和调整,应在系统进行全面清扫且运行 24h 及以上达到稳定后进行。

4. 相邻不同级别洁净室和流动资金室与非流动资金室之间的静压差不应小于 5Pa,洁净室与室外的静压差不应小于 10Pa。洁净室的测试记录应按现行国家标准《通信网与空调工程施工质量验收规范》GB 50243 中的附录 B 测试方法进行校核。

5. 室内空气洁净度等级必须符合设计规定的等级要求,或在商定验收状态下的等级要求。

6. 高效过滤器应在洁净室及净化空调系统进行全面清扫和系统连续试车 12h 以上后,在现场拆开包装进行安装。安装前应进行外观检查和仪器检漏,仪器检漏应符合产品质量文件的规定。

7. 高效过滤器安装后,接口应严密不漏,在调试前进行扫描检漏。无论是仪器检漏还是扫描检漏,均应符合现行国家标准《通风与空调工程施工质量验收现场规范》GB50243 中附录 B 的规定。

4.10.2.3.18 **防排烟系统联合试运行记录**(C2.3.8.15)

在防排烟系统联合试运行和调试过程中,应对测试楼层及其上下二层的排烟系统中的排烟风口、正压送风系统的送风口进行联动调试,并对各风口的风速、风量进行测量调整。对正压送风口的风压进行测量调整,必须符合设计及消防的要求。检测的数量及方法应符合现行国家标准《通信网与空调工程施工质量验收规范》GB 50243 中第 11.2.4 条规定,并做好试运行记录。

4.10.2.3.19 电气接地电阻测试记录(C2.3.8.16)

1. 通风与空调工程中,风管系统、通风与空调设备、燃气系统等有接地要求者,均应做接地电阻测试并做好记录。

2. 输送含有易燃、易爆气体或安装在易燃、易爆环境的风管系统应有良好的接地。

3. 布袋除尘器、电除尘器的壳体及辅助设备,静电空气过滤器的金属外壳,电加热器的金属外壳等接地必须良好、可靠。

4. 燃气系统设备的调压装置、过滤器的安装应可靠接地。燃油管道系统必须设置可靠的防静电接地装置,其管道法兰应采用镀锌螺栓连接或在法兰处用铜导线进行跨接,且接合良好。

4.10.2.3.20 管道焊缝射线探伤报告(C2.3.8.17)、管道焊缝超声波探伤报告(C2.3.8.18)

1. 空调制冷系统安装中燃气系统管道与机组的连接不得使用非金属软管。当燃气供气管道压力大于0.005MPa时,焊缝的无损检测的执行标准应按设计规定。当设计无规定且采用超声波探伤时,应全数检测,以质量不低于II级为合格。

2. 氨系统管道焊缝应进行射线照相检验,抽检率为10%,以质量不低于三级为合格,在不易进行射线照相检验操作的场合,可用超声波检验代替,以不低于II级为合格。

3. 探伤检验应由有资质的检测单位进行,并填写管道焊缝射线探伤报告、管道焊缝超声波探伤报告。

4.10.2.4 隐蔽工程验收记录

4.10.2.4.1 基本规定

参照4.3.2.4.1内容。

4.10.2.4.2 隐蔽工程验收记录(通用)(C2.4.0.1)

参照4.3.2.4.2内容。

4.10.2.4.3 暗敷风管、空调水系统隐蔽验收记录(C2.4.8.1)

敷设于竖井内、不进人吊顶内的风管及设备(包括各类附件、部件、设备等),应检查风管的标高材质,接头、接口严密性,附件、部件安装位置,支、吊、托架安装、固定,活动部件是否灵活可靠、方向正确,风管分支、变径处理是否合理、是否符合要求,是否已按有关规定进行了风管的漏光、漏风检测,空调水管道的强度、严密性及冲洗等试验。

4.10.2.4.4 风管、空调水系统绝热、防腐隐蔽验收记录(C2.4.8.2)

有绝热、防腐要求的风管、空调水管及设备,应检查绝热形式与做法,绝热材料的材质和规格,防腐处理材料及做法。绝热管道与支吊架之间应垫以绝热衬垫或经防腐处理的木衬垫,其厚度应与绝热层厚度相同,表面平整,衬垫接合面的空隙应填实。

4.10.2.5 施工记录

4.10.2.5.1 基本规定

参照4.3.2.5.1内容。

4.10.2.5.2 ________施工记录(通用)(C2.5.0.1)

参照4.3.2.5.2内容。

4.10.2.5.3. **交接检验记录**(C2.5.0.2)

参照4.3.2.5.3内容。

4.10.2.5.4　**不合格项目处理记录**(C2.5.0.3)

参照4.3.2.5.4内容。

4.10.2.5.5　**设备基础交接检查记录**(C2.5.8.1)

设备安装前应由土建与安装单位有关人员依照图纸及规范要求,对设备基础的尺寸、平面位置、标高、强度以及预埋(留)件位置等进行交接检查。

4.10.2.5.6　**补偿器预拉伸安装记录**(C2.5.8.2)

空调水系统管道与设备安装中,应根据计算的补偿量进行预拉伸或预压缩,记录伸缩器的预拉伸或预压缩情况。补偿器的补偿量和安装位置应符合设计及产品技术要求。

4.10.2.5.7　**风管及部位制作检查记录**(C2.5.8.3)

1. 风管及部件制作所使用的材料品种、规格、性能与厚度等应符合设计、产品标准及施工规范要求。

2. 制作前对板材进行清洗,对使用的材料品种、规格,制作的方式、尺寸、数量、班组等进行记录。

4.10.2.5.8　**明敷风管安装记录**(C2.5.8.4)

明敷风管及配件施工安装情况应进行记录,记录内容应包括管道型号、规格、数量,管道位置,管道连接方式,管道固定方式,管内、外污物清理等。

4.10.2.5.9　**明敷空调水系统安装记录**(C2.5.8.5)

明敷冷热水、冷却水、凝结水管道及配件施工安装情况应进行记录,记录内容应包括管道型号、规格、数量,管道位置,管道连接方式,管道防腐,管道固定方式,筌、外污物清理等。

4.10.2.5.10　**明敷风管、空调水系统绝热记录**(C2.5.8.6)

有绝热防腐要求的风管、空调水管:检查绝热形式与做法,绝热材料的材质和规格,防腐处理材料及做法,绝热管道与支吊架之间应垫以绝热衬垫或经防腐处理的森衬垫,其厚度应与绝热层厚度相同,表面夹带,衬垫接合面的空隙应填实。

4.10.2.5.11　**净化空调系统风管清洗记录**(C2.5.8.7)

净化空调系统风管安装完后,应对其进行清洗。

4.10.2.5.12　**接地检查记录**(C2.5.8.8)

应对静电空气过滤器、电加热器、燃油系统设备、管道金属外壳进行接地,对其接地形式,所使用材料、材质、数量,接地敷设位置、深度,接地线连接及防腐处理质量状况进行记录。

4.10.2.5.13. **设备安装记录**(C2.5.8.9)

1. 主要设备安装检查记录应包括以下内容:安装设备位号及型号规格;安装固定的方式;单台设备安装的水平度、垂直度,同一系统的各台设备直线度;设备严密性、间隙均匀性、有无异常现象。

2. 需办理主要设备安装检查记录的设备有:通风机除尘设备 = 组装静电除尘器、组装布袋除尘器、洁净层流罩、风机过滤器单元、消声器、风机盘管机组等。

4.10.3 工程质量验收资料

4.10.3.1 检验批、分项、(子)分部的划分

4.10.3.1.1 检验批、分项、(子)分部划分原则

参照4.3.3.1.1内容。

4.10.3.1.2 通风与空调工程的子分部、分项工程划分内容

1. 通风与空调工程子分部、分项工程划分的内容

分部工程	子分部工程	分 项 工 程
通风与空调	送排风系统	风管与配件制作;风管系统安装;空气处理设备安装;部件制作;消声设备制作与安装,风管与设备防腐;风机安装;系统调试
	防排烟系统	风管与配件制作;部件制作;风管系统安装;防、排烟风口常闭正压风口与设备安装;风管与设备防腐;风机安装;系统调试
	除尘系统	风管与配件制作;部件制作;风管系统安装;除尘器与排污设备安装;风管与设备防腐;风机安装;系统调试
	空调风系统	风管与配件制作;部件制作;风管系统安装,空气处理设备安装;消声设备制作与安装;风管与设备防腐;风机安装;风管与设备绝热;系统调试
	净化空调系统	风管与配件制作;部件制作;风管系统安装;空气处理设备安装;消声设备制作与安装;风管与设备防腐;风机安装;风管与设备绝热;高效过滤器安装;系统调试
	制冷系统	制冷机组安装;制冷剂管道及配件安装;制冷附属设备安装;管道及设备的防腐与绝热;系统调试
	空调水系统	管道冷热(媒)水系统安装;冷却水系统安装;冷凝水系统安装;阀门及部件安装;冷却塔安装;水泵及附属设备安装;管道与设备的防腐与绝热;系统调试

2. 通风与空调工程各子分部工程与分项工程代号及相关表

通风与空调分部工程各子分部工程与分项工程相关表

分项工程 \ 子分部工程		01 送排风系统	02 防排烟系统	03 除尘系统	04 空调系统	05 净化空调系统	06 制冷设备系统	07 空调水系统	08	09
序号	名　称									
1	风管与配件制作 080101,080201,080301,080401,080501	●	●	●	●	●				
2	风管部件与消防器制作 080105,080405,080505	●			●	●				
3	风管系统安装 080103,080203,080303,080403,080503	●	●	●	●	●				
4	通风机安装 080107,080207,080307,080407,080507	●	●	●	●	●				
5	通风与空调设备安装 080304,080404,080504			●	●	●				
6	空调制冷系统安装 080601						●			
7	空调水系统安装 080701							●		
8	系统调试 0801,0802,0803,0804,0805,0806,0807	●	●	●	●	●	●	●		
9										
10										

注:有●号者为该子分部工程所含的分项工程

4.10.3.2　检验批的验收

4.10.3.2.1.1　检验批验收流程

参照4.3.3.2.1内容。

4.10.3.2.1.2　检验批验收组织程序

参照4.3.3.2.2内容。

4.10.3.2.1.3　检验批验收的内容

参照4.3.3.2.3内容。

4.10.3.2.1.4　检验批质量验收记录填写要求

参照4.3.3.2.1内容。

4.10.3.2.1.5　检验批质量验收记录填写范例

(略)

4.10.3.3. 分项工程的验收

4.10.3.3.1.1　分项工程验收流程

参照4.3.3.3.1.1内容。

4.10.3.3.1.2　分项工程验收组织程序

参照4.3.3.3.1.2内容。

4.10.3.3.1.3　**分项工程验收的内容**

参照4.3.3.3.1.3 内容。

4.10.3.3.1.4　**分项工程质量验收记录填写要求**

参照4.3.3.3.1.4 内容。

4.10.3.3.1.5　**分项工程质量验收记录填写范例**

（略）

4.10.3.4　**分部工程的验收**

4.10.3.4.1.1　**分部工程验收流程**

参照4.3.3.4.1.1 内容。

4.10.3.4.1.2　**分部工程验收组织程序**

参照4.3.3.4.1.2 内容。

4.10.3.4.1.3　**分部工程验收的内容**

参照4.3.3.4.1.3 内容。

4.10.3.4.1.4　**分部工程质量验收记录填写要求**

参照4.3.3.4.1.4 内容。

4.10.3.4.1.5　**分部工程质量验收记录填写范例**

（略）

4.10.4　工程竣工图

参照4.3.4 的内容。

4.11　电梯工程资料管理

4.11.1　工程技术管理资料

参照4.3.1 内容。

4.11.2　工程质量控制资料

4.11.2.1　**图纸会审/设计变更/洽商记录**

参照4.3.2.1 内容。

4.11.2.2　**原材料质量证明文件和进场复试报告**

4.11.2.2.1　**基本规定**

参照4.3.2.2.1 内容。

4.11.2.2.2 ________**质量证明文件和复验报告汇总表(通用)**(C2.2.0.1)

参照4.3.2.2.2 内容。

4.11.2.2.3 **质量证明文件粘贴表(通用)**(C2.2.0.2)

参照4.3.2.2.3 内容。

4.11.2.2.4 **复验(试验)报告(通用)**(C2.2.0.3)

参照4.3.2.2.4 内容。

4.11.2.2.5 **材料、配件进场检查验收记录**(C2.2.9.1)

1. 电梯工程采用的主要材料、配件应进行进场验收,办理进场检查验收手续。材料进场检查验收应有检查结论,确认符合设计、标准规范规定要求,才能在施工中使用。

2. 材料、配件进场后,应由监理(建设)单位会同施工单位进行进场检查验收,并填写《材料、配件进场检查验收记录》。主要验收内容包括:

(1)材料、配件出厂质量证明文件及检测报告是否齐全;

(2)实际进场数量、规格和型号等,是否满足设计和施工计划要求;

(3)外观质量是否满足设计要求或规范规定;

(4)需抽检的材料、配件是否及时取样。

4.11.2.2.6 **主要材料、配件质量证明文件**(C2.2.9.2)

电梯安装所使用的材料、构配件应有产品质量证明合格证及性能检测报告,涉及电气类材料应按第4.9.2.2.8 条相应要求。

4.11.2.2.7 **设备开箱检查验收记录**(C2.2.9.3)

1. 电梯设备进场后,应按《电梯工程施工质量验收规范》和购货合同规定进行验收,填写《设备开箱检查验收记录》,并应有检查结论,确认符合设计、规范标准规定,才能在施工中使用。

2. 设备开箱检查验收应由监理(建设)单位会同施工单位进行进场检查验收,按照设备清单、施工图纸、设备技术标准,经专业监理工程师核查确认。主要检查内容包括

(1)设备主体及附件、备件的规格、型号是否符合设计图纸要求;

(2)附件、备件、产品合格证、技术文件资料、说明书是否齐全;

(3)电梯设备应进行观感检查,设备外观不应存在明显的损坏,无因人为或意外而造成明显的凹凸、断裂、永久变形、表面涂层脱落等缺陷;

(4)设备内部的电器设备应检查电器装置及元件;绝缘瓷件是否齐全,有无损伤、裂纹等缺陷。

4.11.2.2.8 **主要设备质量证明文件及性能检测报告**

1. 电梯产品出厂合格证(C2.2.9.4)。

2. 门锁装置、限速器、安全钳、缓冲器是保证电梯安全的重要部件,在设备进场时必须提供由国家指定部门出具的型式试验合格证书(C2.2.9.5)。

3. 自动扶梯、自动人行道梯级或踏板的型式试验报告或胶带的断裂强度证明文件(C2.2.9.6)。

4. 自动扶梯、自动人行道扶手带的断裂强度证明文件(C2.2.9.7)。

4.11.2.2.9　安装、使用维护说明书(C2.2.9.8)

电梯应有安装、使用维护说明书。其中包括电梯动力电路和安全电路的电气原理图,液压系统原理图。动力电路和安全电路的电气原理图为电气装置分项工程安装、接线、调试及交付使用后维修必备的文件。

4.11.2.3　施工试验记录

4.11.2.3.1　基本规定

参照4.3.2.3.1内容。

4.11.2.3.2　________施工试验报告汇总表(C2.3.0.1)

参照4.3.2.3.2

4.11.2.3.3　施工试验报告(通用)(C2.3.0.2)

参照4.3.2.3.3

4.11.2.3.4　电气接地电阻测试记录(C2.3.9.1)、绝缘电阻测试记录(C2.3.9.2)

1. 电梯机房电源零线和接地线应始终分开。机房内接地装置的接地电阻值大于4欧。

2. 电梯电气装置的所有电气设备及导管、线槽的外露可导电部分均必须可靠接地(PE)。

3. 电气装置接地支线应分别直接至接地干线接线柱上,不得互相连接后再接地。

4. 导体之间和导体对地之间的绝缘电阻必须大于1000欧/伏,且其值不得小于:

(1)动力电路和电气安全装置电路:0.5兆欧;

(2)其他电路(控制、照明、信号等):0.25兆欧。

5 电梯安装完毕,试运行前应由安装单位负责,进行电梯电气接地电阻和电气绝缘电阻测试,由监理(建设)单位进行核验确认并办理签章手续。

4.11.2.3.5　电梯电气安全装置测试记录(C2.3.9.4)

电梯安装完毕进行调试运行时,应由安装单位和监理(建设)单位共同对电梯电气安全装置进行检查确认,并填写《电梯电气安全装置测试记录》,并签字、盖章。

4.11.2.3.6　电梯空载、满载、超载运行试验记录

1. 电梯在交接验收前,调试基本完成后,对电梯在空载满载、超载三种状态下进行运行试验,并将收集的有关数据整理归档,作为电梯验收后正常运行质量保证条件之一。

2. 测试内容包括平衡系数,平衡载上、下运行电流误差,平衡载上、下运行速度误差,减速机油温升,制动器线圈温升等。

3. 电梯空载、满载、超载运行试验,安装单位自检合格后,报监理(建设)单位检查确认。安装单位收集各测试数据,向有关单位办理签认手续,并归档。

4. 电梯运行试验应符合下列规定:

(1)电梯空载、满载运行通电持续就绪为40%,往返升降2h。

(2)超载运行,在桥厢内放入110%的额定负载,通电持续率为40%,往返运行0.5h。

(3)制动器动作可靠,制动器线圈和减速机油的温升应符合规范规定。

(4) 电梯运行按产品设计规定的每小时启动次数和负载持续率各运行1000次(每天不少于8h),连接运行安全可靠无故障,启动无明显冲击,停层准确平稳。

5. 运行速度检验,应符合现行国家标准《电梯工程施工质量验收规范》GB 50310中第4.11.9条、第5.11.8条规定。

4.11.2.3.7 **轿厢平衡系数及静压试验记录**(C2.3.9.5)

电梯调试时,应由安装单位对电梯的平衡系数、超压静载进行检查和试验,监理(建设)单位应参加进行确认并签字盖章。

4.11.2.3.8 **曳引机检查测试记录**(C2.3.9.6)

电梯调试时,应由安装单位对电梯的曳引机进行检查和测试,监理(建设)单位应参加进行确认并签字盖章。

4.11.2.3.9 **电梯噪声测试记录**(C2.3.9.7)

电梯具备运行条件时,安装单位应对电梯轿厢内、机房、轿厢门、层站门的运行噪声进行测试,并填写测试记录,监理(建设)单位应参加进行确认并签字盖章。测试结果应符合现行国家标准《电梯工程施工质量验收规范》GB 50310第4.11.7条和第5.11.6条规定。

4.11.2.3.10 **轿厢平层准确度测量记录**(C2.3.9.8)

电梯具备运行条件时,安装单位应对电梯轿厢的运行平层准确度进行测量,并填写测量记录,监理(建设)单位参加进行确认并签字盖章。测试结果应符合现行国家标准《电梯工程施工质量验收规范》GB 50310第4.11.8条和第5.11.7条规定。

4.11.2.3.11 **电梯层门安全装置测试记录**(C2.3.9.9)

电梯层门安装完成后,安装单位应对每个扇区层门的安全装置进行检查测试,并填写《电梯层门安全装置测试记录》,办理签章手续确认。层门安全装置应符合现行国家标准《电梯工程施工质量验收规范》GB 50310中4.5节的规定。

4.11.2.3.12 **电梯整机功能测试记录**(C2.3.9.10)、**电梯主要功能测试记录**(C2.3.9.11)

电梯调试结束后,在交付使用前,安装单位应对电梯的整机运行性能和主要功能进行检查测试,并填写测试记录。

4.11.2.3.13 **自动扶梯、自动人行道安全装置测试记录**(C2.3.9.12)、**自动扶梯、自动人行道整机性能与运行试验记录**(C2.3.9.13)

自动扶梯、自动人行道安装完毕后,安装单位应对电梯的安全装置、运行速度、噪声、制动器等功能进行测试,并填写测试记录。监理(建设)单位应参加检查确认,并办理签章手续。

4.11.2.4 **隐蔽工程验收记录**

4.11.2.4.1 **基本规定**

参照4.3.2.4.1内容。

4.11.2.4.2 **隐蔽工程验收记录(通用)**(C2.4.0.1)

参照4.3.2.4.2内容。

4.11.2.4.3 **电梯承重梁、起重吊环埋设隐蔽验收记录**(C2.4.9.1)

检查电梯承重梁、起重吊环埋设。一般情况,安装电梯时,电梯承重梁,、起重吊环已经埋设的应由建设单位或土建施工单位提供隐蔽工程验收记录。

4.11.2.4.4 **电梯导轨、层门支架、螺栓埋设隐蔽验收记录**(C2.4.9.2)

应检查记录电梯井道内导轨、层门支架、螺栓埋设情况等。

4.11.2.4.5 **电梯钢丝绳头灌注隐蔽验收记录**(C2.4.9.3)

应检查记录电梯钢丝绳头灌注情况等。

4.11.2.5 **施工记录**

4.11.2.5.1 **基本规定**

参照4.3.2.5.1内容。

4.11.2.5.2 ________**施工记录(通用)**(C2.5.0.1)

参照4.3.2.5.2内容。

4.11.2.5.3 **交接检验记录**(C2.5.0.2)

参照4.3.2.5.3内容。

4.11.2.5.4 **不合格项目处理记录**(C2.5.0.3)

参照4.3.2.5.4内容。

4.11.2.5.5 **电梯机房、井道交接记录**(C2.5.9.1)

1. 电梯机房、井道的土建施工,应满足现行国家标准《电梯主参数及轿厢、井道、机房的型式与尺寸》GB/T 7025.1-3的相关规定;自动扶梯、自动人行道的土建施工应满足机房尺寸、提升高度、倾斜角、名义宽度、支承及畅通区尺寸的要求,并应符合现行国家标准《自动扶梯和自动人行道的制造与安装安全规范》GB 16899的有关规定。

2. 电梯机房、井道交接记录有《电梯机房、井道预检记录》;《自动扶梯、自动人行道相邻区域检查记录》;《自动扶梯、自动人行道安装与土建交接预检记录》。

4.11.2.5.6 **电气导管敷设、配线记录**(C2.5.9.5)

敷电气导管、配线应对施工安装情况进行记录,记录内容应包括管道、规格及数量,敷设的位置、标高、固定方式,连接的方式等内容。

4.11.2.5.7 **电气、设备安装记录**(C2.5.9.6)

1. 电气、设备安装应符合国家规范、标准的有关规定,并满足电梯生产厂家的要求。电梯工程中的安装样板放线、导轨安装、门安装、驱动主机安装、轿厢组装、悬挂装置安装、对重(平衡重)及补偿装置安装、限速器安装、缓冲器安装、随行电缆安装等施工记录,应依据相应的国家规范、标准、行业标准及企业标准的有关规定,填写相应的表格。

2. 电气、设备安装记录有《电梯电气安装记录》(C2.5.9.7);《自动扶梯、自动人行道电气装置安装记录》(C2.5.9.8);《自动扶梯、自动人行道整机安装检查记录》(C2.5.9.9);《轿厢支架安装记录》(C2.5.9.10);《对重支架安装记录》(C2.5.9.11);《轿厢导轨检测记录》

(C2.5.9.12);《对重导轨检测记录》(C2.5.9.13);《层门安装记录》(C2.5.9.14)。

4.11.2.5.8 液压电梯安装记录(C2.5.9.15)

施工记录应参照现行国家行业标准《液压电梯》JG 5071 和企业标准的相关要求填写。

4.11.3 工程质量验收资料

4.11.3.1 检验批、分项、(子)分部的划分

4.11.3.1.1 检验批、分项、(子)分部划分原则

参照4.3.3.1.1 内容。

4.11.3.1.2 电梯工程的子分部、分项工程划分内容

1. 电梯工程子分部、分项工程划分的内容

分部工程	子分部工程	分项工程
电梯	电力驱动的曳引式或强制式电梯安装工程	设备进场验收,土建交接检验,驱动主机,导轨,门系统,轿厢,对重(平衡重),安全部件,悬挂装置,随行电缆,补偿装置,电气装置,整机安装验收
	液压电梯安装工程	设备进场验收,土建交接检验,液压系统,导轨,门系统,轿厢,平衡重,安全部件,悬挂装置,随行电缆,电气装置,整机安装验收
	自动扶梯、自动人行道安装工程	设备进场验收,土建交接检验,整机安装验收

2. 电梯工程各子分部工程与分项工程代号及相关表

电梯安装分部工程各子分部工程与分项工程相关表

分项工程＼子分部工程			01 电力驱动的曳引式或强制式电梯安装子分部	02 液压电梯安装子分部	03 自动扶梯、自动人行道安装(子分部)
序号	名称				
1	设备进场验收	090101,090201	●	●	
2	土建交接检验	090102,090202	●	●	
3	驱动主机安装	090103	●		
4	导轨安装	090104,090204	●	●	
5	门系统安装	090105,090205	●	●	
6	轿厢、对重安装	090106,090206	●	●	
7	安全部件安装	090107,090207	●	●	
8	悬挂装置、随行电缆、补偿器安装	090108	●		
9	电气装置安装	090109,090209	●	●	

续表

分项工程 \ 子分部工程			01 电力驱动的曳引式或强制式电梯安装子分部	02 液压电梯安装子分部	03 自动扶梯、自动人行道安装（子分部）
10	电梯整机安装	090110	●		
11	液压系统安装	090203		●	
12	悬挂装置、随行电缆	090208		●	
13	液压电梯整机安装	090210		●	
14	自动扶梯、人行道设备进场	090301			●
15	土建交接检验	090302			●
16	自动扶梯、人行道整机安装	090303			●

注:有●号者为该子分部工程所含的分项工程

4.11.3.2 检验批的验收

4.11.3.2.1.1 检验批验收流程

参照4.3.3.2.1内容。

4.11.3.2.1.2 检验批验收组织程序

参照4.3.3.2.2内容。

4.11.3.2.1.3 检验批验收的内容

参照4.3.3.2.3内容。

4.11.3.2.1.4 检验批质量验收记录填写要求

参照4.3.3.2.1内容。

4.11.3.2.1.5 检验批质量验收记录填写范例

（略）

4.11.3.3 分项工程的验收

4.11.3.3.1.1 分项工程验收流程

参照4.3.3.3.1.1内容。

4.11.3.3.1.2 分项工程验收组织程序

参照4.3.3.3.1.2内容。

4.11.3.3.1.3 分项工程验收的内容

参照4.3.3.3.1.3内容。

4.11.3.3.1.4 分项工程质量验收记录填写要求

参照4.3.3.3.1.4内容。

4.11.3.3.1.5 分项工程质量验收记录填写范例

(略)

4.11.3.4 分部工程的验收

4.11.3.4.1.1 分部工程验收流程

参照4.3.3.4.1.1内容。

4.11.3.4.1.2 分部工程验收组织程序

参照4.3.3.4.1.2内容。

4.11.3.4.1.3 分部工程验收的内容

参照4.3.3.4.1.3内容。

4.11.3.4.1.4 分部工程质量验收记录填写要求

参照4.3.3.4.1.4内容。

4.11.3.4.1.5 分部工程质量验收记录填写范例

(略)

4.11.4 工程竣工图

参照4.3.4的内容。

4.12 智能建筑工程资料管理

4.12.1 工程技术管理资料

参照4.3.1内容。

4.12.2 工程质量控制资料

4.12.2.1 图纸会审/设计变更/洽商记录

参照4.3.2.1内容。

4.12.2.2 原材料质量证明文件和进场复试报告

4.12.2.2.1 基本规定

参照4.3.2.2.1内容。

4.12.2.2.2 ________质量证明文件和复验报告汇总表(通用)(C2.2.0.1)

参照4.3.2.2.2内容。

4.12.2.2.3 质量证明文件粘贴表(通用)(C2.2.0.2)

参照4.3.2.2.3内容。

4.12.2.2.4 **复验(试验)报告(通用)**(C2.2.0.3)

参照4.3.2.2.4内容。

4.12.2.2.5 **材料、配件进场检查验收记录**(C2.2.10.1)

1. 智能建筑工程的材料、配件应按通信刚强系统、信息网络系统、建筑设备监控系统、火灾自动报警及消防联动系统、安全防范系统、综合布线系统、智能化系统集成、住宅(小区)智能化等各子分部工程分别进行进场检查验收。

2. 智能建筑工程采用的主要材料、配件应进行进场验收,办理进场检查验收手续。材料进场检查尖有检查结论,确认符合设计、标准规范规定要求,才能在施工中使用。

3. 材料、配件进场后,应由监理(建设)单位会同施工单位进行进场检查验收,并填写《材料、配件进场检查验收记录》。主要验收内容包括:

(1)材料、配件出厂质量证明文件及检测报告是否齐全;

(2)实际进场数量、规格和型号等,是否满足设计和施工计划要求;

(3)外观质量是否满足设计要求或规范规定;

(4)需抽检的材料、配件是否及时取样。

4.12.2.2.6 **材料、配件质量证明文件及性能检测报告**(C2.2.10.2)

1. 不同规格、不同型号、不同厂家的原材料和辅助材料应按各系统或子分部出具产品合格证、性能检测报告。

2. 对于阻燃、耐火材料应有有关部门和法定检测单位出具的认定证书和检测报告。

4.12.2.2.7 **设备开箱检查验收记录**(C2.2.10.3)

1. 设备进场后,由监理(建设)、施工和供货单位共同开箱检查验收,填写《设备开箱检查验收记录》。

2. 设备及材料的进场验收要求如下:

(1)保证外观完好,产品无损伤、无瑕疵,品种、产地符合要求;

(2)依规定程序获得批准使用的新材料和新产品,应提供主管部门规定的相关证明文件;

(3)进口产品应提供原产地证明和商检证明,配套提供合格证明、检测报告及安装、使用、维护说明书等文件资料应为中文文本(或附中文译文)。

4.12.2.2.8 **主要设备质量证明文件及性能检测报告**(C2.2.10.4)

1. 智能建筑产品应为列入《中华人民共和国实施强制性产品认证的产品目录》或实施生产许可证和上网许可证管理的产品。未列入强制性认证产品目录或未实施生产许可证和上网许可证管理的产品应按规定程序通过产品检测后方可使用。

2. 产品功能、性能等项目的检测,应按相应的现行国家产品标准进行。供需双方有特殊要求的产品,可按合同规定或设计要求进行。对不具备现场检测条件的产品,可要求进行工厂检测并出具检测报告。

3. 硬件设备质量证明及可靠性检测报告。硬件设备的质量证明应包括安全性、可靠性及电磁兼容性等项目,可靠性检测可参考生产厂家出具的可靠性检测报告。

4. 软件产品使用许可证及功能检测报告:

(1)商业化的软件,如操作系统、数据库管理系统,应用系统软件、信息安全软件和网络软件等应有使用许可证及使用范围;

(2)由系统承包商编制的用户应用软件、用户组态软件及接口软件等应用软件,除进行功能测试和系统测试之外,还应根据需要进行容量、可靠性、安全性、可恢复性、兼容性、自诊断等多项功能测试,并保证软件的可维护性;

(3)所有自编软件均应提供完整的文档(包括软件资料、程序结构说明、安装调试说明、使用和维护说明书等)。

5. 系统接口规范及测试报告:

(1)系统承包商应提交接口规范,接口规范应在合同签订时由合同签订机构负责审定。

(2)系统承包商应根据接口规范制定接口测试方案,接口测试方案经检测机构批准后实施。系统接口测试应保证接口性能符合设计要求,实现接口规范中规定的各项功能,不发生兼容性及通信瓶颈问题,并保证系统接口的制造和安装质量。

4.12.2.2.9 **操作维护手册、培训记录**(C2.2.10.5)

1. 供货厂家应提供系统技术操作与维护手册。

2. 为保证智能建筑系统的正常运行,供货厂家或专业技术部门应培训系统管理、操作人员,并提供系统管理、操作人员培训合格记录。

4.12.2.3 **施工试验记录**

4.12.2.3.1 **基本规定**

参照4.3.2.3.1内容。

4.12.2.3.2 **施工试验报告汇总表**(C2.3.0.1)

参照4.3.2.3.2

4.12.2.3.3 ________**施工试验报告(通用)**(C2.3.0.2)

参照4.3.2.3.3

4.12.2.3.4 **智能建筑系统设备调试记录**(C2.3.10.1)

1. 智能建筑各系统设备安装完之后,在建筑内部装修和系统施工结束后应进行系统调试。系统调试应由施工单位负责,监理(建设)单位确认并办理签章手续。

2. 测试的内容包括:硬件通电测试;建筑设备的单机试运转、现场设备(各类传感器、变送器、电动阀门及执行器、控制器)的性能检测;网络设备的通电自检;软件产品应根据需要进行容量、可靠性、安全性、可恢复性、兼容性、自诊断等多项功能测试,并保证软件的可维护性;工作状态和应急状态的供电设备:如应急发电机组、蓄电池组等的交接试验、绝缘电阻、耐压试验等各项技术性能。

4.12.2.3.5 **智能建筑系统功能测试记录**(C2.3.9.2)

1. 在设备安装调试完成后,系统施工单位应对系统进行自检,根据智能建筑特点、要求,按照设计要求和现行国家标准《智能建筑工程质量验收规范》GB 50339 规范规定对系统或子系统进行功能测试,由施工单位填写功能测试记录。

2. 测试内容应按照现行国家标准《智能建筑工程质量验收规范》GB 50339 各章中的系统

检测项目进行全检,不准抽检。测试时,监理(建设)单位应进行检查并确认。

3. 综合布线系统性能测试记录。综合布线系统性能测试包括电缆系统电气性能测试和光纤损耗性能测试。在综合布线系统工程安装完毕后,系统承包商应进行系统自检。在自检时按照设计要求、现行国家标准《智能建筑工程质量验收规范》GB 50339 和《建筑与建筑群综合布线系统工程验收规范》GB 50312 的规定进行综合布线性能检测,作好自检记录。测试仪表应按二级精度要求,并具有合格证及计量证书。

电缆电气性能测试记录(C2.3.10.3)。电缆系统电气性能测试内容必须包括测试长度、接线图、衰减、电缆屏蔽层连通情况和近端串扰五项。光纤损耗测试记录(C2.3.10.4)。对于光缆系统测试内容主要有衰减和长度测试。

4. 有线电视系统性能测试记录。有线电视系统的性能采用主观评测检查,填写《视频系统末端测试记录》(C2.3.10.5)。

测试内容有:系统输出电平;系统载噪比;载波互调比;交换抑制比;回波值;色/亮度时延差;载波交流声;伴音和调频广播的声音;图像。

4.12.2.3.6 **建筑设备监控系统功能检查汇总表**(C2.3.10.6)

本表适用于建筑设备监控功能检查汇总,在建筑设备监控系统调试完成后进行自检时,由建筑设备监控系统安装单位填写,并经监理(建设)单位确认,办理签章手续。

4.12.2.3.7 **建筑设备监控系统调试记录**(C2.3.10.7)

4.12.2.3.7.1 **模拟量输入数据点调试记录**(C2.3.10.8)

1. 本表适用于建筑设备监控系统功能测试模拟量输入数据测试。在建筑设备监控系统安装完毕后,由安装单位进行模拟量输入数据点测试,由调试人员填写,专业技术负责人校阅审核。

2. 输入量用程序方式或手控方式,在其量程范围内按 0.50%、100% 取三个测点。

3. 实测值批在 DDC 侧测试的传感器的输出信号。

4. 结论根据测试精度来判定,即达到该设备使用说明书规定的要求即为合格。

4.12.2.3.7.2 **模拟量输出数据点调试记录**(C2.3.10.9)

1. 本表适用于建筑设备监控系统功能测试模拟量输出数据的测试。在建筑设备监控系统安装完毕后,由安装单位进行模拟量输出数据点测试,由调试人员填写,专业技术负责人校阅审核。

2. 用程序方式或手控方式,从 DDC 侧在其量程范围内按 0.50%、100% 取三个测点输出模拟量信号、观察阀位变化。

3. 若阀位变化符合产品说明书要求即为合格。

4.12.2.3.7.3 **数字量输入数据点调试记录**(C2.3.10.10)

1. 本表适用于建筑设备监控系统功能测试数字量输入数据点的测试。在建筑设备监控系统安装完毕后,由安装单位进行数字量输入数据点测试,由调试人员填写,专业技术负责人校阅审核。

2. 按照设计及设备说明书的要求,用程序方式或手控方式,对全部测点进行测试,在控制室观察状态显示。

3. 结论:若状态指示符合设计要求即合格,否则为不合格。

4.12.2.3.7.4 **数字量输出数据点调试记录**(C2.3.10.11)

1. 本表适用于建筑设备监控系统功能测试数字量输出数据点的测试。在建筑设备监控系统安装完毕后,由安装单位进行数字量输出数据点测试,由调试人员填写调试记录,专业技术负责人校阅审核。

2. 用程序方式或手控方式测试全部数字量输出,观察受控设备的电气控制开关的工作状态。

3. 结论:受控设备的电气控制开关的工作状态符合DDC输出数字量的状态即为合格,否则为不合格。

4.12.2.3.7.5 **DDC控制器功能测试记录**(C2.3.10.12)

1. 本表适用于建筑设备监控系统DDC功能测试,智能建筑设备监控系统安装完毕后,由安装单位进行DDC控制器功能测试,由调试人员填写测试记录,专业技术负责人校阅审核。

2. DDC功能测试主要检查DDC的运行可靠性和软件主要功能。

3. 测试结果符合设计要求即为满足设计要求,否则为不满足设计要求。

4.12.2.3.8 7.2.3.86 **系统检测记录**(C2.3.10.13~16)

1. 在智能建筑系统安装调试完成,并进行了规定时间的试运行后,已提供了相应的技术文件和工程实施及质量控制记录,由建设单位组织有关人员依据合同技术文件和设计文件,以及现行国家标准《智能建筑工程质量验收规范》GB 50339中规定的检测项目、检测数量和检测方法,制定系统的检测方案,并经检测机构批准实施。专业检测机构应按系统检测方案所列检测项目进行检测。

2. 系统检测按智能建筑工程各子分部、分项工程的系统进行检测。分项工程、子系统检测按表C2.3.10.15和表C2.3.10.16填写分项工程、子系统检测记录,分部(子分部)检测按表C2.3.10.13和表C2.3.10.14进行检测汇总。

3. 系统检测记录后应附有检测项目的专业检测报告,如高低压电气设备的交接试验、绝缘电阻、接地电阻测试记录等。

4.12.2.3.8.1 **4通信网络系统检测记录**(C2.3.10.17)

1. 通信系统检测:通信系统又包括程控电话交换系统、会议电视系统及接入网设备等子系统,应分开测试。测试分为系统检测测试、初验测试、试运行验收测试。通信系统的检测应符合现行国家标准《智能建筑工程质量验收规范》GB 5033中表4.2.8的要求。

2. 卫星数字电视及有线电视系统检测:检测项目应符合现行国家标准《智能建筑工程质量验收规范》GB 50339第4.2.9条的规定。

3. 公共广播及紧急广播系统检测:其中包括输入/输出不平衡度、音频线的敷设、接地形式、放声系统的分布、输出电平、信噪比声压级和频宽等主要技术指标、音响效果评价、功能检测等。

4.12.2.3.8.2 **信息网络系统检测记录**(C2.3.10.18)

1. 计算机网络系统检测:包括连通性检测、路由检测、容错功能检测、网络管理功能检测等。

2. 应用软件检测:包括功能测试、性能测试、可靠性测试、回归测试、文档测试、互连测试、操作界面和可扩展性等。

3. 网络安全系统检测:包括网络层安全检测、物理层安全检测、系统层安全检测、应用层安全检测等,以保证信息的保密性、真实性、完整性、可控性和可用性等信息安全性能符合设计要求。检测应符合现行国家标准《智能建筑工程质量验收规范》GB 50339 第5.5.2 ~5.5.8 条的规定。

4.12.2.3.8.3 **建筑设备监控系统检测记录**(C2.3.10.19)

本系统检测应以系统功能和性能检测为主,根据建筑设备监控系统的监控范围,包括以下几个子系统:

1. 空调与通风系统应对温度、湿度及新风量自动控制,预定时间表自动启停,节能优化控制等功能进行检测;并检测设备连锁控制和故障报警的正确性。

2. 变配电系统应对电气参数、电气设备工作状态进行监测,对报警信号进行验证,对高低压配电柜的运行状态、电力变压器的温度、应急发电机组的工作状态、储油罐的液位、蓄电池组及充电设备的工作状态、不间断电源的工作状态等参数进行检测。

3. 公共照明系统应对公共照明设备(公共区域、过道、园区和景观)进行监控,并检测其手动开关功能。

4. 给排水系统应对给水系统、排水系统和中水系统进行液位、压力等参数检测及水泵运行状态的监控和报警进行检测。包括自动调节水泵转速、投运水泵切换及故障状态报警和保护等项是否满足设计要求。

5. 热源和热交换系统应进行系统的负荷调节、预定时间表自动启停和节能优化控制。对设备运行状态、故障等的监视、记录与报警进行检测,核实系统能耗计量与统计。

6. 冷冻和冷却水系统应进行系统负荷调节、预定时间表自动启停和节能优化控制。对设备控制和运行参数、状态、故障等的监视、记录与报警情况,设备运行的联动情况进行检查。核实系统的能耗计量与统计。

7. 电梯和自动扶梯系统应对电梯的运行状态和故障进行监视。

8. 建筑设备监控系统与子系统(设备)间的数据通信接口应监测子系统的运行参数(含工作状态参数和报警信息);对可控的子系统,应检测系统对控制命令的响应情况。

9. 中央管理工作站与操作分站功能检测时,应以中央管理工作站为主,检测工作站显示和记录各种测量数据、运行状态、故障报警等信息的实时性和准确性,以及对设备进行控制和管理的功能;检测工作站数据的存储和统计、历史数据趋势图显示、报警存储统计情况;检测工作站数据报表生成及打印功能,故障报警信息的打印功能;检测工作站操作的方便性,人机界面应符合友好、汉化、图形化要求;检测操作权限,确保系统操作的安全性。

10. 系统的实时性、可维护性、可靠性应检测采样速度、系统响应时间、报警信号响应速度;应用软件在线编程和修改功能,设备、网络通讯故障的自检测功能;系统运行时,启动或停止现场设备,不应出现数据错误或产生干扰;切断系统电网电源,转为 UPS 供电时,系统运行不得中断; 中央站冗余主机自动投入时,系统运行不得中断。

11. 现场设备安装及检测应对现场设备安装质量进行检查,对现场设备的性能检测,对现场配置和运行情况的各项目进行评测;应符合现行国家标准《智能建筑工程质量验收规范》GB 50339第6.3.17 ~6.3.19 条规定。

12. 本系统检测方法为;在工作站或现场控制器改变设定值或状态,或人为改变现场控制点状态时,记录被控设备动作情况和响应时间;在工作站和现场控制器改变时间设定表,记录被控设备启停情况;根据历史记录和试运行情况对节能优化做出评价。检测数量和方法见现行国家标准《智能建筑工程质量验收规范》GB 50339 第 6 章。

4.12.2.3.8.4 **火灾自动报警及消防联动系统检测记录**(C2.3.10.20)

本系统检测项目和检测方法见现行国家标准《智能建筑工程质量验收规范》GB 50339 第 7.2.1 ~7.2.12 条的相关规定。

1. 消防控制室向建筑设备监控系统传输、显示火灾报警信息的一致性和可靠性检测。

2. 火灾自动报警及消防联动系统与建筑设备监控系统的接口、建筑设备监控系统对火灾报警系统响应及其火灾运行模式检测。

3. 消防控制室与安全防范系统等其他子系统的接口通信功能检测。

4. 火灾探测器的数量、性能及安装位置检测。

5. 新型消防设施的设置情况及功能检测。

4.12.2.3.8.5 **安全防范系统检测记录**(C2.3.10.21)

1. 综合防范功能应检测防范范围、重点防范部位、要害部门、设备运行、系统之间的联动监控中心系统记录及系统集成等项目。

2. 视频安防监控系统应检测设备功能、图像质量和系统功能等项目。

3. 入侵报警系统应检测探测器的设置、防破坏、灵敏度等功能以及系统的控制、通信功能、报警信号联网等项目。

4. 出入口控制(门禁)系统应检测出入口控制功能和系统软件的各项性能。

5. 巡更管理系统应检测巡更终端、设备接入测试、巡更管理系统、视频安防监控系统联动功能等。

6. 停车场(库)管理系统应检测车辆探测器、自动栅栏、读卡器、发卡(票)器、满位显示器、管理中心等各项功能。

7. 安全防范综合管理系统应检测各子系统的数据通信接口和综合管理系统监控站的各项功能。

4.12.2.3.8.6 **综合布线系统检测记录**(C2.3.10.22)

1. 缆线敷设和终接安装质量的检查。

2. 机柜、机架、配线架安装质量的检查。

3. 信息插座安装质量的检查。

4. 系统性能检测,包括电缆电气性能测试和光纤损耗测试,填写《电缆电气性能测试记录》(C2.3.10.3)和《光纤损耗测试记录》(C2.3.10.4)。监测应按现行国家标准《综合布线系统工程验收规范》GB 50312 的规定执行。

5. 采用计算机进行综合布线系统管理和维护时,应检测系统管理软件、硬件设备图及硬件工作状态等项目。

4.12.2.3.8.7 **智能化系统集成检测记录**(C2.3.10.23)

1. 系统集成网络各子系统之间的硬线连接、通讯连接、专用网关(路由器)接口连接测试。

2. 系统数据集成功能。

3. 系统集成的整体指挥协调能力。

4. 系统集成的综合管理功能,视频图像传输功能,系统集成的冗余和容错功能及与火灾自动报警系统的相关性能。

5. 系统集成可靠性维护检测和系统集成安全性检测。

4.12.2.3.8.8 **电源系统检测记录**(C2.3.10.24)

智能建筑电源系统检测记录,应执行现行国家标准《智能建筑工程质量验收规范》GB 50339第11.2节的规定。

4.12.2.3.8.9 **防雷及接地系统检测记录**(C2.3.10.25)

智能建筑防雷及接地系统检测记录,应执行现行国家标准《智能建筑工程质量验收规范》GB 50339 第 11.3 节的规定。

4.12.2.3.8.10 **环境检测记录**(C2.3.10.26)

空间环境、室内空调环境、视觉照明环境、室内噪声及室内电磁环境。

4.12.2.3.8.11 **住宅(小区)智能化子系统检测记录**(C2.3.10.27)

1. 火灾报警及消防联动系统:检测除符合现行国家标准《智能建筑工程质量验收规范》GB 50339 第 7 章的规定外,应增加家居可燃气体泄漏报警装置检测。

2. 安全防范系统:包括视频安防监控系统、入侵报警系统、出入口控制(门禁)系统、停车场管理系统等符合现行国家标准《智能建筑工程质量验收规范》GB 50339 第 8 章的规定外,增加访客对讲系统的检测。

3. 监控与管理系统:应包括表具数据自动抄收及远传、建筑设备监控、公共广播与紧急广播、住宅(小区)物业管理各系统等。

4. 家庭控制器:应包括家庭报警、家用电器监控、家用表具数据采集及处理、家庭紧急求助、通信网络和信息网络的接口等功能。

5. 室外设备及管网:包括室外设备安装、室外管网铺设和缆线敷设等项目。

6. 通信网络系统、信息网络系统、综合布线系统、电源与接、环境的系统检测应执行现行国家标准《智能建筑工程质量验收规范》GB 50339 第 4、5、9、11、12 章的有关规定。

4.12.2.3.9 **系统试运行记录**(C2.3.10.28)

1. 智能建筑系统在系统安装调试和系统自检合格后,应按设计和规范要求进行规定时间的度运行并做记录。除综合布线、电源与接地、环境等系统外,其他系统应根据各系统的不同要求,按现行国家标准《智能建筑工程质量验收规范》GB 50339 中各章规定的合理周期对系统进行连续不中断试运行。

2. 系统(试)运行应做好记录,内容包括:系统各类重要运行参数日常记录;系统运行环境参数记录;系统相关联参数记录;系统异常情况记录;其他必要的系统运行记录。

3. 试运行应在系统安装调试完成后,由建设单位或物业管理单位组织,使用单位的管理人员和操作人员参加,与安装单位共同实施并认真做好值班运行记录,保存试运行的全部历史数据,填写系统试运行记录,并经建设和监理单位(包括使用单位)共同核验确认并办理签章手续。

4.12.2.4 **隐蔽工程验收记录**

4.12.2.4.1 **基本规定**

参照4.3.2.4.1内容。

4.12.2.4.2 **隐蔽工程验收记录(通用)**(C2.4.0.1)

参照4.3.2.4.2内容。

4.12.2.4.3 **直埋电气导管隐蔽验收记录**(C2.4.10.1)

埋在结构内的各种电气导管,应检查导管的品种、规格、位置、弯扁度、弯曲半径,连接、跨接地线、防腐、需焊接部位的焊接质量,管盒固定、管口处理、敷设情况、保护层等。

4.12.2.4.4 **进人吊顶内电气导管、线槽隐蔽验收记录**(C2.4.10.2)

不进人吊顶内的电气导管,应检查验收层管的品种、规格位置、弯扁度、弯曲半径、连接、跨接地线、防腐、需焊接部位的焊接质量、管盒固定、管口处理、固定方法、固定间距等。

不进人吊顶内的线槽,应检查验收其品种、规格、位置、连接、接地、防腐、固定方法、固定间距等。

4.12.2.4.5 **直埋不进人电缆沟敷设电缆隐蔽验收记录**(C2.4.10.3)

直埋电缆应检查电缆的品种、规格、埋设方法、埋深、弯曲半径、标桩埋设情况等。

不进人的电缆沟敷设电缆应检查电缆的品种、规格、弯曲半径、固定方法、固定间距、标识情况等。

4.12.2.4.6 **防雷接地系统隐蔽验收记录**(C2.4.10.4)

应检查接地体、接地干线的材质、规格、埋入深度、距离,防腐处理,连接方法,敷设方法等。

4.12.2.5 **施工记录**

4.12.2.5.1 **基本规定**

参照4.3.2.5.1内容。

4.12.2.5.2 **施工记录(通用)**(C2.5.0.1)

参照4.3.2.5.2内容。

4.12.2.5.3 **交接检验记录**(C2.5.0.2)

参照4.3.2.5.3内容。

4.12.2.5.4 **不合格项目处理记录**(C2.5.0.3)

参照4.3.2.5.4内容。

4.12.2.5.5 **工序交接检查记录**(C2.5.10.1)

工程实施前应进行工序交接记录,交接记录应为与建筑结构、建筑装饰装修、建筑给水排水及采暖、建筑电气、通风与空调和电梯等分部工程接口的检查与确认。

4.12.2.5.6 **电气导管敷设记录**(C2.5.10.2)

明敷电气导管、配线应对施工安装情况进行记录,记录内容包括管道、规格及数量,敷设的位置、标高、固定方式，连接的方式等。

4.12.2.5.7 电缆桥架、线槽敷设安装记录（C2.5.10.3）

明敷桥架安装、桥架内敷线施工安装情况进行记录，记录内容应包括桥架的型号、规格及数量，敷设的位置、标高、固定方式，连接的方式以及接地情况等。

4.12.2.5.8 电线电缆穿管记录（C2.5.10.4）

电线、电缆穿管记录内容应包括其导线型号、规格、数量、有无接头、线路回路编号、屏蔽隔离措施等。

4.12.2.5.9 设备安装检查记录（C2.5.10.5）

主要设备安装检查记录应包括如下内容：安装设备位号及型号规格；安装固定的方式；单台设备安装的水平度、垂直度，同一系统的各台设备直线度；设备外壳接地情况。

4.12.2.5.10 系统管理、操作人员培训记录（C2.5.10.6）

为便于智能建筑施工单位尽早移交已安装完的系统，让使用单位掌握、管理、检验该系统功能，应指导使用单位建立系统管理制度、培训操作管理人员，并将此工作予以记录。

4.12.3 工程质量验收资料

4.12.3.1 检验批、分项、（子）分部的划分

4.12.3.1.1 检验批、分项、（子）分部划分原则

参照4.3.3.1.1内容。

4.12.3.1.2 智能建筑工程的子分部、分项工程划分内容

智能建筑工程子分部、分项工程划分的内容如下：

分部工程	子分部工程	分项工程
智能建筑	通信网络系统	通信系统，卫星及有线电视系统，公共广播系统
	办公自动化系统	计算机网络系统，信息平台及办公自动化应用软件，网络安全系统
	建筑设备监控系统	空调与通风系统，变配电系统，照明系统，给排水系统，热源和热交换系统，冷冻和冷却系统，电梯和自动扶梯系统，中央管理工作站与操作分站，子系统通信接口
	火灾报警及消防联动系统	火灾和可燃气体探测系统，火灾报警控制系统，消防联动系统
	安全防范系统	电视监控系统，入侵报警系统，巡更系统，出入口控制（门禁）系统，停车管理系统
	综合布线系统	缆线敷设和终接，机柜、机架、配线架的安装，信息插座和光缆芯线终端的安装
	智能化集成系统	集成系统网络，实时数据库，信息安全，功能接口
	电源与接地	智能建筑电源，防雷及接地

续表

分部工程	子分部工程	分 项 工 程
智能建筑	环境	空间环境,室内空调环境,视觉照明环境,电磁环境
	住宅(小区)智能化系统	火灾自动报警及消防联动系统,安全防范系统(含电视监控系统、入侵报警系统、巡更系统、门禁系统、楼宇对讲系统、住户对讲呼救系统、停车管理系统),物业管理系统(多表现场计量及与远程传输系统、建筑设备监控系统、公共广播系统、小区网络及信息服务系统、物业办公自动化系统),智能家庭信息平台

4.12.3.2 检验批的验收

4.12.3.2.1.1 检验批验收流程

参照4.3.3.2.1内容。

4.12.3.2.1.2 检验批验收组织程序

参照4.3.3.2.2内容。

4.12.3.2.1.3 检验批验收的内容

参照4.3.3.2.3内容。

4.12.3.2.1.4 检验批质量验收记录填写要求

参照4.3.3.2.1内容。

4.12.3.2.1.5 检验批质量验收记录填写范例

(略)

4.12.3.3 分项工程的验收

4.12.3.3.1.1 分项工程验收流程

参照4.3.3.3.1.1内容。

4.12.3.3.1.2 分项工程验收组织程序

参照4.3.3.3.1.2内容。

4.12.3.3.1.3 分项工程验收的内容

参照4.3.3.3.1.3内容。

4.12.3.3.1.4 分项工程质量验收记录填写要求

参照4.3.3.3.1.4内容。

4.12.3.3.1.5 分项工程质量验收记录填写范例

(略)

4.12.3.4 分部工程的验收

4.12.3.4.1.1 分部工程验收流程

参照4.3.3.4.1.1内容。

4.12.3.4.1.2　**分部工程验收组织程序**

参照4.3.3.4.1.2内容。

4.12.3.4.1.3　**分部工程验收的内容**

参照4.3.3.4.1.3内容。

4.12.3.4.1.4　**分部工程质量验收记录填写要求**

参照4.3.3.4.1.4内容。

4.12.3.4.1.5　**分部工程质量验收记录填写范例**

（略）

4.12.4　工程竣工图

参照4.3.4的内容。

4.13　工程竣工资料

4.13.1　工程竣工报告(C3.1)

1. 单位工程施工报告是指单位工程具备竣工条件后，施工单位提请建设单位组织竣工验收的报告。

2. 提交竣工报告的条件：施工单位在合同规定的承包项目内容全部完工，自行组织有关人员进行检查验收，全部符合设计要求和质量标准，由施工单位生产部门填写竣工报告，经施工单位工程质量管理部门组织有关人员复查确认具备竣工条件后，法人代表签字，法人单位盖章，报请监理、建设单位组织竣工验收。

3. 竣工报告的内容包括：

(1)施工概况；

(2)按设计文件和施工合同的完成情况，不影响结构安全和使用功能的未完工程、甩项工程情况；

(3)企业自评施工资料的归档情况；

(4)企业自评的工程实体质量情况及提出的质量问题整改意见；

(5)主要建筑设备、系统调试情况，安全和功能检测、主要功能抽查情况，执行工程建设强制性标准情况；

(6)工程施工竣工意见。

4.13.2　工程竣工验收记录(C3.2)

1. 建设单位收到工程验收报告后，应由建设单位（项目）负责人组织施工（含分包单位）、设计、监理等单位（项目负责人进行单位（子单位）工程验收。验收小组成员应具备规定的资格。

2. 单位工程有分包单位施工时，分包单位对所承包的工程项目应按相关规定的程序检查评定,总包单位应派人参加。分包工程完成后,应将工程有关资料交总包单位。

3. 单位(子单位)工程质量竣工验收记录由施工单位填写,验收结论由监理(建设)单位填写。综合验收结论由参加验收各方共同商定,建设单位填写,应地工程质量是否符合设计和规范要求及总体质量水平做出评价。

单位(子单位)工程质量竣工验收记录

C3.2　　　　　　　　　　　　　　　　　　　　　　　　　　编号:

工程名称				建筑面积	
施工单位		技术负责人		结构类型	
项目经理		项目技术负责人		层数	
开工日期		竣工日期			

序号	项目	验收记录	验收结论
1	分部工程	共_____ 分部,经查_______分部, 符合标准及设计要求_______分部	
2	质量控制资料核查	共_____ 项,经审查符合要求_______项 经核定符合规范要求_______项	
3	安全和主要使用功能核查及抽查结果	共抽查_____ 项,符合要求_______项, 经返工处理符合要求_______项	
4	观感质量验收	共抽查_____ 项,符合要求_______项, 不符合要求_____项	
5	综合验收结论		

参加验收单位	建设单位	监理单位	施工单位	设计单位	勘察单位
	(公章) 单位(项目)负责人 日期:	(公章) 总监理工程师 日期:	(公章) 单位(项目)负责人 日期:	(公章) 单位(项目)负责人 日期:	(公章) 单位(项目)负责人 日期:

4.13.3　质量控制资料核查记录(C3.3)

1. 单位(子单位)工程质量控制资料核查记录是对施工质量、控制资料进行的汇总,建设单位组织竣工验收时核查后填写。

2. 由施工单位项目技术人员填写资料自查份和检查结论,项目经理审核签字,由施工单位技术部门负责人核验签字后,提交监理(建设)单位验收。

3. 总监理工程师组织核查,总监理工程师或建设单位项目专业负责人填写验收结论并签字。

单位〔子单位〕工程质量控制资料检查记录

C3.3　　编号:

工程名称			施工单位		
序号	项目	资料名称	份数	核查意见	核查人
1	通风空调构	图纸会审、设计变更、洽商记录			
2		材料、设备出厂合格证书及进场检(试)验报告			
3		制冷、空调、水管道强度试验、严密性试验记录			
4		隐蔽工程验收记录			
5		制冷设备运行调试记录			
6		通风、空调系统调试记录			
7		施工记录			
8		分项、分部工程质量验收记录			
1	电梯	土建布置图纸会审、设计变更、洽商记录			
2		设备出厂合格证书及开箱检验记录			
3		隐蔽工程验收记录			
4		施工记录			
5		接地、绝缘电阻测试记录			
6		负荷试验、安全装置检查记录			
7		分项、分部工程质量验收记录			
1	建筑智能化	图纸会审、设计变更、洽商记录、竣工图及设计说明			
2		材料、设备合格证及技术文件及进场捡(试)验报告			
3		隐蔽工程验收记录			
4		系统功能测定及设备调试记录			
5		系统技术、操作和维护手册			
6		系统管理、操作人员培训记录			
7		系统检测报告			
8		分项、分部工程质量验收记录			
结论: 施工单位项目经理　　年　月　日			总监理工程师 (建设单位项目负责人)　　年　月　日		

4.13.4 安全和功能检验资料核查及主要功能抽查记录(C3.4)

1. 单位(子单位)工程安全和功能检验资料核查及主要功能抽查记录,是对工程安全和功能施工记录及核查和抽查的汇总,是对工程质量的综合检验,由建设单位组织竣工验收时核查和抽查后填写。

2. 由总监理工程师组织核查,施工单位认可。

单位(子单位)工程安全和功能检验资料核宣及主要功能抽空记录

C3.4　　　　编号:

工程名称			施工单位			
质量负责人			技术负责人			
序号	项目	安全和功能检查项目	份数	核查意见	抽查结果	核查(抽查)人
1	建筑与结构	屋面淋水试验记录				
2		地下室防水效果检查记录				
3		有防水要求的地面蓄水试验记录				
4		建筑物垂直度、标高、全高测量记录				
5		烟气(风)道工程检查验收记录				
6		幕墙及外窗气密性、水密性、耐风压检测报告				
7		建筑物沉降观测测量记录				
8		节能、保温测试记录				
9		室内环境检测报告				
1	给排水与采暖	给水管道通水试验记录				
2		暖气管道、散热器压力试验记录				
3		卫生器具满水试验记录				
4		消防管道、燃气管道压力试验记录				
5		排水于管通球试验记录				
1	电气	照明全负荷试验记录				
2		大型灯具牢固性试验记录				
3		避雷按地电阻测试记录				
4		线路、插座、开关接地检验记录				

续表

1	通风与空调	通风、空调系统试运行记录				
2		风量、温度测试记录				
3		洁净室洁净度测试记录				
4		制冷机组试运行调试记录				
1	电梯	电梯运行记录				
2		电梯安全装置检测报告				
1	智建筑	系统试运行记录				
2		系统电源及接地检测报告				

结论：

总监理工程师

施工单位项目经理　　　　年　月　日　　（建设单位项目负责人）　　　　年　月　日

4.13.5　工程观感质量检查记录(C3.5)

1. 单位(子单位工程质量竣工验收时,同时应对工程观感质量进行验收,并做好单位(子单位)工程观感质量检查记录。

2. 由总监理工程师组织检查,工程的观感质量应由验收小组成员通过现场检查、核对施工图、抽查测试等方法,对工程观感质量验收,并共同确认检查结论。

3. 此表由施工单位自查合格后填写,监理(建设)单位组织验收后填写验收结论。

单位(子单位)工程观感质量检查记录

C3.5 编号

工程名称		质量部门负责人	
施工单位		项目技术负责人	

序号	项目		抽查质量状况										质量评价		
													好	一般	差
1	建筑与结构	室外墙面													
2		变形缝													
3		水落管,屋面													
4		室内墙面													
5		室内顶棚													
6		室内地面													
7		楼梯、踏步、护栏													
8		门窗													
1	给排水与采暖	管道接口、坡度、支架													
2		卫生器具、支架、阀门													
3		检查口、扫除口、地漏													
4		散热器、支架													
1	建筑电气	配电箱、盘、板、接线盒													
2		设备器具、开关、插座													
3		防雷、接地													
1	通风与空调	风管、支架													
2		风口、风阀													
3		风机、空调设备													
4		阀门、支架													
5		水泵、冷却塔													
6		绝热													

续表

1	电梯	运行、平层、开关门													
2		层门、信号系统													
3		机房													
1	智能建筑	机房设备安装及布局													
2		现场设备安装													
观感质量综合评价															
检查结论	总监理工程师: 施工单位项目经理:　　年　月　日　（建设单位项目负责人）　　年　月　日														

注:质量评价为差的项目,应进行返修。

4.13.6 (子)质量验收记录(C3.6)

1. 分部(子分部)工程完成,施工单位自检合格后,应填报《分部(子分部)工程质量验收记录》。

2. 分部(子分部)工程质量应由总监理工程师(建设单位项目专业负责人)组织施工项目经理和有关勘察、设计单位项目负责人及有关人员进行验收,验收后填写验收意见和结论。

3. 地基与基础、主体结构和重要设备安装分部工程完工,施工项目部应先行组织自检,合格后填写《分部(子分部)工程质量验收记录表》,报请施工企业的技术、质量部门验收并签认后,报监理(建设)单位组织勘察、设计和施工单位进行验收。

4. 各分项工程质量验收记录表、施工检(试)验报告和记录等均应附在分部(子分部)工程质量验收记录后,一并报送监理单位组织验收。

分部(子分部)工程质量验收记录

C3.6　　　　　　　　　　　　　　　　　　　　　　　　　编号：

工程名称		结构类型		层数	
施工单位		技术部门负责人		质量部门负责人	
分包单位		分包单位负责人		分包技术负责人	

序号	分项工程名称	检验批数	施工单位检查评定	验收结论
1				
2				
3				
4				
5				
6				
质量控制资料				
安全和功能检验(检测)报告				
观感质量验收				

说明	

验收单位	分包单位		项目经理		日期	
	施工单位		项目经理		日期	
	勘察单位		项目负责人		日期	
	设计单位		项目负责人		日期	
	监理(建设)单位		总监理工程师 (专业负责人)		日期	

4.13.7　分项工程质量验收记录(C3.7)

1. 分项工程完成(即分项工程所包含的检验批均已完工),施工单位自检合格后,应由项目专业技术负责人填报《分项工程质量验收记录》,并由项目专业技术负责人分别在分项工程质量验收记录相关栏目签字。

2. 分项工程质量验收,应由监理工程师(建设单位项目专业技术负责人)组织施工单位项目专业技术负责人等进行验收并签认。

3. 各检验批检查验收记录、检测报告等均应附在分项工程质量验收记录后，其内容或份数应在说明中注明，一并报送监理单位组织验收。

分项工程质量验收记录

C3.7　　　　　　　　　　　　　　　　　　　　　　编号：

<table>
<tr><td>工程名称</td><td></td><td>结构类型</td><td></td><td>检验批数</td><td></td></tr>
<tr><td>施工单位</td><td></td><td>项目经理</td><td></td><td>项目技术负责人</td><td></td></tr>
<tr><td>分包单位</td><td></td><td>分包单位负责人</td><td></td><td>分包项目经理</td><td></td></tr>
<tr><td>序号</td><td>检验批部位、区段</td><td colspan="2">施工单位检查评定结果</td><td colspan="2">监理(建设)单位验收意见</td></tr>
<tr><td>1</td><td></td><td colspan="2"></td><td colspan="2" rowspan="10"></td></tr>
<tr><td>2</td><td></td><td colspan="2"></td></tr>
<tr><td>3</td><td></td><td colspan="2"></td></tr>
<tr><td>4</td><td></td><td colspan="2"></td></tr>
<tr><td>5</td><td></td><td colspan="2"></td></tr>
<tr><td>6</td><td></td><td colspan="2"></td></tr>
<tr><td>7</td><td></td><td colspan="2"></td></tr>
<tr><td>8</td><td></td><td colspan="2"></td></tr>
<tr><td>9</td><td></td><td colspan="2"></td></tr>
<tr><td>10</td><td></td><td colspan="2"></td></tr>
<tr><td>备注</td><td colspan="5"></td></tr>
<tr><td>检查结论</td><td colspan="2">项目专业技术负责人：</td><td>验收结论</td><td colspan="2">监理工程师：
(建设单位项目专业技术负责人)</td></tr>
</table>

日期：　　　　　　　　　　　　　　　　日期：

4.13.8　检验批质量验收记录（C3.8）

1. 检验批施工完成，施工单位自检合格，应由项目专业质量检查员填报《检验批质量验收记录表》，并由项目专业质量检查员在检验批质量检验记录相关栏目签字。

2. 检验批质量验收，应由监理工程师（建设单位项目专业技术负责干人）组织施工单位项目专业质量检查员等进行验收并签认。

检验批质量验收记录

C3.8　　　　　　　　　　　　　　　　　　　　　　　　编号：

<table>
<tr><td colspan="2">工程名称</td><td colspan="2"></td><td>分项工程名称</td><td colspan="3"></td></tr>
<tr><td colspan="2">施工单位</td><td colspan="2"></td><td>项目经理</td><td></td><td>专业工长</td><td></td></tr>
<tr><td colspan="2">分包单位</td><td colspan="2"></td><td>分包项目经理</td><td></td><td>施工班组长</td><td></td></tr>
<tr><td colspan="2">验收部位</td><td colspan="2"></td><td>施工执行标准
名称及编号</td><td colspan="3"></td></tr>
<tr><td colspan="3">质量验收规范的规定</td><td colspan="2">施工单位检验评定记录</td><td colspan="3">监理（设计）单位验收记录</td></tr>
<tr><td rowspan="6">主控项目</td><td>1</td><td></td><td colspan="2"></td><td colspan="3" rowspan="6"></td></tr>
<tr><td>2</td><td></td><td colspan="2"></td></tr>
<tr><td>3</td><td></td><td colspan="2"></td></tr>
<tr><td>4</td><td></td><td colspan="2"></td></tr>
<tr><td>5</td><td></td><td colspan="2"></td></tr>
<tr><td>6</td><td></td><td colspan="2"></td></tr>
<tr><td rowspan="4">一般项目</td><td>1</td><td></td><td colspan="2"></td><td colspan="3" rowspan="4"></td></tr>
<tr><td>2</td><td></td><td colspan="2"></td></tr>
<tr><td>3</td><td></td><td colspan="2"></td></tr>
<tr><td>4</td><td></td><td colspan="2"></td></tr>
<tr><td colspan="2">施工单位
检查评定结果</td><td colspan="6"></td></tr>
<tr><td colspan="2">监理（建设）
单位验收结论</td><td colspan="6">项目专业质量检查员：　　　　　　　　　　　　　日期：</td></tr>
</table>

监理工程师（建设单位项目专业技术负责人）：　　　　　　　　日期：

4.14 思考题

1. 图纸会审记录的填写有哪些要求?
2. 施工日志的填写有哪些要求?
3. 钢筋产品合格证,出厂检验报告和进场复验报告有哪些要求?
4. 钢筋隐蔽工程检查验收的内容有哪些?
5. 简述施工试验记录的要求
6. 简述竣工图编制的要求。
7. 竣工验收资料包括哪些文件?

5 工程资料立卷

学习要求：

1. 了解案卷的编目要求
2. 熟悉工程资料立卷的要求
3. 掌握工程资料立卷的原则和方法

5.1 立卷的原则和方法

5.1.1 立卷的原则

1. 建筑工程施工资料的立卷应遵循施工资料的自然形成规律，按时间先后分专业排列，保持卷内文件的有机联系。

2. 一个建设工程由多个单位工程组成时，施工资料应按单位工程组卷。

3. 建筑工程施工资料应按照不同的收集、整理单位及资料类别，按基建资料、监理资料、施工资料分别进行组卷。

4. 卷内文件资料排列顺序应依据卷内资料构成而定，一般顺序为封面、目录、文件资料、图纸、音像、备考表、封底等，并应按事项专业排列。同一事项的请示与批复，同一文件的印本和定稿，主件与附件不能分开，并按批复在前、请示在后，印本在前、定稿在后，主件在前、附件在后的顺序排列。

5. 卷内如有多类文件资料时，同类资料应按自然形成的顺序和时间排序。卷内图纸按专业排列，同一专业图纸按图号顺序排列。

5.1.2 立卷的方法

1. 单位工程的基建资料，可根据文件资料类别和数量多少组成一卷或多卷，同一类文件资料还可根据数量多少组成一卷或多卷。具体组卷的内容和顺序应参照附录 A 进行。

2. 单位工程的监理资料组卷，应按监理管理、进度控制、质量控制、造价控制、分包资质、合同管理等分类进行。并根据资料数量的多少，组成一卷或多卷。

3. 单位工程的施工资料组卷，应按建筑与结构工程、建筑给水排水与采暖燃气、建筑电气、智能建筑、通风与空调、电梯、室外工程等分部工程和专业分类划分。每一个专业和分部工程再按照文件资料类别的顺序排列，并根据文件资料的数量多少组成一卷或多卷。

(1)各分部工程和专业工程的施工资料案卷以及单独组卷的分项、子分部工程案卷的卷内资料，应按工程技术管理资料(C1)；工程质量控制资料(C2)；工程安全和功能检验资料(C3)；工程质量验收资料(C4)；工程竣工图(C5)的文件资料类别和顺序排列组卷。

(2)各分部工程和专业工程内有些施工工艺比较复杂，专业化程度比较高的分项、子分部工程或单独分包给专业施工队伍的分项、子分部工程的施工资料应单独组卷。

(3)施工资料应单独组卷的分项、子分部工程：

1)建筑与结构工程:有支护土方,地基处理、桩基,钢结构,预应力,木结构,网架和索膜结构,幕墙;

2)建筑给排水及采暖燃气工程:供热锅炉及辅助设备安装,燃气工程;

3)建筑电气工程:变配电室(高压);

4)智能建筑工程:通信网络系统、建筑设备监控系统、火灾报警及消防联动系统、安全防范系统、综合布线系统、环境。

(4)单独组卷的分项、子分部工程卷应排列在所在分部工程卷后。如有多个单独组卷的分项、子分部工程卷应按分项、子分部工程的排序排列在所在分部工程卷后。

4. 单位工程竣工图应划分为综合竣工图、专业竣工图两类,并顺序组卷。每类竣工图应按专业顺序排列,每一专业可根据图纸数量多少组成一卷或多卷。

5.2 立卷的要求

1. 案卷内文字材料必须装订成册。既有文字材料又有图纸的案卷应装订。装订应采用线绳三孔左侧装订法,要整齐、牢固,便于保管和利用。

2. 图纸散装在卷盒内时,应将案卷封面、目录、备考表三件装订,放在案卷之首。图纸折叠前应按图框裁剪整齐,折叠方式应采用"手风琴箱式",图标、竣工图章应该外露。

3. 案卷装订时必须剔除金属物。装订线一侧应根据案卷厚薄加垫草板纸。

4. 案卷装具应采用硬壳卷盒、卷夹两种形式。其外表尺寸为310mm(高)×220mm(宽),厚度不应超过40mm。案卷内软卷皮的尺寸为297mm(高)×210mm(宽)。案卷脊背的内容包括档号、案卷题名。

5. 案卷内不应有重份的文件,不同载体的文件应分别组卷。

6. 卷内目录、卷内备考表、案卷内封面应采用以上的白色书写纸制作,幅面统一采用A4幅面。托表纸用60g白色书写纸。

7. 采用纸质载体和光盘载体两种形式的施工资料和档案应同时整理归档,各种载体的施工资料均应在过程中形成、收集和整理,包括工程音像资料。

5.3 案卷的编目

5.3.1 编制卷内文件号的规定

1. 卷内文件均按有书写内容的页面编号。每卷单独编号,页号从"1"开始。用打号机或钢笔逐张连续标注。采用黑色和蓝色油墨或墨水。

2. 页号编写位置:单面书写的文件在右下角;双面书写的文件,正面在右下角,背面在左下角。折叠后的图纸一律在右下角。

3. 成套图纸或印刷成册的科技文件材料,自成一卷的,原目录可代替卷内目录,不必重新编写页码。

4. 案卷封面、卷内目录、卷内备考表不编写页号。

5.3.2 封面、脊背的规定

1. 案卷封面的内容应包括:名称、案卷题名、编制单位、技术主管、编制日期(以上由移交单位填写)、密级、保管期限、共几册、第几册(档案接受部门填写)。

2. 名称:填写工程建设项目竣工后使用名称。若工程分为几个(子)单位工程应在第二行填写(子)单位工程名称。

3. 案卷题名应简明、准确地提示卷内文件的内容。案卷题名应包括工程名称、专业名称、卷内文件的内容。第一行按单位、专业及类别填写案卷名称;第二行填写案卷内主要资料内容提示。

4. 编制单位应填写案卷内文件的形成单位,加盖公章。

5. 技术主管:编制单位技术负责人签名或盖章。

6. 编制日期应填写案卷内全部文件形成的起止日期。

7. 保管期限由档案保管单位按有关规定填写。

8. 密级由档案保管单位按照本单位的保密规定或有关规定填写

案卷封面式样

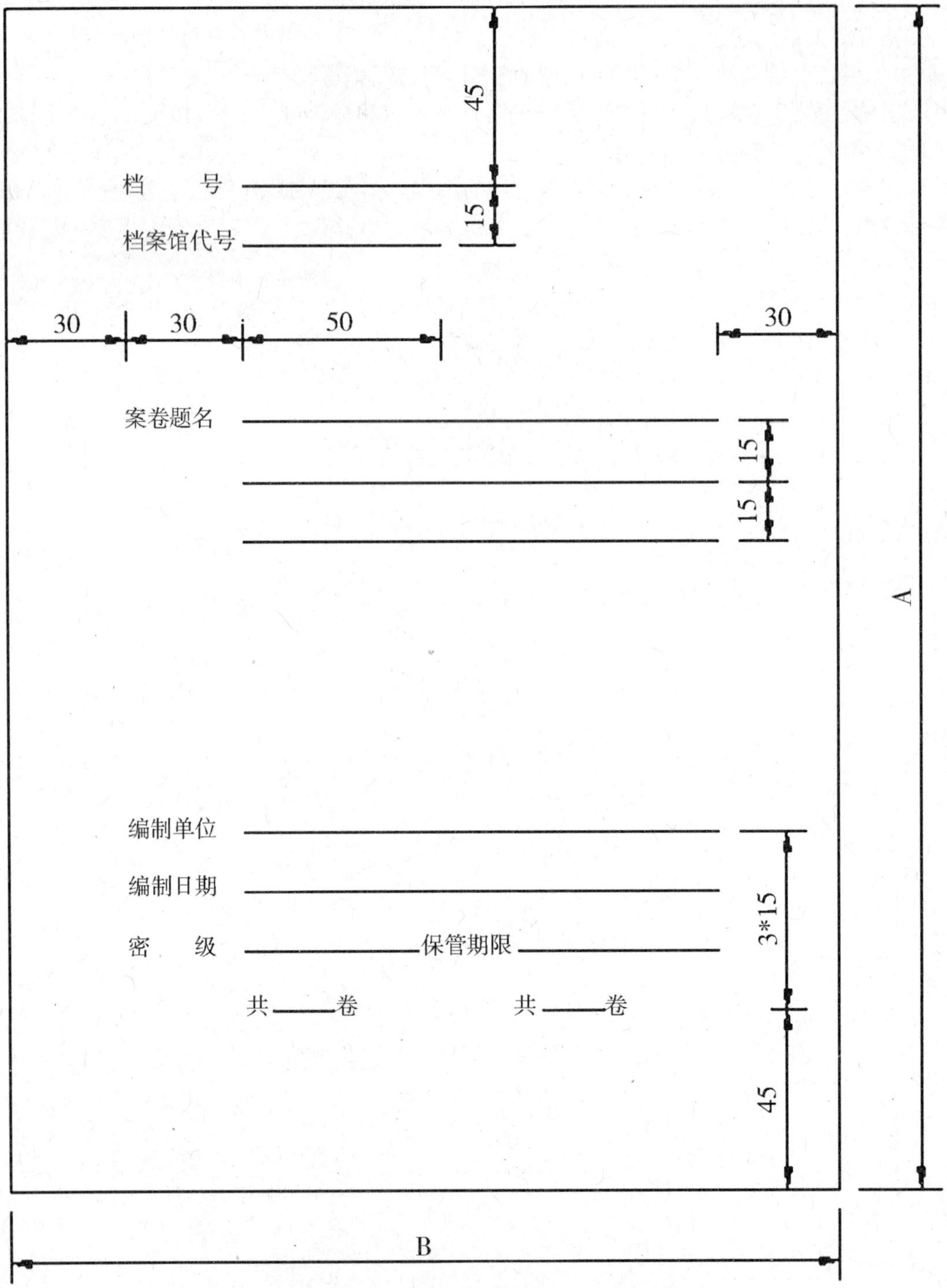

卷盒、卷夹封面 A×B =310mm×220mm

案卷封面 A×B =297mm×210mm

案卷脊背式样

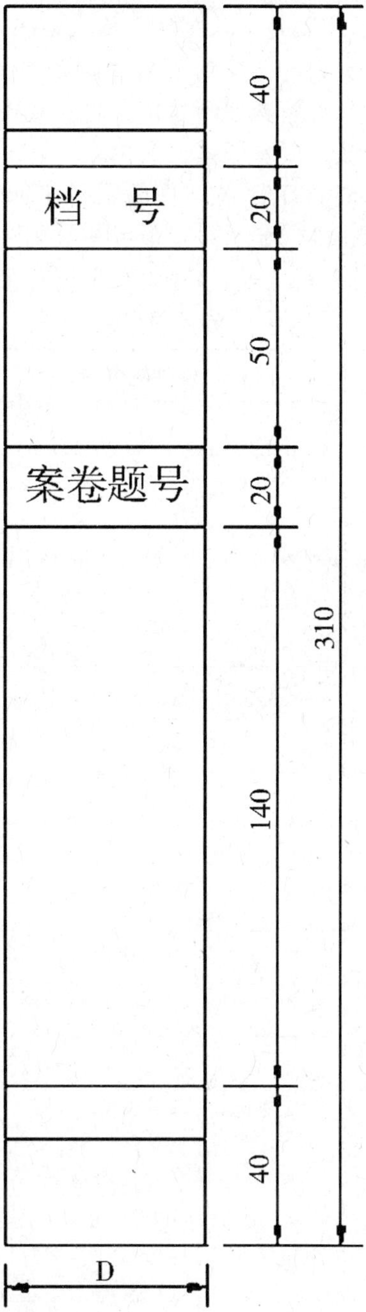

D =20、30、40、50mm

尺寸单位:mm

5.3.3 卷内目录的规定

1. 序号:以一份文件为单位,用阿拉伯数字从1依次标注。
2. 施工资料题名:填写文件资料和图纸的名称,无标题的资料应根据内容拟写标题。
3. 施工资料编号:填写工程文件资料原制发机关的发文号或图纸的原编图号。
4. 编制单位:资料形成单位或主要责任单位名称。
5. 编制日期:填写原文件形成的日期,竣工图的编制日期。
6. 页次:填写文件在卷内所排的起始页号。最后一份文件填写起止页号。
7. 卷内目录排列在卷内文件首页之前,目录内容应与案卷内容相符。

卷内目录

序号	文件编号	责任者	文件题名	日期	页码	备注

5.3.4 备考表的规定

1. 卷内备考表主要标明卷内文件的总页数、各类文件页数（照片张数），以及立卷单位对案卷情况的说明。

2. 案卷备考表分为上、下两栏，上一栏由立卷单位填写，下一栏由接收单位填写。审核说明应填写立卷时资料的完整和质量情况，以及应归档而缺少的资料的名称及原因。相关人员应签名，年月日按立卷、审核时间分别填写。

3. 卷内备考表排列在卷内文件的尾页之后。

卷内备考表

本案卷共有文件材料___________页，其中： 文字材料　　　　页，图样材料　　　　页，照片　　　　张。 说明：   交卷人：______________ ________年___月___日 审核人：______________ _______ 年___月___日

5.4 思考题

1. 简述单位工程的施工资料组卷的原则。
2. 单位工程竣工图应如何划分?
3. 卷内目录、备考表、封面的纸张有哪些要求?
4. 简述卷内目录的编制规定。

6 工程资料的归档和移交

学习要求：

1. 了解工程资料的基本规定
2. 熟悉工程资料归档的范围
3. 掌握工程资料移交的时间

6.1 工程资料的归档

6.1.1 工程资料归档基本规定

1. 归档文件必须完整、准确、系统，能够反映工程建设活动的全过程。施工资料归档范围详见附录 A。

2. 归档的资料必须经过分类整理，并应组成符合要求的案卷。

6.1.2 工程资料归档时间

1. 根据建设程序和工程特点，归档可以分阶段分期进行，也可以在单位或分部工程通过竣工验收后进行。

2. 工程竣工前各参建单位的技术负责人应对本单位形成的施工资料进行竣工审查。建设单位应按照国家验收规范和有关规定，对勘察、设计、监理、施工单位汇总的施工资料进行审查。

6.2 工程资料的移交

6.2.1 工程资料移交基本规定

1. 施工单位在收齐施工资料并整理立卷后，监理单位应对工程档案资料的完整、准确、系统情况和案卷质量进行审查，审查合格后向建设单位移交。

2. 施工、监理等单位向建设单位移交施工资料时，应编制施工资料移交书(D5)，双方签字、盖章后方可移交。工程资料移交书是工程资料进行移交的凭证，应有移交日期和移交单位、接收单位签章。

3. 建设单位在组织工程竣工验收前，应对工程资料的立卷、归档情况进行审核检查，自检合格后填写《××省建设工程档案预验收申请表》(D6)和建设工程文件归档目录(D7)，应请城建档案馆(室)对工程资料进行预验收。

4. 属于城建档案馆(室)接收范围的工程档案，应由城建档案馆(室)对工程档案资料进行预验收，并出具《××省建设工程档案预验收意见书》(D8)。

6.2.2 工程资料移交时间

凡列入城建档案馆(室)接收范围的工程档案，竣工验收通过后 3 个月内，建设单位将汇总后的全部工程档案移交城建档案馆(室),并办理移交手续,城建档案馆(室)出具《××省建设档案移交证》(D9)。凡经城建档案馆(室)验收不合格的工程档案,应由城建档案馆(室)责成建设单位重新进行编制,符合要求后重新报送。

工程资料移交书

移交单位:______________________________

接收单位:

______________________________(工程名称)的工程资料,经我单位自查验收,符合有关规定,现办理移交手续。共计____________册,其中文字材料____________册,图样材料____________册,其他材料____________册。

附:工程资料移交目录

移交单位(公章):　　　　　　　　接收单位(公章):

单位负责人:　　　　　　　　　　单位负责人:

技术负责人:　　　　　　　　　　技术负责人:

移交人:　　　　　　　　　　　　接收人:

移交日期:　　　年　　月　　日

6.3 思考题

1. 简述工程资料归档的时间规定。
2. 简述工程资料移交的基本要求。

7　工程竣工验收备案文件

学习要求：

1. 了解建筑工程竣工验收备案的范围
2. 熟悉建筑工程竣工验收备案的程序
3. 掌握备案文件的主要内容

7.1　工程竣工验收资料管理流程

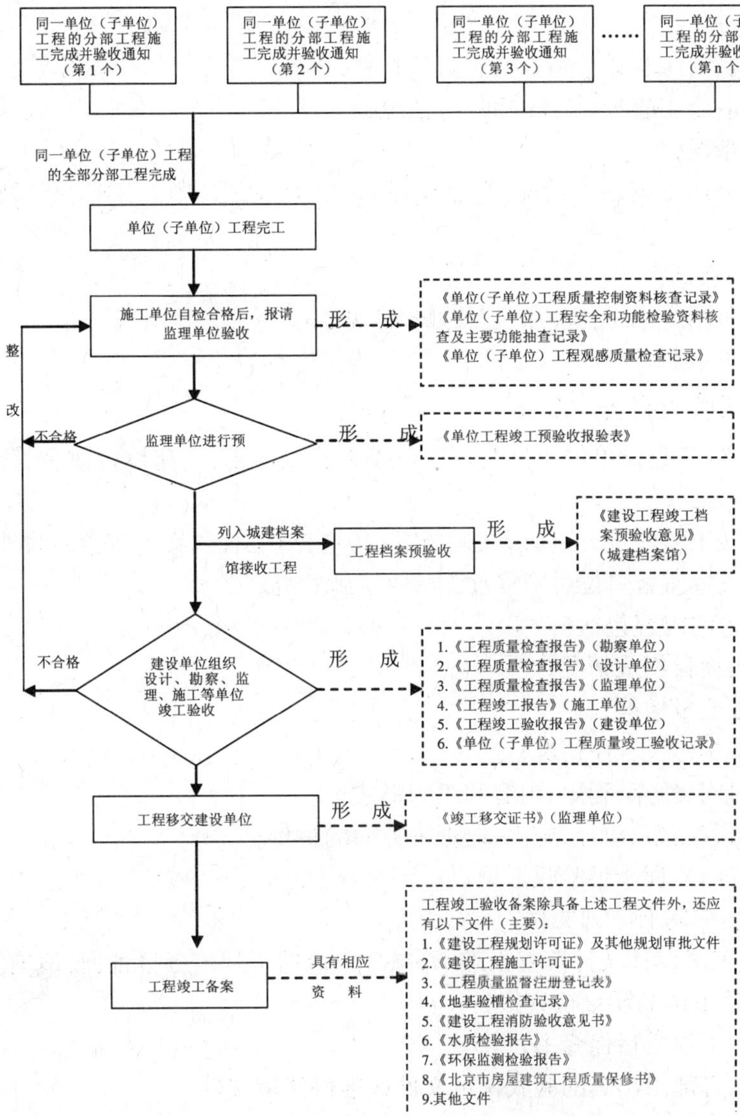

7.2 工程竣工验收备案文件的主要内容

7.2.1.1 工程竣工总结(A8.1)

1.工程竣工总结是指工程竣工验收后,由建设单位组织编制的工程竣工总结报告。

2.工程竣工总结的内容包括:

(1)概述:

1)工程立项的依据和建设目的;

2)工程概况,包括工程位置、规模、数量、概算(包括征用土地、拆迁、补偿费)、结算、决算等;

3)工程设计、工程监理、工程施工招投标情况。

(2)设计、施工情况。

1)设计单位,设计内容,工程设计特点及建筑新材料;

2)施工开、竣工日期;施工管理、技术、质量等情况;

3)质量事故及处理情况;

4)建筑红线内市政公用工程施工情况(包括给排水、电力、通信、热力、燃气等)及道路、绿化施工情况。

(3)工程质量及经验教训:

工程质量鉴定意见和评价;工程遗留问题及处理意见。

(4)其他需要说明的问题。

7.2.1.2 工程竣工验收报告(A8.2)

1.工程竣工验收合格后,建设单位应当编制工程竣工验收报告,向建设行政主管部门或其委托的备案机关报送。

2.建设单位在组织竣工验收前,除应请城建档案馆(室)对工程档案进行预验收外,还应提前3个工作日通知工程质量监督单位对工程竣工验收实施监督。

3.工程竣工验收报告的内容包括:

(1)工程概况及工程项目组成情况;

(2)工程内容及施工质量情况;

(3)建设单位执行基本建设程序情况;

(4)工程竣工验收时间、地点、程序、内容和组织形式;

(5)竣工验收组对工程勘察、设计、施工、监理等方面的评价;

(6)竣工验收组签署的工程竣工验收意见。

4.工程竣工验收报告应附有下列文件:

(1)施工许可证,施工图设计文件审查批准书,施工单位的工程竣工报告;监理单位的工程质量评估报告;勘察、设计单位的质量检查报告;

(2)施工单位签署的工程质量保修书;

(3)规划、消防、环保等部门出具的验收认可文件或准许使用文件。

A 8.2 编号：

工程竣工验收报告

工程名称＿＿＿＿＿＿＿＿＿＿＿＿＿＿＿＿＿＿＿＿

建设单位＿＿＿＿＿＿＿＿＿＿＿＿＿＿＿（公章）

说 明

1. 本表为竣工验收后对工程项目验收总结的书面报告，由建设单位填写，一式四份。
2. 本表要求字迹清楚，用钢笔或墨笔填写，或计算机打印。
3. 建设单位申请竣工验收备案时，需提供本表（原件）一份。

<table>
<tr><td>工程名称</td><td colspan="3"></td><td>工程地址</td><td colspan="3"></td></tr>
<tr><td>建筑面积</td><td>M^2</td><td>层数</td><td>层</td><td>结构类型</td><td></td><td>工程总价</td><td>万元</td></tr>
<tr><td>开工日期</td><td colspan="3"></td><td>竣工日期</td><td colspan="3"></td></tr>
<tr><td>建设单位</td><td colspan="3"></td><td>施工单位</td><td colspan="3"></td></tr>
<tr><td>设计单位</td><td colspan="3"></td><td>勘察单位</td><td colspan="3"></td></tr>
<tr><td>监理单位</td><td colspan="3"></td><td>质监机构</td><td colspan="3"></td></tr>
<tr><td colspan="8">工程概况：</td></tr>
<tr><td colspan="8">工程项目管理责任人及分工：</td></tr>
<tr><td colspan="8">施工分包、专项承包单位及承包内容和施工质量情况：</td></tr>
<tr><td colspan="8">执行建设程序情况（计划、规划、招标、施工许可、质监、施工图审查及其文号）：</td></tr>
<tr><td colspan="8">竣工验收情况（时间、地点、程序、内容及组织形式）、验收结果：</td></tr>
</table>

消防、环保认可情况及专项验收情况：
参加验收单位及验收组组成人员：
竣工验收组对勘察、设计、施工、监理等方面的评价：
竣工验收提出问题及整改结果：
执行合同、设计变更、工程结(决)算情况：
工程竣工验收意见：
项目负责人(签字)：　　　　　　报告编写人(签字)： 建设单位负责人(签字)：　　　　　　日期：

7.2.1.3 工程勘察质量检查报告(表 A8.3)

1. 工程竣工验收前,勘察单位应对勘察文件及变更情况进行检查,并提出质量检查报告。
2. 勘察文件质量检查报告的内容包括:
(1)勘察文件概况(勘察内容、方法、勘察文件变更、项目组成人员等);
(2)勘察报告审查意见及落实情况;
(3)参加工程验收及签证情况;
(4)勘察文件质量检查意见。

A 8.3　　　　　　　　　　　　　　　　　　　　　　　　　　编号:

工程勘察质量检查报告

工程名称________________________________

建设单位________________________(公章)

说　明

1. 本表由勘察单位填写。
2. 本表要求字迹清楚,用钢笔或墨笔填写,或用计算机打印。
3. 建设单位申请竣工验收备案时需提供本表。
4. 本表一式三份,两份竣工验收时交建设单位,一份留存。

<table>
<tr><td rowspan="7">勘察文件概况</td><td>工程名称</td><td></td><td>工程地址</td><td></td></tr>
<tr><td>勘察单位</td><td></td><td>资质等级</td><td></td></tr>
<tr><td>勘察日期</td><td></td><td>勘察报告编号</td><td></td></tr>
<tr><td colspan="4">勘察主要内容及方法：</td></tr>
<tr><td colspan="4">勘察文件变更内容：</td></tr>
<tr><td colspan="4">勘察结论及建议：</td></tr>
<tr><td colspan="4">勘察项目相关责任人：
项目负责人： 技术负责人： 报告编写人：
报告审查人： 报告审定人：</td></tr>
<tr><td rowspan="3">勘察报告审查意见</td><td>勘察报告审查机构</td><td></td><td>勘察报告审查编号</td><td></td></tr>
<tr><td colspan="4">勘察报告审查意见及整改结果：</td></tr>
<tr><td colspan="4"></td></tr>
<tr><td colspan="5">地基处理、地基验槽签证情况(时间、内容、意见)：
参加人员：</td></tr>
<tr><td colspan="5">桩基验收情况(时间、内容、意见)：
参加人员：</td></tr>
<tr><td colspan="5">工程竣工验收情况(时间、内容、意见)：
参加人员：</td></tr>
<tr><td colspan="5">勘察质量检查意见：
参加人员：</td></tr>
<tr><td colspan="5">勘察项目负责人(签字)： 报告编写人(签字)：
单位负责人(签字)： 日期：</td></tr>
</table>

7.2.1.4 工程设计质量检查报告(表 A8.4)

1. 工程竣工验收前,设计单位应对设计文件及设计变更进行检查,并提出质量检查报告。
2. 设计文件质量检查报告的内容包括:
(1)工程设计概况及设计项目组成人员情况;
(2)施工图审查意见及落实情况;
(3)图纸会审、设计变更情况;
(4)参加工程验收及签证情况;
(5)设计文件质量检查意见。

A 8.4　　　　　　　　　　　　　　　　　　　　　　　　　　　　　　编号:

工程设计质量检查报告

工程名称＿＿＿＿＿＿＿＿＿＿＿＿＿＿＿＿＿＿＿＿＿＿＿＿

建设单位＿＿＿＿＿＿＿＿＿＿＿＿＿＿＿＿＿＿＿(公章)

说　明

1. 本表由设计单位填写。
2. 本表要求字迹清楚,用钢笔或墨笔填写,或用计算机打印。
3. 建设单位申请竣工验收备案时需提供本表。
4. 本表一式三份,两份竣工验收时交建设单位,一份留存。

工程名称				设计单位			
施工图完成日期				设计资质			
施工图审查单位				施工图审查编号			
建筑面积	M^2	高度	M	结构类型		层数	

工程设计概况：

工程设计项目相关责任人：

项目负责人：　　建筑：　　结构：

电气：　　给排水、暖通：

施工图审查结论意见：

施工图审查要求整改内容及落实情况：

图纸会审、设计交底情况（时间、内容、意见）：

参加人员：

地基处理、桩基验收、地基验槽签证情况（时间、内容、意见）：

参加人员：

基础验收、主体验收签证情况（时间、内容、意见）：

参加人员：

质量事故（问题）处理签证情况（时间、内容、意见）：

参加人员：

工程初验、竣工验收签证情况（时间、内容、意见）：

参加人员：

设计质量检查意见：

项目设计负责人（签字）：　　报告编写人（签字）：

设计单位负责人（签字）：　　日期：

设计变更的主要内容及签证情况（可另加附页）：

参加人员：

7.2.1.5 工程竣工专项验收认可文件或准许使用文件(A8.5)

1. 指政府有关部门对规划、公安消防、环保、城建档案等进行的专项验收认可文件,表式按有关部门规定用表。

2. 工程竣工专项验收认可文件或准许使用文件有:

1)规划验收认可文件;

2)公安消防验收意见书;

3)环保验收认可或准许使用文件;

4)工程档案专项验收认可文件(包括城建档案馆对工程档案进行专项验收时出具的预验收意见和复验意见);

5)法规、规章规定的其他文件。

7.2.1.6 房屋建筑工程和市政基础设施工程竣工验收验收备案表(A8.6)

1. 建设单位应当自工程竣工验收合格后15日内,向工程的在地的县级以上地方人民政府建设行政主管部门或其委托的工程质量监督机构(备案机关)备案。

2. 建设单位办理工程竣工验收备案文件应当提交下列文件:

(1)工程竣工验收备案表(一式三份);

(2)工程竣工验收报告;

(3)工程质量监理评估报告;

(4)工程设计文件质量检查报告;

(5)工程勘察文件质量检查报告;

(6)施工单位工程竣工报告;

(7)建筑工程施工许可证;

(8)施工图设计文件审查报告和批准书;

(9)规划验收认可文件;

(10)公安消防验收意见书;

(11)环保验收认可或准许使用文件;

(12)城建档案预验收意见和复验意见;

(13)单位工程质量综合验收文件;

(14)施工单位签署的质量保修书;

(15)商品住宅的《住宅质量保证书》和《住宅使用说明书》;

(16)法规、规章规定必须提供的其他文件。

A 8.6　　　　　　　　　　　　　　　　　　　　　　备案号：

房屋建筑工程和市政基础设施工程

竣工验收备案表

备案日期：　　　　年　　月　　日

中华人民共和国建设部制

房屋建筑工程和市政基础设施工程竣工验收备案表

建设单位名称			
备案日期			
工程名称			
工程地点			
建筑面积(m^2)			
结构类型			
工程用途			
开工日期			
竣工验收日期			
施工许可证号			
施工图审查意见			
勘察单位名称		资质等级	
设计单位名称		资质等级	
施工单位名称		资质等级	
监理单位名称		资质等级	
工程质量监督机构名称			

续表

竣工验收意见	勘察单位意见	单位负责人：　　（公章） 项目负责人：　　日期：
	设计单位意见	单位负责人：　　（公章） 项目负责人：　　日期：
	施工单位意见	单位负责人：　　（公章） 项目负责人：　　日期：
	监理单位意见	单位负责人：　　（公章） 项目负责人：　　日期：
	建设单位意见	单位负责人：　　（公章） 项目负责人：　　日期：

续表

<table>
<tr><td>竣工验收备案资料目录</td><td colspan="3">1. 工程竣工验收报告
2. 施工许可证
3. 施工图设计文件审查意见
4. 施工单位工程竣工报告
5. 监理单位工程质量评估报告
6. 勘察、设计质量检查报告
7. 城乡规划部门认可文件
8. 消防部门认可准许使用文件
9. 环保部门认可或准许使用文件
10. 单位工程质量综合验收文件
11. 市政工程质量检测和功能性实验资料
12. 施工单位签署的质量保修书
13. 商品住宅《住宅质量保证书》和《住宅使用说明书》
14. 法律、规章规定必须提供的其他文件</td></tr>
<tr><td>备案意见</td><td colspan="3">该工程的竣工验收备案文件已于　　　　　　年　　月　　日收讫，文件齐全。

（公章）
年　月　日</td></tr>
<tr><td>备案机关负责人</td><td></td><td>备案经手人</td><td></td></tr>
<tr><td colspan="4">备案机关处理意见：

工程名称：

（公章）
年　月　日</td></tr>
</table>

7.3 思考题

1. 简述工程竣工总结的内容。
2. 简述工程竣工验收报告的内容。
3. 简述建设单位办理工程竣工验收备案应提交的文件。

附 录

附录 A 建筑工程资料封面及目录

建 筑 工 程 施 工 资 料

第一册

工程名称:××市××花园 8 号楼

案卷题名:地基基础工程施工资料

编制单位:××市第一建筑工程公司

技术负责人:×××

编制日期:××年×月×日起××年×月×日止

保管期限:长期　　　　　　　密级:

保存档号:××××××

共八册　　第一册

地基基础工程施工资料　　目录					
工程名称	××市××花园8号楼				
序号	施工资料题名	编制单位	编制日期	页次	备注
1	工程管理资料	××项目部	××年×月×日	130	有分目录
2	工程图纸、变更记录	××项目部	××年×月×日	9	有分目录
3	工程定位测量及复测资料	××项目部	××年×月×日	3	有分目录
4	地基处理记录	××项目部	××年×月×日	2	有分目录
5	基础施工试验报告及见证取样记录	××项目部	××年×月×日	28	有分目录
6	基础隐蔽工程验收记录	××项目部	××年×月×日	6	有分目录
7	基础施工记录	××项目部	××年×月×日	54	有分目录
8	地基基础检验及抽样检测资料	××项目部	××年×月×日	1	
9	地基与基础分部工程质量验收记录	××项目部	××年×月×日	1	有分目录
10	无支护土方子分部工程、分项工程验收资料	××项目部	××年×月×日	5	有分目录
11	地基处理子分部工程、分项工程验收资料	××项目部	××年×月×日	3	有分目录
12	混凝土基础子分部工程、分项工程验收资料	××项目部	××年×月×日	22	有分目录
13	砌体基础子分部工程、分项工程验收资料	××项目部	××年×月×日	7	有分目录
14	基础结构验收记录	××项目部	××年×月×日	1	
15	其他必须提供的资料或记录	××项目部	××年×月×日	1	有分目录

建 筑 工 程 施 工 资 料

第二册

名　　称：××市××花园8号楼

案卷题名：主体结构工程施工资料

编制单位：××市第一建筑工程公司

技术负责人：×××

编制日期：××年×月×日起××年×月×日止

保管期限：长期　　　　　　　　密级：

保存档号：××××××

共八册　　　第二册

主体结构工程施工资料　　卷内目录					
工程名称	××市××花园8号楼				
序号	施工资料题名	编制单位	编制日期	页次	备注
1	主体结构分部工程质量验收记录	××项目部	××年×月×日	1	
2	主体结构工程质量控制检查记录	××项目部	××年×月×日	1	
3	主体结构工程主要功能抽查记录	××项目部	××年×月×日	1	
4	主体结构工程观感质量检查记录	××项目部	××年×月×日	1	
一、混凝土结构子分部工程施工资料					
序号	施工资料题名	编制单位	编制日期	页次	备注
1	工程图纸、变更记录	××项目部	××年×月×日	5	有分目录
2	工程管理资料	××项目部	××年×月×日	100	有分目录
3	施工试验报告及见证取样记录	××项目部	××年×月×日	63	有分目录
4	隐蔽工程验收记录	××项目部	××年×月×日	37	有分目录
5	施工记录	××项目部	××年×月×日	26	有分目录
6	混凝土结构实体检验记录	××市质量检测中心	××年×月×日	1	有分目录
7	主体工程结构验收记录	××项目部	××年×月×日	1	有分目录
8	混凝土结构子分部工程、分项工程验收资料	××项目部	××年×月×日	52	有分目录
9	其他必要的资料或记录	××项目部	××年×月×日	1	有分目录
二、砌体结构子分部工程施工资料					
序号	施工资料题名	编制单位	编制日期	页次	备注
10	工程图纸、变更记录	××项目部	××年×月×日	5	有分目录
11	测量及复测记录	××项目部	××年×月×日	7	有分目录
12	施工试验报告及见证取样记录	××项目部	××年×月×日	14	有分目录
13	隐蔽工程验收记录	××项目部	××年×月×日	13	有分目录
14	施工记录	××项目部	××年×月×日	79	有分目录
15	施工试验记录	××项目部	××年×月×日	72	有分目录
16	砌体结构子分部工程、分项工程验收资料	××项目部	××年×月×日	36	有分目录
17	其他必须提供的资料和记录	××项目部	××年×月×日	1	有分目录

建 筑 工 程 施 工 资 料

第三册

工程名称：××市××花园8号楼

案卷题名：装饰装修工程施工资料

编制单位：××市第一建筑工程公司

技术负责人：×××

编制日期：××年×月×日起××年×月×日止

保管期限：长期　　　　　　密级：

保存档号：××××××

共八册　　第三册

建筑装饰装修工程施工资料　目录

工程名称	××市××花园8号楼				
序号	施工资料题名	编制单位	编制日期	页次	备注
1	装饰装修分部工程质量验收记录	××项目部	××年×月×日	4	有分目录
2	装饰装修分部工程控制资料核查记录	××项目部	××年×月×日	70	有分目录
3	装饰装修工程主要功能抽查记录	××项目部	××年×月×日	9	有分目录
4	装饰装修工程观感质量检查记录	××项目部	××年×月×日	26	有分目录
一、装饰装修工程施工资料					
5	建筑装饰装修分部工程质量验收记录	××项目部	××年×月×日	2	有分目录
6	抹灰子分部工程、分项工程验收资料	××项目部	××年×月×日	14	有分目录
7	门窗子分部工程、分项工程验收资料	××项目部	××年×月×日	20	有分目录
8	轻质隔墙子分部工程、分项工程验收资料	××项目部	××年×月×日	7	有分目录
9	饰面板(砖)子分部工程、分项工程验收资料	××项目部	××年×月×日	8	有分目录
10	涂饰子分部工程、分项工程验收资料	××项目部	××年×月×日	13	有分目录
11	细部子分部工程、分项工程验收资料	××项目部	××年×月×日	13	有分目录
12	其他必须提供的资料或记录	××项目部	××年×月×日	2	有分目录
二、地面子分部工程施工资料					
序号	施工资料题名	编制单位	编制日期	页次	备注
13	地面工程图纸、变更记录	××设计院	××年×月×日	4	有分目录
14	各层混凝土及砂浆配合比试验报告	××市检测中心	××年×月×日	2	有分目录
15	地面素土、灰土基层密实度试验报告	××项目部	××年×月×日	2	有分目录
16	各构造层隐蔽工程验收记录	××项目部	××年×月×日	5	有分目录
17	有防水要求的地面蓄水试验记录	××项目部	××年×月×日	6	有分目录
18	地面子分部工程、分项工程验收资料	××市检测中心	××年×月×日	20	有分目录
19	其他必须提供的资料或记录	××项目部	××年×月×日	5	有分目录

建 筑 工 程 施 工 资 料

第四册

工程名称：××市××花园8号楼

案卷题名：屋面工程施工资料

编制单位：××市第一建筑工程公司

技术负责人：×××

编制日期：××年×月×日起××年×月×日止

保管期限：长期　　　　　　密级：

保存档号：××××××

共八册　　第四册

屋面工程施工资料　目录

工程名称	××市××花园8号楼				
序号	工程资料题名	编制单位	编制日期	页次	备注
1	屋面工程图纸及设计变更资料	××项目部	××年×月×日	3	有分目录
2	屋面技术交底记录	××项目部	××年×月×日	5	有分目录
3	隐蔽工程验收记录	××项目部	××年×月×日	2	有分目录
4	施工试验记录	××项目部	××年×月×日	9	有分目录
5	卷材防水屋面子分部工程、分项工程验收资料	××项目部	××年×月×日	3	有分目录
6	瓦屋面子分部工程、分项工程验收资料	××项目部	××年×月×日	3	有分目录
7	其他必须提供的资料和记录	××项目部	××年×月×日	1	有分目录

建筑工程施工资料

第五册

工程名称:××市××花园8号楼

案卷题名:建筑给水、排水与采暖工程施工资料

编制单位:××市第一建筑工程公司

技术负责人:×××

编制日期:××年×月×日起××年×月×日止

保管期限:长期　　　　　　　　密级:

保存档号:××××××

共八册　　第五册

建筑给排水与采暖工程施工资料　　卷内目录

工程名称	××市××花园8号楼				
序号	工程资料题名	编制单位	编制日期	页次	备注
1	水暖分部工程概况表	××项目部	××年×月×日	1	
2	施工现场质量管理记录	××项目部	××年×月×日	1	
3	建筑给水排水及采暖分部工程质量验收记录	××项目部	××年×月×日	1	
4	质量控制资料核查表	××项目部	××年×月×日	1	
5	安全和功能检测资料核查及主要功能抽查记录	××项目部	××年×月×日	1	
6	分部工程观感质量检查记录	××项目部	××年×月×日	1	
7	质量管理资料	××项目部	××年×月×日	44	有分目录
8	隐蔽工程验收记录	××项目部	××年×月×日	8	有分目录
9	施工记录	××项目部	××年×月×日	59	有分目录
10	室内给水系统子分部工程、分项工程质量验收资料	××项目部	××年×月×日	22	有分目录
11	室内排水系统子分部工程、分项工程质量验收资料	××项目部	××年×月×日	10	有分目录
12	卫生器具安装子分部工程、分项工程质量验收资料	××项目部	××年×月×日	14	有分目录
13	室内采暖系统子分部工程、分项工程质量验收资料	××项目部	××年×月×日	12	有分目录
14	水暖施工图及设计变更资料	××项目部	××年×月×日	2	有分目录
15	其他必须提供的资料或记录	××项目部	××年×月×日	1	有分目录

建 筑 工 程 施 工 资 料

第六册

工程名称：××市××花园8号楼
案卷题名：建筑电气工程施工资料

编制单位：××市第一建筑工程公司
技术负责人：×××

编制日期：××年×月×日起××年×月×日止
保管期限：长期　　　　　　　　　密级：
保存档号：××××××

共八册　　第六册

建筑电气工程施工资料目录

工程名称	××市××花园8号楼				
序号	工程资料题名	编制单位	编制日期	页次	备注
1	电气分部工程概况表	××项目部	××年×月×日	1	
2	施工现场质量管理记录	××项目部	××年×月×日	1	
3	建筑电气分部工程质量验收记录	××项目部	××年×月×日	1	
4	质量控制资料核查表	××项目部	××年×月×日	1	
5	安全和功能检测资料核查及主要功能抽查记录	××项目部	××年×月×日	1	
6	分部工程观感质量检查记录	××项目部	××年×月×日	1	
7	质量管理资料	××项目部	××年×月×日	57	有分目录
8	电气照明安装子分部工程、分项工程验收资料	××项目部	××年×月×日	25	有分目录
9	防雷及接地安装子分部工程、分项工程验收资料	××项目部	××年×月×日	13	有分目录
10	隐蔽工程验收记录	××项目部	××年×月×日	78	有分目录
11	施工试验记录	××市质量检测中心	××年×月×日	8	有分目录
12	施工记录	××项目部	××年×月×日	50	有分目录
13	电气施工图及设计变更文件	××市建筑设计院	××年×月×日	5	有分目录
14	其他必须提供的文件或记录	××项目部	××年×月×日	3	有分目录

建 筑 工 程 施 工 资 料

第七册

工程名称：××市××花园8号楼

案卷题名：施工物资资料

编制单位：××市第一建筑工程公司

技术负责人：×××

编制日期：××年×月×日起××年×月×日止

保管期限：长期　　　　　　　密级：

保存档号：××××××

共八册　　第七册

施工物资资料　　总目录				
工程名称	××市××花园8号楼			
序号	施工部位、资料名称	编制日期	页数	备注
1	建筑与结构工程施工物资资料	××年×月×日	37	有分目录
2	建筑给水、排水及采暖工程施工物资资料	××年×月×日	9	有分目录
3	建筑电气工程施工物资资料	××年×月×日	10	有分目录

建筑与结构工程物资资料　　分目录				
工程名称	××市××花园8号商住楼			
序号	施工部位、资料名称	编制日期	页数	备注
1	钢筋合格证、试验报告汇总表	××年×月×日	1	
2	钢筋焊接接头合格证、试验报告汇总表	××年×月×日	1	
3	焊条、焊剂合格证、试验报告汇总表	××年×月×日	1	
4	半成品钢筋合格证汇总表	××年×月×日	1	
5	水泥合格证、试验报告汇总表	××年×月×日	2	
6	预拌混凝土合格证、试验报告汇总表	××年×月×日	1	
7	混凝土外加剂合格证、试验报告汇总表	××年×月×日	1	
8	碱含量测试试验报告汇总表	××年×月×日	1	
9	预制混凝土构件出厂合格证汇总表	××年×月×日	1	
10	砂子试验报告汇总表	××年×月×日	1	
11	石子试验报告汇总表	××年×月×日	1	

12	多孔砖、粘土砖合格证试验报告汇总表	××年×月×日	1	
13	蒸压粉煤灰加气混凝土砌块合格证、试验报告汇总表	××年×月×日	1	
14	粉煤灰合格证、试验报告汇总表	××年×月×日	1	
15	防水材料出厂合格证、试验报告汇总表	××年×月×日	1	
16	聚苯乙烯泡沫板合格证、检测报告汇总表	××年×月×日	1	
17	油漆、涂料合格证、试验报告汇总表	××年×月×日	1	
18	门窗合格证汇总表	××年×月×日	1	
19	玻璃合格证汇总表	××年×月×日	1	
20	密封膏合格证汇总表	××年×月×日	1	
21	地板砖、面砖合格证、试验报告汇总表	××年×月×日	1	
22	硬聚氯乙烯塑料雨水管合格证、检测报告汇总表	××年×月×日	1	
23	混凝土界面处理剂合格证	××年×月×日	1	
24	××市质量检测中心资质认证合格证	××年×月×日	1	
25	水质分析报告书	××年×月×日	1	
26	混凝土膨胀剂检测报告	××年×月×日	1	
27	隔热用聚苯乙烯泡沫塑料检测报告	××年×月×日	1	
28	SBS 改性沥青防水卷材检验报告	××年×月×日	1	
29	粉煤灰检测报告	××年×月×日	1	
30	天然花岗石建筑板材检测报告	××年×月×日	1	
31	外加剂性能检测报告	××年×月×日	1	
32	门窗抗风压性能、空气渗透性能、雨水渗透性能检测报告	××年×月×日	1	

建筑给水排水与采暖工程物资资料　分目录

工程名称	××市××花园8号楼			
序号	施工部位、资料名称	编制日期	页数	备注
1	PP－R给水管材合格证汇总表	××年×月×日	1	
2	排水管材UPVC合格证汇总表	××年×月×日	1	
3	散热器合格证汇总表	××年×月×日	1	
4	阀门、水龙头合格证汇总表	××年×月×日	1	
5	铸铁排水管合格证汇总表	××年×月×日	1	
6	水表LXS－20E合格证汇总表	××年×月×日	1	
7	PEX采暖管材合格证汇总表	××年×月×日	1	
8	焊接钢管合格证汇总表	××年×月×日	1	
9	陶瓷产品合格证汇总表	××年×月×日	1	
10	消防产品合格证汇总表	××年×月×日	1	
11	通用阀门耐压密封试验	××年×月×日	1	
12	水表计量检定证书	××年×月×日	1	
13	焊接钢管、热镀锌焊接钢管准用证	××年×月×日	1	
14	建筑排水用硬聚氯乙烯塑料管准用证	××年×月×日	1	
15	铸铁管产品产品证书	××年×月×日	1	
16	球阀检验报告	××年×月×日	1	
17	绝热材料的产品质量合格证、检测报告	××年×月×日		

建筑电气工程物资资料　　目录

工程名称	××市××花园8号楼			
序号	施工部位、资料名称	编制日期	页数	备注
1	电线合格证汇总表	××年×月×日	1	
2	阻燃管合格证汇总表	××年×月×日	1	
3	灯具合格证汇总表	××年×月×日	1	
4	照明配电箱合格证汇总表	××年×月×日	1	
5	开关、插座合格证汇总表	××年×月×日	1	
6	漏电断路器合格证汇总表	××年×月×日	1	
7	接线盒合格证汇总表	××年×月×日	1	
8	开关箱、插座箱、配电箱合格证汇总表	××年×月×日	1	
9	低压配电柜、动力、照明配电箱生产许可证、检验报告、CCC认证及证书复印件	××年×月×日	1	
10	照明灯具、开关、插座及附件CCC认证及证书复印件	××年×月×日	1	
11	电线生产许可证、CCC认证及证书复印件	××年×月×日	1	

建 筑 工 程 施 工 资 料

第八册

工程名称：× ×市× ×花园8号楼

案卷题名：建设工程竣工验收与备案资料

编制单位：× ×市第一建筑工程公司

技术负责人：× × ×

编制日期：× ×年×月×日起× ×年×月×日止

保管期限：长期　　　　　　　密级：

保存档号：× × × × × ×

共八册　　第八册

建设工程竣工验收与备案资料目录

工程名称	××市××花园8号楼				
序号	工程资料题名	编制单位	编制日期	页次	备注
1	工程概况表	××项目部	××年×月×日	1	
2	单位(子单位)工程质量竣工验收记录	××项目部	××年×月×日	1	
3	单位(子单位)工程质量控制资料核查记录	××项目部	××年×月×日	1	
4	单位(子单位)工程安全和功能检验资料核查及主要功能抽查记录	××项目部	××年×月×日	2	
5	单位(子单位)工程观感质量检查记录	××项目部	××年×月×日	1	
6	××省建设工程竣工报告	××项目部	××年×月×日	6	
7	工程质量保修书	××项目部	××年×月×日	5	
8	工程整改文件	××项目部	××年×月×日	2	
9	工程款拨付证明文件	××项目部	××年×月×日	10	
10	××省建设工程竣工验收备案证明书	××项目部	××年×月×日	1	
11	合格文件(勘察、设计、施工图审查机构)	勘察设计单位	××年×月×日	1	业主办理
12	认可、准许文件(规划、公安消防、环保、档案)	××项目部	××年×月×日	1	业主办理
13	工程质量保证书	××项目部	××年×月×日	5	业主办理
14	工程款拨付证明文件	××项目部	××年×月×日	8	业主办理
15	质量保证、安全、功能及抽查资料	××项目部	××年×月×日		业主办理
16	工程监理资料	××监理公司	××年×月×日	1	业主办理
17	验收监督通知书	××市质量监督站	××年×月×日	2	业主办理
18	工程开工、施工、竣工录音、录像、照片、光盘等资料	××项目部	××年×月×日	16	
19	竣工图	××项目部	××年×月×日	32	
20	竣工报告	××项目部	××年×月×日	2	建设单位上报
21	竣工验收报告	××项目部	××年×月×日	1	建设单位上报
22	监理评估报告	××监理公司	××年×月×日	3	建设单位上报
23	竣工验收备案表	××市建设局	××年×月×日	1	建设单位上报

附录B　建筑安装工程移交文件目录

建 设 工 程 文 件

移　交　目　录

（建筑安装工程）

单　　位________________________________

工程名称________________________________

××市市政公用事业局印制

序号		移交目录	自检意见	验收意见
第一部分　工程准备阶段文件				
1	立项	项目申请报告		
2		市政府抄告单、立项批复		
3		可行性研究报告		
4		可行性研究报告批复		
5		专家建议文件		
6		建设项目环境影响报告书、交通影响评估报告		
7	用地	选址申请及建设项目选址意见书		
8		建设用地申请报告及用地批准书		
9		拆迁安置意见、协议、方案等		
10		建设用地规划许可证及附件		
11		土地出让合同或划拨建设用地文件		
12		国有土地使用证		
13	勘察设计	工程地质勘察报告		
14		水文地质勘察报告、地震调查、自然条件		
15		工程测量交桩书、地形测量和拨地测量成果报告		
16		申报的规划设计条件和规划设计条件通知书		
17		审定设计方案通知书及审查意见		
18		有关行政主管部门（人防、环保、消防、交通、园林、市政、白蚁防治、卫生等）批准文件或取得的有关协议		
19		政府有关部门对施工图设计文件的审批报告、审批意见、设计院回复		
20	招投标	勘察、设计承包合同及中标通知书		
21		施工承包合同及中标通知书		
22		监理委托合同及中标通知书		
23	开工审批	建设项目列入年度计划的批复文件或年度计划项目表		
24		建设工程规划许可证及附件		
25		建设工程施工许可证		
26		监督注册登记表、监督通知书、监督方案		

续表

27	机构及负责人	工程项目管理机构及管理人员名单		
28		项目监理机构及监理人员名单		
29		施工项目经理部及管理人员名单		
30	监理规划	监理规划		
31		监理实施细则		
32		监理月报		
33		监理会议纪要		
34	监理控制	工程开工/复工报审表、开工报告		
35		工程暂停令		
36		监理通知单及监理通知回复单		
37		旁站监理方案及旁站监理记录		
38		监理变更令		
39		工程争议、违约报告及处理意见		
40		合同变更单		
41		检测取样送检见证人授权书		
42		检测见证取样送检记录表		
43	监理总结	监理工作总结		
44		工程质量监理评估报告		
第三部分　施工文件				
一、土建(建筑与结构)工程				
45	施工准备	图纸会审记录		
46		工程定位测量放线记录		
47		基槽、基坑测量放线记录		
48		桩基、支护测量放线记录		
49	基桩	地基钎探记录和钎探平面布点图		
50		地基验槽记录和地基处理验收记录		
51		桩基工程桩位验收记录、桩基施工记录、桩基工程隐蔽验收记录		
52		桩基检测报告(动载检测报告、静载检测报告、取芯检测报告等)		

续表

53	变更记录	设计变更通知单		
54		技术核定单、洽商记录		
55	质保	砂、石、砖、水泥、钢筋、防水材料、隔热保温、防腐材料、轻集料复试报告汇总表		
56		砂、石、砖、水泥、钢筋、防水材料、门窗、焊条、沥青、隔热保温、防腐材料、轻集料出厂证明文件及二次检测报告		
57		预制构件（钢、混凝土）出厂合格证、试验记录		
58		抽气（风）道、垃圾道检查记录		
59		土壤、砂浆、混凝土（商品）、钢筋连接、混凝土抗渗试验报告汇总表		
60		土壤（素土、灰土）干密度试验报告		
61		土壤（素土、灰土）击实试验报告		
62		砂浆配合比试验报告、砂浆（试块）抗压强度试验报告		
63		混凝土配合比试验报告、混凝土（试块）抗压强度试验报告、混凝土结构实体检验方案及报告		
64		混凝土抗渗试验报告		
65		商品混凝土出厂合格证、复试报告		
66		钢筋连接试验报告		
67	隐蔽	基础和主体结构钢筋工程		
68		钢结构工程		
69		防水工程		
70	施工记录	楼层平面放线记录		
71		建筑物沉降观测记录、建筑物垂直度、标高测量记录		
72		现场施工预应力记录		
73		工程竣工测量		
74		新材料、新产品、新工艺、新技术施工记录		
75	质检记录	幕墙工程施工、检测、验收记录		
76		分部（子分部）工程质量验收记录		

续表

二、电气、给排水、消防、装饰(修)、采暖通风、空调、建筑智能化、电梯工程				
	水电暖通等配套工程施工文件	1. 图纸变更记录		
77		图纸会审记录		
78		设计变更通知单		
79		技术核定单、洽商记录		
		2. 设备、产品质量检查、安装记录		
80		给排水、电线、电缆等二次检测报告		
81		设备安装记录、设备试运行记录		
		3. 隐蔽工程验收记录		
82		隐蔽工程验收记录		
		4. 施工试验记录		
83		电气接地电阻、绝缘电阻、综合布线避雷接地检测等测试记录		
84		变配电设备安装、检查、通电、满负荷测试记录		
85		给排水、消防、采暖、通风、空调、燃气等管道强度严密性、灌水、通水、吹洗、漏风、试压、通球、阀门、消防试射栓等试验记录		
86	水电暖通等配套工程施工文件	电气照明通电、动力、给排水、消防、采暖、通风、空调、燃气等系统调试、试运行记录		
87		智通建筑系统设备、模拟及数字量输入输出数据点调试记录		
88		智能建筑系统功能、电缆电气性能、光纤损耗、视频系统末端、DDC 控制器功能测试记录、系统试运行记录		
89		电梯接地电阻、绝缘电阻测试记录;空载、满载、超载试运行记录;平衡系数及静压试验记录、噪声测试记录、轿厢平层准确度、层门安全装置、整机功能测试记录、轿厢导轨、对重导轨检测记录、轿厢支架、对重支架、层门安装记录;电梯安全技术检测报告或电梯验收检验报告		
		5. 质量事故处理记录		
90		工程质量事故报告、工程质量事故处理记录		
		6. 工程质量验收记录		
91		分部(子分部)工程质量验收记录		

续表

三、室外工程				
92		室外安装(给水、雨水、污水、热力、燃气、电讯、电力、照明、电视、消防等)施工文件		
93		室外建筑环境(建筑小品、水景、道路、园林绿化等)施工文件		
第四部分　竣工验收文件				
一、工程竣工总结				
94	竣工总结	工程概况表		
95		工程竣工验收报告(建设单位)		
96		单位工程施工竣工总结(施工单位)		
二、竣工验收记录				
97	竣工验收	单位(子单位)工程质量竣工验收记录(观感评定、质量核查、安全和功能)		
98		工程勘察质量检查报告、		
99		工程设计质量检查报告、		
100		消防验收意见书、环保验收文件		
101		竣工验收报告		
102		工程质量保修书、商品住宅质量保证书、使用说明书		
103		竣工验收备案表		
三、财务文件				
104		决算文件		
四、声像、缩微、电子档案				
105	声像档案	工程照片		
106		录音、录像材料		
107		缩微品		
108		光盘		
第五部分				

续表

	竣工图	一、综合竣工图		
		1. 综合图		
109		总平面布置图(包括建筑、建筑小品、水景、照明、道路绿化等)		
110		竖向布置图		
111		室外给水、排水、热力、燃气等管网综合图		
112		电气(包括电力、电讯、电视系统等)管线综合图		
		2. 室外专业图		
113		室外给水、雨水、污水		
114		室外建筑小品		
115		室外消防		
116		室外照明		
117		室外水景		
118		室外道路		
119		室外绿化		
		二、专业竣工图		
120		建筑竣工图		
121		结构竣工图、钢结构竣工图		
122		给排水工程(消防工程)竣工图		
123		电气工程(智能化工程)竣工图		
124		装修(装饰)竣工图、幕墙竣工图		
125		采暖通风空调竣工图		
126		电梯工程竣工图		
127		燃气工程竣工图		

移交人：　　　　　　　　　　　接收人：

移交单位(盖章)：　　　　　　　接收单位(盖章)：

二00　　年　　月　　日

附录 C　施工物资试验项目与取样规定

施工物资试验项目与取样规定

序号	材料名称及相关标准、规范代号		试验项目	组批原则及取样规定
1	水泥	(1)硅酸盐水泥 (2)普通硅酸盐水泥 (3)矿渣硅酸盐水泥 (4)粉煤灰硅酸盐水泥 (5)火山灰质硅酸盐水泥 (6)复合硅酸盐水泥 (GB175－1999) (GB1344－1999) (GB12958－1999)	必试:安定性 凝结时间 强度 其他:细度 烧失量 三氧化硫 火碱含量 氯化物 放射性	(1)散装水泥: ①对同一水泥厂生产的同期出厂的同品种、同强度等级、同一出厂编号的水泥为一验收批,但一验收批的总量不得超过500t ②随机从不少于3个车罐中各取等量水泥,经混拌均匀后,再从中称取不少于12kg的水泥作为试样 (2)袋装水泥: ①对同一水泥厂生产的同期出厂的同品种、同强度等级、同一出厂编号的水泥为一验收批,但一验收批的总量不得超过200t ②随机从不少于20袋中各取等量水泥,经混拌均匀后,再从中称取不少于12kg的水泥作为试样
		(7)砌筑水泥 (GB3183－1997)	必试:安定性 凝结时间 强度 泌水性(砌筑工程) 其他:细度、流动度	
		(8)高铝水泥 (GB201－2000)	必试:强度 凝结时间 细度 其他:化学成分	(1)同一水泥厂、同一类型、同一编号的水泥,120t为一取样单位,不足120t也按一取样单位计 (2)取样要有代表性,可从20袋中各取等量样品,总量至少15kg 注:水泥取样后,超过45天使用时须重新取样试验
		(9)快硬硅酸盐水泥 (GB199－90)	必试:强度 凝结时间 安定性 其他:细度 氧化镁 三氧化硫	(1)同一水泥厂、同一类型、同一编号的水泥,400t为一取样单位,不足400t也按一取样单位计 (2)取样要有代表性,可从20袋中各取等量样品,总量至少14kg
2	掺合料	(1)粉煤灰 (GB1596－91)	必试:细度 烧失量 需水量比 其他:含水量 三氧化硫	(1)以连续供应相同等级的不超过200t为一验收批,每批取试样一组(不少于1kg) (2)散装灰取样,从不同部位取15份试样,每份1～3kg,混合拌匀按四分法缩取出1kg送试(平均样)(3)袋装灰取样,从每批任抽10袋,每袋不少于1kg,按上述方法取平均样1kg送试

续表

<table>
<tr><th>序号</th><th colspan="2">材料名称及相关标准、规范代号</th><th>试验项目</th><th>组批原则及取样规定</th></tr>
<tr><td>2</td><td>掺合料</td><td>2)天然沸石粉
(GBJ/T112 -97)</td><td>必试:细度
需水量比
吸铵值
其他:水泥胶砂28天抗压强度比</td><td>(1)以相同等级的沸石粉每120t为一验收批,不足120t也按一批计。每一验收批取样一组(不少于1kg)
(2)袋装粉取样时,应从每批中任抽10袋,每袋中各取样不得少于1kg,按四分法缩取平均试样
(3)散装沸石粉取样时,应从不同部位取10份试样,每份不少于1kg。然后缩取平样试样</td></tr>
<tr><td>3</td><td colspan="2">砂
(GB50204 -2002)
(JGJ52 -92)</td><td>必试:筛分析
含泥量
泥块含量
其他:密度
有害物质含量
坚固性
碱活性检验
含水率</td><td>(1)以同一产地,同一规格每400m³或600t为一验收批,不足400m³或600t也按一批计。每一验收批取样一组(20kg)
(2)当质量比较稳定,进料量较大时,可定期检验
(3)取样部位应均匀分布,在料堆上从8个不同部位抽取等量试样(每份11kg)。然后用四分法缩至20kg,取样前先将取样部位表面铲除</td></tr>
<tr><td>4</td><td colspan="2">碎石或卵石
(GB50204 -2002)
(JGJ53 -92)</td><td>必试:筛分析含泥量
泥块含量
针片状颗粒含量
压碎指标
其他:密度
有害物质含量
坚固性
碱活性检验
含水率</td><td>(1)以同一产地,同一规格每400m³或600t为一验收批,不足400m³或600t也按一批计。每一验收批取样一组
(2)当质量比较稳定,进料量较大时,可定期检验
(3)一组试样40kg(最大粒径10、16、20mm)或80kg(最大粒径31.5、40mm)取样部位应均匀分布,在料堆上从五个不同的部位抽取大致相等的试样15份(料堆的顶部、中部、底部)。每份5 -40kg,然后缩分到40kg或80kg送试</td></tr>
<tr><td>5</td><td colspan="2">混凝土拌合用水
(JGJ63 -89)</td><td>必试:PH值
氯离子含量
其他:不溶物
硫化物含量</td><td>(1)取样数量为23L
(2)取样方法:井水、钻孔水和自来水应放水冲洗管道后采集:江湖水应在中心位或水面下500mm处采集</td></tr>
<tr><td rowspan="2">6</td><td rowspan="2">轻集料</td><td>轻粗集料
(GB/T17431.1.2 -1998)</td><td>必试:筛分析
堆积密度
吸水率
筒压强度
粒型系数
其他:软化系数
有害物质含量
烧失量</td><td rowspan="2">(1)以同一品种、同一密度等级为每200m³为一验收批,不足200m³也按一批计
(2)试样可以从料堆自上到下不同部位,不同方向任选10点(袋装料应从10袋中抽取)应避免取离析的及面层的材料
(3)初次抽取的试样量应不少于10份,其总料应多于试验用料量的1倍。拌和均匀后,按四分法缩分到试验所需的用料量;轻粗集料为50L(以必试项目计),轻细集料为10L(以必试项目计)</td></tr>
<tr><td>轻细集料
(GB/T17431.12 -1998)</td><td>必试:筛分析
堆积密度
其他:同上</td></tr>
</table>

续表

序号	材料名称及相关标准、规范代号		试验项目	组批原则及取样规定
7	石灰	建筑生石灰(JC/T479 -1992)	必试:—— 其他:CaO + MgO 含量 未消化残渣含量 CO_2含量产浆量	(1)以同一厂家、同一类别、同一等级不超过100t 为一批验收批 (2)从不同部位选取,取样点不少于 12 个,每个点不少于 2kg,缩分至 9kg
		建筑生石灰粉(JC/T481 -1992)	必试:—— 其他:CaO + MgO 含量 细度	(1)以同一生产厂、同一类别、等级不超过 100t 为一验收批 (2)从本批中随机抽取 10 袋样品,总量不少于 500g,缩分至 1kg
		建筑消石灰(JC/T480 -1992)	必试:—— 其他:CaO + MgO 含量 游离水 体积安定性 细度	(1)以同一生产厂、同一类别、等级不超过 100t 为一验收批 (2)从本批中随机抽取 10 袋样品,从每袋中抽取 500g,混匀后缩分至 1kg
8	建筑石膏(GB9776 -88)		必试:细度 凝结时间 其他:抗折强度 标准稠度用水量	(1)以同一生产厂、同一等级的石膏 200t 为一验收批,不足 200t 也按 1 批计 (2)样品经四分法缩分至 0.2kg 送试
9	砌墙砖和砌块	(1)烧结普通砖(GB/T5101 -1998)	必试:抗压强度 其他:抗风化、泛霜 石灰爆裂、抗冻	(1)每 15 万块为一验收批,不足 15 万块也按一批计 (2)每一验收批随机抽取验样一组(10 块)
		(2)烧结多孔砖(GB13544 -2000)	必试:抗压强度 其他:冻融、泛霜 石灰爆裂、吸水率	(1)每 3.5 万块 -15 万块为一验收批,不足 3.5 万块也按一批计 (2)每一验收批随机抽取试样一组(10 块)
		(3)烧结空心砖,空心砌块(GB13545 -92)	必试:抗压强度(大面、条面) 其他:密度、冻融、泛霜、石灰爆裂吸水率	(1)每 3 万块为一验收批,不足 3 万块也按一批计 (2)每批从尺寸偏差和外观质量检验合格的砖中,随机抽取抗压浊度实验式样一组(5 块)
		(4)非烧结普通砖(JC422 -1991)(1996)	必试:抗压强度、抗折强度 其他:抗冻性、吸水率、耐水性	(1)每 5 万块为一验收批,不足 5 万块也按一批计 (2)每批从尺寸偏差和外观质量检验合格的砖中,随机抽取抗压浊度实验式样一组(10 块)
		(5)粉煤灰砖(JC239 -2001)	必试:抗压强度、抗折强度 其他:干燥收缩、抗冻性	(1)每 10 万块为一验收批,不足 10 万块也按一批计 (2)每一验收批随机抽取试样一组(20 块)

续表

<table>
<tr><th>序号</th><th colspan="2">材料名称及相关标准、规范代号</th><th>试验项目</th><th>组批原则及取样规定</th></tr>
<tr><td rowspan="6">9</td><td rowspan="6">砌墙砖和砌块</td><td>(6)粉煤灰砌块
(JC238－1991)
(1996)</td><td>必试:抗压强度
其他:密度、炭化、抗冻、干缩</td><td>(1)每 200m^3 为一验收批,不足 200m^3 也按一批计
(2)每批从尺寸偏差和外观质量检验合格的砌块中,随机抽取式样一组(3 块),将其切割成边长 200mm 的立方体式样进行抗压强度实验</td></tr>
<tr><td>(7)蒸压灰砂砖
(GB11945－1999)</td><td>必试:抗压强度、抗折强度
其他:密度、抗冻</td><td>(1)每 10 万块为一验收批,不足 10 万块也按一批计
(2)每一验收批随机抽取试样一组(10 块)</td></tr>
<tr><td>(8)蒸压灰砂空心砖
(JC/T637－1996)</td><td>必试:抗压强度
其他:抗冻性</td><td>(1)每 10 万块砖为一验收批,不足 10 万块也按一批计
(2)从外观合格的砖样中,用随机抽取法抽取 2 组 10 块(NF 砖为 2 组 20 块)进行抗压强度试验和抗冻性试验
注:NF 为规格代号,尺寸为 240×115×53mm</td></tr>
<tr><td>(9)普通混凝土空心砌块
(GB8239－1997)</td><td>必试:抗压强度
其他:密度和空心率、含水率、吸水率、抗冻、抗压</td><td rowspan="2">(1)每 1 万块为一验收批,不足 1 万块也按 1 批计
(2)每批从尺寸偏差和外观质量检查合格的砖中随机抽取抗压强度实验式样一组(5 块)</td></tr>
<tr><td>(10)轻集料混凝土小型空心砌块
(GB15229－94)
(GB/T4111－1997)</td><td>必试:抗压强度
其他:密度等级、干缩率和相对含水率、抗冻性</td></tr>
<tr><td>(11)蒸压加气混凝土砌块
(GB/T11968－1997)</td><td>必试:立方体抗压强度
干体积密度
其他:干燥收缩
抗冻性
导热性</td><td>(1)同品种、同规格、同等级的砌块,以 1000 块为一批,以 1000 块为一验收批,不足 1000 块也按一批计
(2)从尺寸偏差与外观检验合格的砌块中,随机抽取砌块,制作 3 组试件进行立方体抗压强度试验,制作 3 组试件作干体积密度检验</td></tr>
<tr><td>10</td><td>钢材</td><td>碳素结构钢
(GB700－88)</td><td>必试:拉伸试验(屈服点、抗拉强度、伸长率)弯曲试验
其他:断面收缩率、硬度、冲击、化学成分</td><td>(1)同一厂别、同一炉罐号、同一规格、同一交货状态每 60t 为一验收批,不足 60t 也按一批计
(2)每一验收批取一组试件(拉伸、弯曲各 1 个)</td></tr>
</table>

续表

序号	材料名称及相关标准、规范代号		试验项目	组批原则及取样规定
10	钢材	(2)钢筋混凝土用热轧带肋钢筋 (GB1499－1998) (GB2975－1998) (GB/T2101－89) (3)钢筋混凝土用热轧光圆钢筋 (GB13013－91) (GB/T2975－1998) (GB/T2101－89) (4)钢筋混凝土用余热处理钢筋 (GB13014－91) (GB/T2975－1998) (GB/T2101－89)	必试:拉伸试验(屈服点、抗拉强度、伸长率)弯曲试验 其他:反向弯曲 化学成分	(1)同一厂别、同一炉罐号、同一规格、同一交货状态,每60t为一验收批,不足60t也按一批计 (2)每一验收批取一组试件(拉伸2个、弯曲2个) (3)在任选的2根钢筋切取
		(5)低碳钢热轧圆盘条 (GB/T701－1997) (GB/T2975－1998) (GB/T2101－89)	必试:拉伸试验(屈服点、抗拉强度、伸长率)弯曲试验 其他:化学成分	(1)同一厂别、同一炉罐号、同一规格、同一交货状态,每60t为一验收批,不足60t也按一批计 (2)每一验收批取一组试件,其中拉伸1个、弯曲2个(取自不同盘)
		(6)冷轧带肋钢筋 (GB13788－2000) (GB/T2975－1998) (GB/T2101－89)	必试:拉伸试验(屈服点、抗拉强度、伸长率)弯曲试验 其他:松弛率 化学成分	(1)同一牌号、同一规格、同一生产工艺、同一交货状态,每60t为一验收批,不足60t也按一批计 (2)每一检验批取拉伸试件1个(逐盘),弯曲试件2个(每批),松弛试件1件(定期) (3)在每(任)盘中的任意一端截去500mm后切取
		(7)冷轧扭钢筋 (JC3046－1998) (GB/T2975－1998) (GB/T2101－89)	必试:拉伸试验(屈服点、抗拉强度、伸长率) 弯曲试验、重量 节距 厚度 其他:—	(1)同一牌号、同一规格尺寸、同一台轧机、同一台班每10t为一验收批,不足10t也按一批计 (2)每批取弯曲试件1个、拉伸试件2个,重量、节距、厚度各3个

续表

序号	材料名称及相关标准、规范代号		试验项目	组批原则及取样规定
10	钢材	(8)预应力混凝土用钢丝 (GB/T5223－1995) (GB/T2103－88)	必试:抗拉强度 伸长率 弯曲试验 其他:屈服强度 松弛率 (每季度抽验)	(1)同一牌号、同一规格、同一生产工艺制度的钢丝组成,每批重量不大于60t (2)钢丝的检验应按(GB/T2103)的规定执行。在每盘钢丝的两端进行抗拉强度、弯曲和伸长率的试验。屈服强度和松弛率实验每季度抽验一次,每次至少3根
		(9)中强度预应力混凝土用钢丝 (YB/T156－1999) (GB/T2103－88) (GB/T10120－96)	必试:抗拉强度 伸长率 反复弯曲 其他:规定非比例伸长应力 松弛率	(1)钢丝应成批验收,每批由同一牌号、同一规格、同一强度等级、同一生产工艺制度的钢丝组成。每批重量不大于60t (2)每盘钢丝的两端取样进行抗拉强度、伸长率、反复弯曲的检验 (3)规定非比例伸长应力和松弛率试验,每季度抽检一次,每次不少于3根
		(10)预应力混土用用钢棒 (GB/T111－1997)	必试:抗拉强度、伸长率、平直度 其他:规定非比例伸长应力、松弛率	(1)钢棒应成批验收,每批由同一牌号、同一外形、同一公称截面尺寸、同一热处理制度加工的钢棒组成 (2)不论交货状态是盘卷或直条,试件均在端部取样,各试验项目取样数量均为1根 (3)批量划分按交货状态和公称直径而定(盘卷:≤13mm,批量为≤5盘);(直条:≤13mm,批量为≤1000条;>13 mm～<26mm,批量为≤200条;≥26mm,批量为≤100条) 注:以上批量划分仅适用于必试项目
		(11)预应力混凝土用钢绞线 (GB/T5224－1995)	必试:整根钢绞线的最大负荷、屈服负荷、伸长率、松弛率、尺寸测量 其他:弹性模量	(1)预应力用钢绞线应成批验收,每批由同一牌号、同一规格、同一生产工艺制度的钢绞线组成,每批重量不大于60t (2)从每批钢绞线中任取3盘,从每盘所选的钢绞线端部正常部位截取一根进行表面质量、直径偏差、捻距和力学性能试验。如每批少于3盘,则应逐盘进行上述检验。屈服和松弛试验每季度抽检一次,每次不少于一根

续表

序号	材料名称及相关标准、规范代号		试验项目	组批原则及取样规定
10	钢材	(12)预应力混凝土用低合金钢丝 (YB/T038－93)	必试： ①拔丝用盘条： 抗拉强度 伸长率 冷弯 ②钢丝： 抗拉强度 伸长率 反复弯曲 应力松弛 其他：——	(1)拔丝用盘条：见本表10－(5)(低碳热扎圆盘条) (2)钢丝： ①每批钢丝应由同一牌号、同一形状、同一尺寸、同一交货状态的钢丝组成 ②从每批中抽查5%，但不少于5盘进行形状、尺寸和表面检查 ③从上述检查合格的钢丝中抽取5%，优质钢抽取10%，不少于3盘，拉伸实验每盘一个(任意端)；不少于5盘，反复弯曲试验每盘一个(任意端去掉500mm后取样)
		(13)一般用途低碳钢丝 (GB/T343－94) (GB/T2103－88)	必试：抗拉强度、180度弯曲试验次数、伸长率(标距100mm) 其他：——	(1)每批钢丝应由同一尺寸、同一层锌层级别、同一交货状态的钢丝组成 (2)从每批中抽查5%，但不少于5盘进行形状、尺寸和表面检查 (3)从上述检查合格的钢丝中抽取5%，优质钢抽取10%，不少于3盘，拉伸试验、反复弯曲试验每盘各一个(任意端)
11	钢筋连接	焊接： (GB50204－2002) (JGJ/T27－2001) (JGJ18－96)		班前焊(工艺性能试验)在工程开工或每批钢筋正式焊接前，应进行现场条件下的焊接性能试验。试验合格后方可正式生产。试件数量及要求见以下：

续表

序号	材料名称及相关标准、规范代号		试验项目	组批原则及取样规定
11	钢筋连接	(1)钢筋电阻点焊	必试:抗拉强度 抗剪强度 弯曲试验	(1)电阻点焊制品 1)钢筋焊接骨架: ①凡钢筋级别、直径及尺寸相同的焊接骨架应视为同一类制品,且每200件为一验收批,一周内不足200件的也按一批计; ②试件应从成品中切取,当所切取试件的尺寸小于规定的试件尺寸时,或受力钢筋大于8mm时,可在生产过程中焊接试验网片,从中切取试件 ③由几种钢筋直径组合的焊接骨架,应对每种组合做力学性能检验;热轧钢筋焊点,应作抗剪试验,试件数量3件;冷拔低碳钢丝焊点,应作抗剪试验及对较小的钢筋作拉伸试验,试件数量3件 2)钢筋焊接网: ①凡钢筋级别、直径及尺寸相同的焊接骨架应视为同一类制品,每批不应大于30t,或每200件为一验收批,一周内不足30t或200件的也按一批计; ②试件应从成品中切取; 冷轧带肋钢筋或冷拔低碳钢丝焊点应作拉伸试验,试件数量1件,横向试件数量1件;冷轧带肋钢筋焊点应作弯曲试验,纵向试件数量1件,横向试件数量1件;热轧钢筋、冷轧带肋钢筋或冷拔低碳钢丝的焊点应作抗剪试验,试件数量3件

续表

序号	材料名称及相关标准、规范代号		试验项目	组批原则及取样规定
11	钢筋连接	(2)钢筋闪光对焊接头	必试:抗拉强度 弯曲试验	(1)同一台班内由同一焊工完成的300个同级别、同直径钢筋焊接接头应作为一批。当同一台班内,可在一周内累计计算;累计仍不足300个接头,也按一批计 (2)力学性能试验时,试件应从成品中随机切取6个试件,其中3个做拉伸试验,3个做弯曲试验 (3)焊接等长预应力钢筋(包括螺丝杆与钢筋)。可按生产条件作模拟试件 (4)螺丝端杆接头可只做拉伸试验 (5)若初试结果不符合要求时,可随机再取双倍数量试件进行复试 (6)当模拟试件实验结果不符合要求时,复试应从成品中切取,其数量和要求与初试时相同
		(3)钢筋电弧焊接头	必试:抗拉强度	(1)工厂焊接条件下:同钢筋级别300个接头为一验收批 (2)在现场安装条件下:每一至二层楼同接头形式、同钢筋级别的接头300个为一验收批。不足300个接头也按一批计 (3)试件应从成品中随机切取3个接头进行拉伸试验 (4)装配式结构节点的焊接接头可按生产条件制造模拟试件 (5)当初试结果不符合要求时,应再取6个试件进行复试
		(4)钢筋电渣压力焊接头	必试:抗拉强度	(1)一般构筑物中以300个同级别钢筋接头作为一验收批 (2)在现浇钢筋混凝土多层结构中,应以每一楼层或施工区段中300个同级别钢筋接头作为一验收批,不足300个接头也按一批计 (3)试件应从成品中随机切取3个接头进行拉伸试验 (4)当初试结果不符合要求时应再取6个试件进行复试

续表

序号	材料名称及相关标准、规范代号		试验项目	组批原则及取样规定
11	钢筋连接	(5)钢筋气压焊接头	必试:抗拉强度弯曲试验(梁、板的水平筋连接)	(1)一般构筑物中以300个接头作为一验收批 (2)在现浇钢筋混凝土房屋结构中,同一楼层中应以300个头作为一验收批,不足300个接头也按一批计 (3)试件应从成品中随机切取3个接头进行拉伸实验;在梁、板的水平钢筋连接中,应另取3个试件做弯曲试验 (4)当初试结果不符合要求时,应再取6个试件进行复试
		(6)预埋件钢筋T型接头	必试:抗拉强度	(1)预埋件钢筋埋弧压力焊,同类型预埋件一周内累计每300件时为一验收批,不足300个接头也按一批计。每批随机切取3个试件做拉伸试验 (2)当初试结果不符合规定时,再取6个试件进行复试
		机械连接包括 (1)锥螺纹连接 (2)套筒挤压接头 (3)镦粗直螺纹钢筋接头 (GB50204-2002) (JGJ107-96) (JGJ108-96) (JGJ109-96) (JGJ/T3057-1999)	必试:抗拉强度	(1)工艺检验: 在正式施工前,按同批钢筋、同种机械连接形式的接头试件不少于3根,同时对应截取按接头试件的母材,进行抗拉强度试验 (2)现场检验: 接头的现场检验按验收批进行。同一施工条件下采用同一批材料的同等级、同形式、同规格的接头每500个为一验收批。不足500个接头也按一批计。每一验收批必须在工程结构中随机截取3个试件做单向拉伸试验。在现场连续检验10个验收批,其全部单向拉伸试件一次抽样均合格时,验收批接头数量可扩大一倍
12	防水材料	(1)沥青防水卷材 (GB50207-2002) (GB50208-2002) ①石油沥青纸胎油毡、油纸(GB326-89) ②石油沥青玻璃纤维胎油毡(GB/T14686-93) ③石油沥青玻璃布胎油毡(JC/T84-1996) ④铝箔面油毡(JC/T504-1992)(1996) (JC/T690-1998)	必试:纵向拉力 耐热度 柔度 不透水性 其他:——	(1)以同一生产厂的同一品种、同一等级的产品,大于1000卷抽5卷,100~499卷抽4卷,100卷宗以下抽2卷,进行规格尺寸和外观质量检验。在外观质量检验合格的卷材中,任取一卷作物理性能检验 (2)将试样卷材切除距外层卷头2500mm顺纵向截取600mm的2块全幅卷材送试

续表

序号	材料名称及相关标准、规范代号		试验项目	组批原则及取样规定
12	防水材料	(2)高聚物改性沥青防水卷材： (GB50207－2002) (GB50208－2002) ①改性沥青聚乙烯胎防水卷材 (JC/T633－1996) ②弹性体改性沥青防水卷材 (GB18242－2000) ③塑性体改性沥青防水卷材 (GB18243－2000) ④沥青复合胎柔性防水卷材 (JC/T690－1998) ⑤自粘橡胶沥青防水卷材 (JC/T840－1999) ⑥聚合物改性沥青复合脂防水总材 (DBJ01－53－2001)	必试:拉力 最大拉力时延伸率 不透水性 柔度 耐热度	(1)同序号12.(1)规定 (2)将试样卷材切除距外层卷头2500mm后,顺纵向切取800mm的全幅卷材试样2块。一块作物理性能检验用,另一块备用
		(3)合成高分子防水卷材 (GB50207－2002) (GB50208－2002) ①聚氯乙烯防水卷材 (GB12952－91) ②氯化聚乙烯防水卷材 (GB12952－91) ③三元丁橡胶防水卷材 (JC/T645－1996) ④氯化聚乙烯－橡胶共混防水卷材(JC/T684－1997) ⑤高分子防水材料(第一部分片材) (GB18173.1－2000)	必试:断裂拉伸强度 扯断伸长率 不透水性 低温弯折性 其他:胶粘剂性能	(1)同序号12.(1)规定 (2)将试样卷材切除距外层卷头300mm后顺纵向切取1500mm的全幅卷材2块,一块作物理性能检验用,另一块备用

续表

<table>
<tr><th>序号</th><th colspan="2">材料名称及相关标准、规范代号</th><th>试验项目</th><th>组批原则及取样规定</th></tr>
<tr><td>12</td><td>防水材料</td><td>(4)沥青基防水涂料
(GB50207 -2002)
(GB50208 -2002)
(GB3186 -82)
①溶剂型橡胶沥青防水涂料(JC/T852 -1999)
②水性沥青基防水涂料(JC408 -91)</td><td>必试:固体含量
不透水性
低温柔度
耐热度
延伸率</td><td>(1)同一生产厂每 5t 产品为一验收批,不足 5t 也按一批计
(2)随机抽取,抽样数应不低于$\sqrt{\frac{n}{2}}$(n 是产品的桶数)
(3)从已检的桶内不同部位,取相同量的样品,混合均匀后取两份样品,分别装入样品容器中,样品容器应留有约 5% 的空隙,盖严,并将样品容器外部擦干净立即作好标志。一份试验用,一份备用</td></tr>
<tr><td rowspan="4">37</td><td rowspan="4">管材</td><td>(1)建筑排水用硬聚氯乙烯管材
(GB/T5836.1 -92)
(GB2828 -87)</td><td>必试:——
其他:纵向回缩率
扁平试验
拉伸屈服强度
断裂伸长率
落锤冲击试验
维卡软化温度</td><td>(1)同一生产厂,同一原料、配方和工艺的情况下生产的同一规格的管材,每 30t 为一验收批,不足 30t 也按一批计
(2)在计数合格的产品中随机抽取 3 根试样,进行纵向回缩率和扁平试验</td></tr>
<tr><td>(2)建筑排水用硬聚氯乙烯管件
(GB/T583.2 -92)</td><td>必试:——
其他:烘箱试验
坠落试验
卡软化温度</td><td>(1)同一生产厂,同一原料,配方和工艺情况下生产的同一规格的管件,每 5000 件为一验收批,不足 5000 件也按一批计</td></tr>
<tr><td>(3)给水用硬聚氯乙烯(PVC - V)管材(GB/T10002.1 -1996)</td><td>必试:生活饮用给水管材的卫生性能
其他:纵向回缩率
二氯甲烷浸渍液压试验</td><td>(1)同一生产厂,同一批原料,同一配方和工艺情况下生产的同规格的管材,每 100t 为一验收批,不足 100t 也按一批计
(2)抽样方案见下表:</td></tr>
<tr><td>(4)给水用聚乙烯(PE)管材
(GB/TK13663 -2000)
(GB/T17219 -98)</td><td>必试:生活饮用给水管材的卫生性能
其他:静液压强度(80℃)
断裂伸长率
氧化诱导时间</td><td><table><tr><th>批量范围(N)</th><th>样本大小(n)</th></tr><tr><td>≤150</td><td>8</td></tr><tr><td>151 -280</td><td>13</td></tr><tr><td>280 -500</td><td>20</td></tr><tr><td>501 -1200</td><td>32</td></tr><tr><td>1201 -3200</td><td>50</td></tr><tr><td>3201 -10000</td><td>80</td></tr></table></td></tr>
</table>

续表

序号	材料名称及相关标准、规范代号	试验项目	组批原则及取样规定
38	卫生陶瓷 （GB/T6952－1999）	必试：—— 其他：冲击功能 吸水率 抗龟裂试验 水封试验 污水排放试验	（1）同一生厂，同种产品，同一级别500－3000件为一验收批，不足500件也按一批计 （2）每批随机抽取3件用于冲击功能试验，3件用于污水排放试验，其他试验项目各取1件

参考文献

[1]建设工程文件归档整理规范(GB/T50328 -2001).北京:中国建筑工业出版社,2001

[2]建设工程监理规范(GB50319 -2000).北京:中国建筑工业出版社,2001

[3]建筑工程资料收集整理与编辑实务.党满良.北京:中国环境科学出版,2006

[4]建筑工程资料管理.张元勃.北京:中国市场出版社,2004

[5]建筑工程资料编制规程(DB36/002 -2007).北京:中国计划出版社,2008

[6]建筑工程施工资料管理与编制范例.武树春.北京:中国建筑工业出版社,2004

[7]城市建设档案著录规范 GB/T50323 -2001.北京:中国建筑工业出版社,2001

[8]建设工程项目管理规范 GB/T50326 -2001.北京:中国建筑工业出版社,2001

[9]建设工程监理规范 GB50319 -2000.北京:中国建筑工业出版社,2000

[10]建筑工程施工质量验收统一标准 GB50300 -2001.北京:中国建筑工业出版社,2001

[11]建筑地基基础工程施工质量验收规范 GB50202 -2002.北京:中国建筑工业出版社,2002

[12]砌体工程施工质量验收规范 GB50203 -2002.北京:中国建筑工业出版社,2002

[13]混凝土结构工程施工质量验收规范 GB50204 -2002.北京:中国建筑工业出版社,2002

[14]钢结构工程施工质量验收规范 GB50205 -2001.北京:中国建筑工业出版社,2001

[15]木结构工程施工质量验收规范 GB50206 -2001.北京:中国建筑工业出版社,2001

[16]屋面工程质量验收规范 GB50207 -2002.北京:中国建筑工业出版社,2002

[17]地下防水工程质量验收规范 GB50208 -2002.北京:中国建筑工业出版社,2002

[18]建筑地面工程施工质量验收规范 GB50209 -2002.北京:中国建筑工业出版社,2002

[19]建筑装饰装修工程质量验收规范 GB50210 -2001.北京:中国建筑工业出版社,2001

[20]建筑给水排水及采暖工程施工质量验收规范 GB50242 -2002.北京:中国建筑工业出版社,2002

[21]通风与空调工程施工质量验收规范 GB50243 -2002.北京:中国建筑工业出版社,2002

[22]建筑电气工程施工质量验收规范 GB50303 -2002.北京:中国建筑工业出版社,2002

[23]电梯工程施工质量验收规范 GB50310 -2002.北京:中国建筑工业出版社,2002

[24]智能建筑工程施工质量验收规范 GB50339 -2003.北京:中国建筑工业出版社,2003

[25]建筑节能工程施工质量验收规范 GB50411 -2007.北京:中国建筑工业出版社,2007